Verzaubert vom Dschungel

Verzaubert vom Dschungel

Die Reise meines Lebens

Valerie Meikle

Die Deutsche Nationalbibliothek verzeichnet diese Publikation in der Deutschen Nationalbibliografie; detaillierte bibliografische Daten sind im Internet über dnb.dnb.de abrufbar.

©2022, 2023 Cologne Storytellers,
ein Projekt der S212 Projektentwicklungsgesellschaft mbH
https://cologne-storytellers.de

Illustrationen: Miguel Cárdenas
Umschlag: Cologne Storytellers
Übersetzung: Sylwia Bujdasz
Herstellung und Verlag: BoD - Books on Demand, Norderstedt

ISBN 978-3-75784-660-2

Ich widme dieses Buch

meinen Kindern Liliana, Clare und Diego sowie meiner 1985 in Armero, Kolumbien, verstorbenen Tochter Carolina und ihrem Ehemann David.

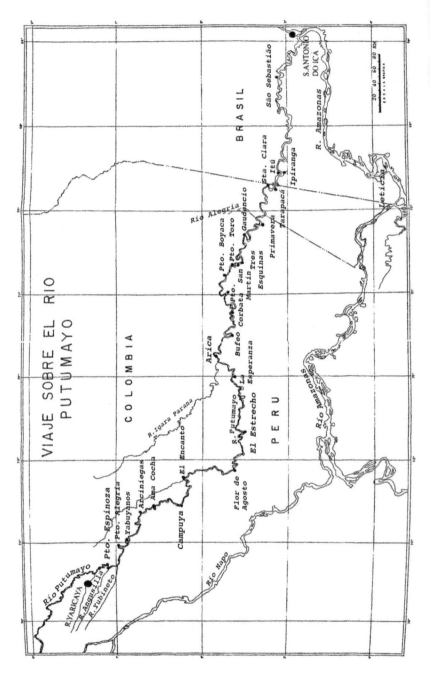

Unsere Reiseroute entlang des Flusses Putumayo.

1 Unter den Secoya-Indianern

Tengo miedo de perder	Ich habe Angst zu verlieren
lo que más es mío	was am meisten mein ist
mi bienestar no está aquí	mein Wohlergehen
aquí en este ciudad	verschwunden
y me da miedo	hier in dieser Stadt
que de tanto estar aquí	und es macht mir Angst
a otros bienestares	so gefesselt zu sein
vaya adaptar	gewöhnt
y perder ese sentimiento	an die Bequemlichkeiten
de sencillez,	die Sehnsucht nach Einfachheit
que a mi mente	zu verlieren
no deja descansar	mein Verstand sucht ruhelos
porque la selva es	das einzige Zuhause
mi único lugar-hogar.	den Dschungel

Diego Weiskopf, Dublin 1998

»Keine Indianer mehr! Keine Indianer!« Diego, mein elfjähriger Sohn, war unnachgiebig. Miguel, Diego und ich lebten schon seit über vier Jahren unter Indianern. Die letzten anderthalb Jahre verbrachten wir bei den Secoya-Indianern am Fluss Yaricaya, wo mein Sohn lernte, mithilfe einer Harpune zu fischen und mit einem Blasrohr zu jagen. In seinem eigenen ein Meter langen Kanu konnte er geschickt die Windungen und Wendungen des Yaricaya-Flusses bewältigen. Wochenlang würde er mit den Männern des Stammes flussaufwärts von der Siedlung jagen und fischen. Freudestrahlend brachte er die selbst gefangenen Fische oder eine Schildkröte mit nach Hause.

1 Unter den Secoya-Indianern

Jetzt wollte er in die Stadt. »Um ein normales Leben zu führen, wie andere Jungs«, weinte er. Wir wussten, dass wir ihn gehen lassen mussten, obwohl es weh tat. Miguel und ich beschlossen hingegen, mit den Indianern weiterzuleben. Ich dachte, ich wäre damit glücklich, den Rest meines Lebens im Dschungel an der Seite dieser wunderbaren Menschen, der Secoya-Indianer, zu verbringen. Ich liebte das einfache Leben.

In der Fülle der Natur mit Vögeln und wilden Tieren zu leben, sich in der üppigen Vegetation zwischen den alten, riesigen Bäumen, rankenden Lianen und Palmen mit ihren exotischen Früchten und Nüssen frei zu bewegen, in den kristallklaren Gewässern des Yaricaya zu baden, fischen und unsere Kanus zu fahren: All das gab mir das Gefühl, dem Paradies auf Erden sehr nahe zu sein.

Eingetaucht in diesen Lebensstil hatte ich das Gefühl, dass ich nichts von der Außenwelt vermisste. Ganz im Gegenteil – ich begann, mich im Dschungel völlig zu Hause zu fühlen. In den seltenen Fällen, in denen ich Nachrichten von Freunden aus der Außenwelt erhielt, nannten sie mich *Brujita de la selva*, »die kleine Hexe des Dschungels«. Ich war so in das Leben inmitten wilder Natur verwurzelt, dass es mir vorkam, als würde ich nie wieder zu einer Welt fernab dieser unberührten Schönheit zurückkehren können. In der Tat wurde ich zu der, die man *Enmaniguada* nennt: »verzaubert vom Dschungel«.

Damals, bei unserem ersten Besuch in einer Secoya-Gemeinde am Fluss Angusilla, hatten wir Walter kennengelernt. Er war ein Kazike, ein Indianerhäuptling aus San Belin am Yaricaya, einem weiteren kleinen Nebenfluss des Putumayo, ebenfalls auf der peruanischen

Seite.

Walter lud uns ein, seine Gemeinde zu besuchen und bot uns an, dort zu wohnen. San Belin lag eineinhalb Kanustunden von der Mündung des Putumayo entfernt. Martina und Lucas, die betagten Eltern von Walter, lebten zwanzig Minuten weiter flussaufwärts. Innerhalb von zwei Wochen nach unserer Ankunft bauten uns die Indianer eine Hütte mit Lehmboden, einem Dach aus Palmblättern, Wänden aus Holz der *Chonta*[1]-Palme sowie mit einem Podest aus *Chonta*, welches uns als Schlafzimmer diente. Dort lebten wir nahezu zwei Jahre lang neben den Ältesten der Gemeinde: der *Abuela* Martina (Großmutter) und dem *Abuelo* Lukas (Großvater).

Bei den Indianern lernten wir zu paddeln, zu fischen und *Casabe* zuzubereiten. *Casabe* ist eine Art Pfannkuchen aus Yuca, dem Wurzelgemüse Maniok, welches als eines der Grundnahrungsmittel von Indianern in den tropischen Regenwaldgebieten gilt.

Früher ging ich mit Martina und Lucas immer wieder in die *Chagra*, um Yuca auszugraben. Eine *Chagra* ist eine Lichtung im Dschungel, wo die Indianer Nahrung anbauen. Es ist auch ein Ort für den Liebesakt. Die Indianer glauben, dass Kinder, die bei Tageslicht in der fruchtbaren *Chagra* gezeugt werden, stark und gesund zur Welt kommen.

Um eine gute, fruchtbare *Chagra* zu erschaffen, werden große Bäume gefällt und zum Verrotten auf dem Boden zurückgelassen. Nach ein paar schönen, sonnigen Tagen zünden die Indianer das trockene Unterholz zusammen mit Zweigen und kleinen Ästen an. Danach ist der Boden für die Bepflanzung bereit.

---

[1] *Chonta*: Pfirsichpalme

1 Unter den Secoya-Indianern

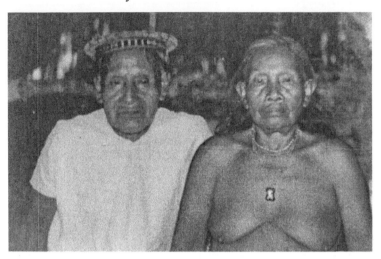

Lucas und Martina

Die Aussaat wird gemeinsam vorgenommen. Wie so viele Tätigkeiten der Indianer, hat auch diese ihren Ursprung in einem uralten Ritual: Die Frauen stechen mit dicken, spitzen Stöcken Löcher in den fruchtbaren Boden; dahinter kommen die Männer, die Mais- oder Bohnensamen ausstreuen oder Stecklinge von Yuca oder Zuckerrohr in die Löcher stecken.

Dort, mitten auf der Yuca-Plantage, in der sehr fruchtbaren *Chagra* von Martina und Lucas, saßen wir oft und schälten die *Yuca brava*[1]. Sobald wir zwei Körbe voll hatten, nahmen Martina und ich jeweils einen. Lucas half uns, die schweren Körbe zu heben und das Rindenseil an unsere Stirne zu befestigen. Wir trugen die Körbe rücklings und teils auf unseren Hüften ruhend. Mein Korb war lediglich halb so groß wie der von *Abuela* Martina. Sie war klein, sodass der Korb voller Yuca

---

[1] *Yuca brava*: eine giftige Sorte von Yuca, die (im Gegensatz zu süßer Yuca) Blausäure enthält, welche durch Abkochen des extrahierten Saftes entfernt wird.

auf ihren schmalen Schultern riesig aussah.

Zurück in der Hütte spülten wir die Erde von der Yuca ab und legten das gereinigte Gemüse in ein Kanu. Dann zerkleinerten wir es mithilfe hölzerner Reiben, in die spitze Stücke harter Pfirsichpalme gesteckt waren. So verbrachten wir den Rest des Tages gemeinsam im Kanu bei der Arbeit.

Danach legten wir die zerkleinerte Yuca in ein langes, röhrenförmiges Gerät, welches von Lucas aus geflochtenen Balsastreifen hergestellt und zum Auspressen von Saft verwendet wurde. Der Saft der geriebenen Yuca wurde in einer Schüssel aufgefangen und stundenlang gekocht, bis er seine giftige Substanz verlor. Aus der Brühe bereitet man ein beliebtes Gewürz namens *Ají negro*, schwarzer Chili.

Das übrig gebliebene und knochentrockene Fruchtfleisch der Yuca wurde anschließend durch ein Sieb gepresst, das ebenfalls von *Abuelo* Lucas hergestellt wurde. Erst dann konnte es zu *Casabes*, einer Art Pfannkuchen, verarbeitet werden.

Gewöhnlich gegen ein Uhr nachts begann Martina zu braten. Gebraten wurden die *Casabes* auf einer Platte aus Ton, die – mangels Steinen – auf drei tönernen Stützen lag. Darunter brannten die ganze Nacht über kleine Holzspäne.

Das Braten war ein sehr sorgfältiger Vorgang. Anfangs stellte ich einige sehr seltsam geformte *Casabes* her. Martina und Lucas reagierten belustigt, als ich versuchte, die dünnen, perfekt runden und flachen *Casabes* nachzuahmen, die aus der geschickten Hand von *Abuela* Martina kamen. Nach zahlreichen nächtlichen Lernversuchen über dem Feuer gelang es mir, schweißgebadet, ein erstes gutgeformtes, flaches, rundes *Casabe* herzustellen. Martina und Lucas freuten sich mit mir.

1 Unter den Secoya-Indianern

Sieben der geriebenen Yuca mit Martina. Im Hintergrund arbeitet Lucas an einem neuen Sieb.

»*Ahora con Secoya casando.* Jetzt mit Secoya heiraten«, scherzten sie in gebrochenem Spanisch.

Ich erinnere mich an ein sehr hübsches, junges, indigenes Ehepaar. Als wir in Yaricaya ankamen, waren sie beide erst sechzehn Jahre alt und hatten bereits ein zweijähriges Kind. Sie schienen ein sehr glückliches, liebevolles Paar zu sein. Eines Tages kam ich auf die Idee, sie zu fragen, wie sie sich kennen gelernt hatten, und ihre Antwort überraschte mich. Ihre Eltern hatten die Ehe arrangiert.

Unter den Secoya-Indianern schien es wenig oder gar keine sexuelle Freizügigkeit zu geben. Im Gegensatz zu manchen westlichen Geschichten über Indianer, in denen indigene Frauen männlichen Besuchern angeboten werden, galt dies bei den Secoyas nicht als üblich. Vermutlich war dies generell bei Indianern gar nicht der Fall. Die Tatsache, dass Paare sehr früh heiraten, bedeutet, dass ihre Sexualität nicht unterdrückt wird und sich auf eine ruhige, natürliche Weise ohne das Gefühl der Dringlichkeit verwirklichen kann. Hinzu kommt die Sinnlichkeit, die im engen Kontakt mit der Natur gelebt und erlebt wird.

Die Secoya-Indianer haben selten große Familien. Babys werden zwei oder drei Jahre lang gestillt, und in dieser Zeit findet kein Geschlechtsverkehr zwischen dem Paar statt. Martina und Lucas hatten zwei Kinder, obwohl Martina erst vierzehn war, als sie heirateten. Es war herzerwärmend, dieses ältere Paar zu beobachten, wie sie zusammen in einer Hängematte schaukelten, Händchen hielten und spielerisch wie zwei junge Geliebte scherzten.

Ich fand es interessant zu sehen, dass Ehepaare einen Großteil ihrer Zeit miteinander verbringen. Anders als wir in der *zivilisierten* Welt, wo wir oft viele Arbeitsstunden getrennt voneinander sind, arbeiten die indigenen Paare zusammen, sei es im Haushalt oder aber anderswo. Sowohl Männer als auch Frauen waschen ihre Kleidung täglich. Das Kochen wird in der Regel der Frau überlassen, aber wenn eine Schwangere kurz vor der Geburt steht, geht das Paar in einen abgelegenen Teil des Dschungels, wo er eine provisorische Behausung für die beiden errichtet. Dort bleiben sie zwei bis drei Wochen nach der Geburt. In dieser Zeit kocht der Ehemann.

Ist die Entscheidung gefallen, auf die Jagd zu gehen, so zieht die ganze Familie zusammen und schlägt ihr Lager in der Wildnis auf.

Miguel, Diego und ich verbrachten die meiste Zeit mit dem Fischen. Wir genossen unsere Tage flussaufwärts und manövrierten uns entlang der winzigen Ne-

1 Unter den Secoya-Indianern

benflüsse zu den *Cochas*, den kleinen Seen. Sowohl Miguel als auch Diego entwickelten sich zu sehr guten Fischern, und Fisch wurde zu unserer Hauptproteinquelle.

Wir lernten Töpfe aus Ton zu fertigen.

Zudem lernten wir, Tontöpfe herzustellen, Fasern aus den Blättern der Pfirsichpalme zu spinnen und viele Heilpflanzen zu identifizieren. An diesem Ort litten wir aber auch unter den unvermeidlichen Krankheiten tropischer Regenwaldgebiete, die oft durch Mücken-, Fliegen- oder Zeckenstiche verursacht werden: Malaria, Fieber, Durchfall und Hautinfektionen.

Inzwischen waren wir an das Klima und die Nahrung gewöhnt, sowie geschickt beim Kanufahren. Eines Tages kam uns die Idee, eine Reise über den Putumayo-Fluss zu unternehmen, um den Amazonas zu erreichen.

Eine solch lange Strecke entlang eines sehr dünn besiedelten Gebietes paddelnd zurückzulegen, erschien mir als abenteuerliche Herausforderung. Ich konnte ihr nicht widerstehen. Allein beim Gedanken daran strömte ein Glücksgefühl durch jede Zelle meines Körpers. Wir lebten in Kolumbien in einer Region namens Amazonien, hatten aber noch nie den Fluss Amazonas gesehen. Dorthin tatsächlich paddeln zu können, dem Lauf des Putumayo-Flusses zu folgen, schien eine aufregende Abwechslung im Vergleich zu unserem relativ sesshaften Dschungelleben zu sein.

Enrique Piaguaje, einer unserer engsten indigenen Freunde, baute uns ein drei Meter langes Einbaumkanu, bedeckt von einem zwei Meter langen Dach aus Palmblättern. Enrique nahm einst Miguel in den Dschungel mit, um eine Palme zu fällen, und brachte uns bei, aus ihren Blättern Dächer zu flechten. Damit wären wir vor der glühenden Sonne, den heftigen Regenfällen und den tropischen Stürmen geschützt. Nachts würden wir in dem Kanu unter diesem schönen Dach schlafen. Wir würden zudem ein kleines eineinhalb Meter langes Kielboot – eine *Quilla* – mitnehmen, mit dem wir auf kleineren Nebenflüssen und Seen fischen könnten.

Damit man eine neue Reise anfangen kann, muss eine andere zu Ende gehen. Alle Reisen beginnen mit einem Aufbruch, einer Trennung. Unsere Lebensreise beginnt, wenn wir auf die Welt kommen, geprägt vom Trauma der Trennung. Wir sind nicht mehr mit dem warmen Wesen vereint, von dem wir dachten, wir wären eins mit ihm. Plötzlich sind wir allein. Ein Individuum. Angesichts der Aussicht auf eine Reise ins Unbekannte – das Leben – lassen wir einen Schrei los.

1 Unter den Secoya-Indianern

Wie alle Reisen, begann auch unsere mit einer Trennung. Martina und Lucas, die *Abuelos*, versuchten von Anfang an, uns von der Idee abzubringen. Sie warnten uns vor allen Gefahren, denen wir unterwegs begegnen könnten. Sie wollten nicht, dass wir gehen.

Als es ihnen klar wurde, dass wir uns von ihren Warnungen nicht einschüchtern ließen, wurde ihr Unmut für uns spürbar. Sobald sie merkten, dass wir sie definitiv verlassen würden, verwandelten sich Ihre Warnungen in offensichtliche Feindseligkeit. In den Tagen, in denen wir am Palmblattdach für unser großes Kanu arbeiteten, ignorierten sie uns schließlich gänzlich.

Auf dem Fluss, wenn es unvermeidbar war, fuhren sie auf kindische Weise mit langen, strengen und wütenden Gesichtern an uns vorbei, ohne uns eines Blickes zu würdigen. Am Tag unserer Abreise wollten sie sich nicht einmal von uns verabschieden. Das tat sehr weh.

In San Belin hingegen, einer Gemeinde ein Stück weiter flussabwärts, wo die meisten Indianer lebten, verabschiedeten uns Erlinda, Enrique und all die anderen Indianer mit Geschenken wie Kochbananen, *Casabe*, Fisch, Palmnüssen, einem Abschiedsessen sowie den besten Wünschen für eine sichere Reise.

Schweren Herzens verabschiedeten wir uns von unseren lieben Freunden, den Secoya-Indianern am Fluss Yaricaya und ließen unsere damalige Heimat zurück. Mit einem aufregenden Kribbeln von Angst und dem Vorgeschmack eines großen Abenteuers brachen wir in eine uns völlig unbekannte Region auf.

Während wir den Yaricaya Fluss hinunterpaddelten, schauten wir uns zum letzten Mal all die vertrauten Ausblicke auf dem Weg an. Hier war der große Baum am Flussufer, auf den die Kinder kletterten und von wo aus sie mit lautem Platschen in das kühle Wasser etwa drei Meter tiefer sprangen.

Da kam der heilige Ceiba-Baum zum Vorschein, der Wächter des beinahe verborgenen Eingangs zu Walters fruchtbarer *Chagra*. Neben uns tauchte eine kleine Bucht auf, wo das Wasser langsamer floss und ein nahezu bewegungsloses Becken bildete – ideal zum Angeln. Wir dachten an die Zeiten zurück, in denen wir dort im kühlen Schatten der Bäume und im hohen Unterholz mit unseren Angelruten auf das Anbeißen von *Sábalo*, *Picalón* oder *Tucunaré* gewartet hatten. Wir erinnerten uns an all diese Bilder, bis wir uns sicher waren, dass wir sie in unserem Inneren mit uns trugen.

Von nun an würde das Kanu unser Zuhause sein; ein Zuhause, das gemeinsam mit uns reisen würde. Darin befand sich das Nötigste, was wir gebrauchen konnten; alles andere ließen wir zurück. Reisen mit leichtem Gepäck! Ich konnte das berauschende Gefühl der Freiheit nicht aufhalten, als eine tief begrabene Erinnerung hervortrat, mich befiel und überwältigte: Wir waren wieder Nomaden!

An der Mündung des Yaricaya lag eine kleine Siedlung mit demselben Namen. Unter den *Colonos*[1] dort hatten wir ebenfalls Freunde und konnten nicht gehen, ohne uns von ihnen verabschiedet zu haben. Nelson Levi lebte auf seiner Farm zusammen mit seiner Frau, einer Ticuna-Indianerin, geboren in Leticia am Fluss Amazonas, und ihren sechs Kindern.

Nelson und seine Frau waren hart arbeitende Landbewohner. Nelson war der Enkel von Mauricio Levi, dem ersten *Patrón*, dem Chef der Secoyas. In den 1930er

---

[1]*Colonos*: Menschen aus anderen Teilen Kolumbiens, die sich im Indianergebiet niedergelassen haben: Siedler, Kolonisten.

1 Unter den Secoya-Indianern

Jahren fing Mauricio Levi an, die Indianer auszubeuten, um an Tierfelle und feines Dschungelholz zu kommen. Jaguar-, Krokodil- und Otterhaut sowie Hölzer wie die Zeder und der Palisander wurden gegen Spiegel, bunte Perlen und Stoffstücke eingetauscht. Irgendwann in ihrer traurigen Geschichte wurden die Indianer gezwungen, Reis anzubauen und zu mahlen, da sie bei ihrem *Patrón* inzwischen »verschuldet« waren.

Nelson, Mauricios Enkel, betrachteten die Indianer jedoch nicht als ihren Chef, und er gab sich auch nicht als solcher aus. Allerdings schien er an das ererbte Recht zu glauben, das Land der Secoyas betreten und roden zu können, ohne um ihre Erlaubnis gebeten zu haben. Das Nutzholz nahm er nicht nur für seinen eigenen Gebrauch – er verkaufte es an die Flusshändlerboote und die Frachtschiffe, die es nach Puerto Asis in Kolumbien weitertransportierten. Die Indianer sind rechtmäßige Besitzer des Landes und ihrer Rechte zunehmend bewusst. Nelson nahm es ihnen übel, wenn sie ihn spüren ließen, dass er, Don Nelson Levi, sie um Erlaubnis bitten sollte, wenn er Bäume auf dem Secoya-Territorium fällen wollte.

Nelsons Frau bereitete uns ein köstliches *Masato* aus pürierter Yuca und geriebenen Süßkartoffeln zu. An diesem Tag war das Getränk besonders intensiv. Es hatte zwei Tage lang fermentiert, um für unsere Abschiedsfeier bereit zu sein. *Masato* ist nicht nur nahrhaft, sondern steigt einem auch zu Kopf. So gestaltete sich unser Abschied von Nelson und seiner Familie unerwartet fröhlich, und wir reisten später als geplant ab.

2 Die Reise beginnt

»Der Fluss fließt von selbst. Ohne Anweisung findet er seinen
Weg zum Meer, den Weg der Weisheit,
den Weg zur Vereinigung in tiefgründiger Fülle.
Der Fluss fließt langsam, in eigenem Tempo, zur Vereinigung.
Bedenke: Der Drang des Blutes und all seine Hast
führen zum großen Brunnen, wo sich alles vermischt.
Denke daran, dass du im Flusstempo zur Vereinigung gehst.«
Das Tao

»Die große Sünde des Menschen besteht im Unwissen,
dass er das Stadion der Sonne bewohnt,
und dass er jeden Morgen in den Flüssen und Seen der Erde,
dem Amazonas und dem Pazifik, badet.«
Gonzalo Arango

7. April

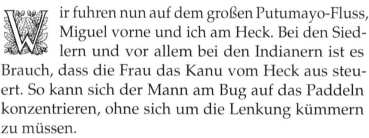ir fuhren nun auf dem großen Putumayo-Fluss, Miguel vorne und ich am Heck. Bei den Siedlern und vor allem bei den Indianern ist es Brauch, dass die Frau das Kanu vom Heck aus steuert. So kann sich der Mann am Bug auf das Paddeln konzentrieren, ohne sich um die Lenkung kümmern zu müssen.

Mir fiel auf, dass dieser Brauch für manche Männer schwer zu akzeptieren war. Anscheinend überlassen die meisten *zivilisierten* Männer das Steuern nur ungerne den Frauen, als hätten sie Angst, das Kommando zu verlieren, wenn die Frau diese Aufgabe übernimmt. Als wir paddeln lernten, bestand Miguel immer darauf, dass ich vorne blieb, damit er vom Heck aus lenken lernen konnte. Die Einheimischen handhaben dies aber

2 Die Reise beginnt

ganz anders. Mit der Zeit verstand ich, dass die Indianer das Steuer der Frau überlassen, weil sie wissen, dass die männliche Körperkraft am Bug gefragt ist. Auch Miguel akzeptierte dies schließlich.

An Nebenflüssen des Amazonas sind Strudel weit verbreitet. Zu unserer Rechten (also auf der peruanischen Flussseite) gab es an einer Stelle einen gefährlichen Strudel. Der Gedanke, ihn passieren zu müssen, war für uns ziemlich beängstigend. Zudem war dies erst unser erster Reisetag entlang des großen Putumayo. Bereits aus der Ferne konnten wir das Rauschen des Wassers hören, wo der Strudel inmitten eines großen, schwarzen Loches alles Vorbeifließende einsog: Blätter, Äste und sogar große Baumstämme.

Wir hielten uns links und als wir an dem furchterregenden, wallendem Loch vorbeipaddelten, geriet ich in einen Strudel der Gefühle: eine Mischung aus Ehrfurcht und Faszination, aus Anziehung und Abstoßung. Ich zitterte ein wenig, denn der Blick beschwor in mir eine Kindheitserinnerung herauf. Es war ein kleiner See, an dem ich jeden Tag auf dem Weg zu meiner Dorfschule vorbeiging. Ich konnte immer den Ruf des Wassers spüren, als ob es mich hineinziehen wollte. Mit fest geschlossenen Augen lief ich daran vorbei. Als ich in der Sekundarschule war, hatte ich diese Angst fast überwunden, aber die Erinnerung blieb bestehen und kam zu mir zurück, als wir flussabwärts weiterreisten.

An diesem Tag hatten wir uns vorgenommen, Don Rafael zu besuchen – einen Freund, der in einer kleinen Siedlung namens Espinosa lebte, etwa zwei oder drei Kanustunden von Yaricaya. Da Don Rafaels Haus auf der kolumbianischen Seite lag, wechselten wir zur anderen Flussseite. Wir gingen davon aus, dort vor

Sonnenuntergang angekommen zu sein.

Bis hin zum Einbruch der Dunkelheit paddelten wir fleißig. Im Halbdunkeln gelangten wir in ein Gewirr aus Ästen und Stöcken.

»Nach rechts abbiegen!«, rief Miguel. Aber zu spät! Das große Kanu gehorchte zwar meinem Steuerpaddel schnell und drehte sich nach rechts, aber die *Quilla* – das kleine Kanu, das hinten angebunden war – kam nicht rechtzeitig mit. Mitten im Fluss verfing sie sich in einem Ast.

Wir steckten fest. Der Ast klemmte zwischen dem großen und kleinen Kanu. Mit allen Mitteln versuchten wir, die kleine *Quilla* zu befreien, aber es gelang uns nicht. Bei jedem Versuch, die beiden Boote zu entwirren, kippten diese so stark zur Seite, dass das Wasser ins Boot schwappte.

»*Mierda!* Wir sinken!«, dachte ich.

»*Ustedes no haciendo viaje por río grande. Mucho peligroso. Bote volteando. Ustedes ahogando o gente matando.* Ihr macht keine Reise den großen Fluss hinunter. Sehr gefährlich. Boot kentert. Ihr ertrinkt oder Menschen töten euch.« Es war Martinas Stimme, die zu mir sprach. Ich erinnerte mich an ihre finsteren Warnungen; Worte, die uns einschüchtern sollten, damit wir die Idee unserer Reise aufgeben. Sie wollte es unbedingt verhindern, dass wir gehen. «*Ustedes quedando mejor aquí.* Besser, wenn ihr hier bleibt.»

Der Fluss erschien uns plötzlich wie ein riesiges Ungeheuer. Wir spürten die enorme Kraft seiner Strömung; wir nahmen seine dunkle mysteriöse Tiefe wahr. Angst überfiel uns.

Ich erinnerte mich, wie wir das Paddeln auf dem kleinen Yaricaya-Fluss gelernt hatten. Selbst dort hatten wir unsere Schwierigkeiten. Einmal paddelte ich

2 Die Reise beginnt

mit Diego, der damals neun Jahre alt war, in einem kleinen Kielboot. Die Strömung war so stark, dass ich die Paddel sehr tief ins Wasser eintauchen musste. Doch das Kielboot geriet dabei ins Schlingern, kippte und sank.

Es war nicht nur unangenehm, sondern auch gefährlich, mit Kleidung zu schwimmen. Zum Glück trugen wir gewöhnlicherweise keine Schuhe oder Gummistiefel, sodass Diego und ich ohne große Schwierigkeiten ans Ufer gelangten.

Heute allerdings waren wir auf dem riesigen Fluss. Das war eine ganz andere Geschichte. Sich in diese Tiefen zu stürzen und lange Strecken hin bis zum Ufer schwimmen zu müssen, das wäre eine schreckliche Tortur. Das Ufer war mit stacheligen, verworrenen Ästen und tiefem Schlamm übersät. Und unser gesamtes Gepäck! Alles gleich am ersten Tag unserer Reise in den dunklen Tiefen des Flusses zu verlieren – das wäre katastrophal.

»Boot kentert. Ihr ertrinkt«, hörte ich Martinas warnende Worte in meinem Kopf.

Wir konnten uns ein wenig beruhigen. Der einzige Weg, die beiden Boote zu entwirren, war dass Miguel in das kleine Kanu stieg und das Seil löste, das die Boote miteinander verband. In der Zwischenzeit musste ich mich an dem Ast des Baumes festhalten, in dem wir uns verfangen hatten, damit das große Kanu – mitsamt mir selbst – nicht durch die starke Strömung den Fluss hinunter gespült und Miguel in der kleinen *Quilla* zurücklassen würde.

Mit großer Mühe gelang es Miguel, den Knoten zu lösen. Dann zog er das kleine Kanu um den Bug des größeren herum, auf der anderen Seite entlang, und befestigte die *Quilla* erneut am Heck unseres Einbaumkanus. Meine Arme konnten der starken Strömung, die uns flussabwärts zum nächsten Gebüsch aus Ästen und Stöcken weiterziehen wollte, kaum widerstehen. Weiß der Himmel, woher ich die Kraft nahm, mich festzuhalten, bis Miguel zurück im großen Kanu saß. Erst dann ließ ich den Ast los, und wir begannen mit aller Kraft Richtung Flussmitte zu paddeln, um weiteren Ästen und Stöcken auszuweichen.

Der Schreck durch das Erlebnis saß uns in den Knochen. Inzwischen wurde es ziemlich dunkel und wir trauten uns kaum, weiterzupaddeln. Nirgendwo war ein Haus zu sehen, nur dichter Dschungel auf beiden Seiten des Flusses.

»*La casa de Don Rafael queda a la vuelta.* Don Rafaels Haus ist gleich um die Ecke«, rief ein Junge vom Ufer aus, als wir an ihm vorbeikamen. Also fuhren wir weiter. Aber nach der nächsten Kurve, und nach zwei, drei weiteren Kurven war kein Haus zu sehen. Also beschlossen wir, uns einen Platz am Ufer zu suchen, um unsere erste Nacht am Fluss Putumayo zu verbringen.

Wir suchten nach einer Stelle, wo wir die beiden Boote festbinden konnten, nach einem Ast, der dem Gewicht der beiden Kanus die ganze Nacht lang standhalten würde. Es war völlig dunkel, als wir es schafften, ein Gebüsch zu finden, an dem etwas Astähnliches aus dem Wasser ragte.

Es ist nicht ratsam, unter hohen Bäumen Schutz zu suchen, denn wenn der Wind aufkommt, stürzen manchmal große Äste oder sogar Bäume vom Ufer. Wir befestigten unsere Kanus also an jenem Ast, und fragten uns besorgt, ob es vielleicht nur ein Stock war, der im schlammigen Flussboden steckte und sich in der Nacht jederzeit lösen konnte. Ich schob meine Ängste beiseite und kroch unter unser schönes Palmblattdach,

2 Die Reise beginnt

unter das Moskitonetz. Wir schliefen auf den Brettern über unserem im Boden des Bootes versteckten Gepäck. Dies sollte unser »Schlafzimmer« für die Monate unserer Reise sein.

Es war gerade breit genug, dass wir uns von Kopf bis Fuß hinlegen konnten und es fühlte sich bereits wie ein Zuhause an.

Die Nacht war bewölkt. Es gab keine Mücken; nur eine winzige Fliege, die es schaffte, sich durch das Netz zu zwängen, um uns mit ihren stechenden Bissen zu ärgern. Trotzdem dösten wir bald ein.

Um Mitternacht wurden wir von einem Sturm geweckt. Die beiden Kanus begannen zu tanzen und stießen gegeneinander. Die Wucht der Wellen ließ uns befürchten, dass der Ast, an dem die Boote befestigt waren, brechen könnte. Die Wellen, ausgelöst durch den mächtigen Wind, waren manchmal so hoch, dass sie über die Bootsseiten schwappten. Die größten erreichten sogar die Bretter, auf denen sich unser Bett befand, und durchnässten unsere Bettwäsche. Inzwischen füllten sich die beiden Boote mit Regenwasser. Im strömenden Regen mussten wir unser Versteck verlassen, um das Wasser eimerweise herauszuschöpfen.

Eine Stunde lang tobte der Sturm, dann ließen der Wind und Regen allmählich nach. Mit einer Erleichterung merkten wir, dass das Schlimmste überstanden war. Doch die kleine *Quilla* war so voll Regenwasser, dass sie zu sinken drohte. Noch einmal schöpften wir das Wasser aus den beiden Kanus, zwängten unsere nassen Körper durch die Öffnung im Moskitonetz, zogen uns trockene T-Shirts an und legten uns unter die feuchten Decken.

Eine solche Erfahrung gleich am ersten Tag unserer Reise war uns eine Lehre. Wir beschlossen, Nachtreisen von nun an zwingend zu vermeiden und darauf zu achten, den nächsten Rastplatz immer vor Sonnenuntergang zu erreichen. Die Sonne geht in den Tropen gegen 18:00 Uhr unter, was für uns bedeutete, dass wir morgens immer sehr früh aufbrechen mussten, wenn wir einen ganzen Tag lang paddeln wollten. Zudem stellten wir fest, dass es sehr wichtig war, eine Plastikplane bereitzuhalten, um im Falle eines Regens den Bug und das Heck der Boote abdecken zu können.

Dieser erste Tag zeigte uns, wie viele unberechenbare Gefahren so ein großer Fluss wie der Putumayo birgt. Die Aufregung und Angst um unsere Boote wich bald der Erschöpfung. So schliefen wir tief und fest bis zum Morgengrauen.

3 Don Rafael und seine *Injerta*

»Der Himmel inmitten des Berges weist auf verborgene Schätze hin. In den Worten und Taten der Vergangenheit liegt ein Schatz verborgen, den ein Mensch nutzen kann, um seinen eigenen Charakter zu stärken und zu verbessern. Die Art und Weise, die Vergangenheit zu studieren, besteht nicht darin, sich auf die bloße Kenntnis der Geschichte zu beschränken, sondern durch die Anwendung dieses Wissens der Vergangenheit Aktualität zu verleihen.«
Orakel aus dem I Ging, Hexagramm Nr. 26 »Das Bild«

evor wir Don Rafaels Haus erreichten, stießen wir auf einen kleinen Posten der kolumbianischen Polizei. Der Kommandant lud uns zum Frühstück ein und war ganz Ohr, um sich unsere Geschichte anzuhören. Er fragte uns, was wir mit unserer Reise erreichen wollten, wonach wir suchten und ob wir erwarteten, einen Schatz zu finden. Die letzte Frage brachte uns zum Lachen.

Wir erinnerten uns an die Passage aus dem I Ging[1] – dem Orakel, das wir sechs Jahre zuvor erhalten hatten, als wir in das Departement Putumayo in Kolumbien reisen wollten, um mit den dortigen Indianerstämmen in Kontakt zu kommen: »In den Worten und Taten der Vergangenheit liegt ein Schatz verborgen [...]«

Als wir über die Region sprachen, gab der Polizist zu, der Tatsache bewusst zu sein, dass die meisten Menschen hier Koka anbauten. »Aber wir Polizisten halten uns da raus. Wir haben keine Möglichkeit, uns fortzubewegen, kein Transportmittel. Alles, was wir

---
[1] I Ging: »Buch der Wandlungen«: ein altes chinesisches Orakelbuch.

haben, ist diese kleine *Quilla* und dieses eine Paddel, welche wir geschenkt bekommen haben.«

Die nächste Einfahrt war die von Don Rafael Vidal. Wir wurden sehr herzlich empfangen und konnten uns bald an großen Mengen einer köstlichen Frucht namens *Juansoco* laben, aus der eine gummiartige Substanz gewonnen wird, die man zur Herstellung von Kaugummi verwendet. Don Rafaels Sohn hatte die Frucht von einem Baum im nahen Dschungel geerntet.

Trotz seines hohen Alters von über 80 Jahren war Don Rafael ein sehr energischer Mann. Sein chronisches Rheuma, das ihm das Laufen erschwerte, bekämpfte er gleich am Morgen mit einer Tasse *Chuchuhuasa*[1], gefolgt von einem kalten Bad im Fluss.

Seine Frau war eine schöne Mestizin, halb Tolimense[2], halb Uitota-Indianerin. Don Rafael nannte sie *mi Injerta* (wörtlich: »mein Pfropfen«). Sie war etwa fünfzehn Jahre jünger als er. *Casabe*, *Fariña* und *Ají negro* bereitete sie nach Uitoto-Art zu. Sie hatte ihren Mann geduldig und liebevoll durch sehr schwierige Zeiten in der Beziehung begleitet. Es hatte Zeiten andauernder Saufgelage gegeben, in denen nicht nur sie, sondern auch er fast die Hoffnung aufgegeben hatte, jemals mit diesem Laster brechen zu können. Jetzt sind sie beide glühende Evangelisten.

Kurz nach dem Sonnenuntergang genossen wir ein schmackhaftes Abendessen mit frischem Fisch und einem dickem *Casabe* nach Uitoto-Art – so anders als die hauchdünnen *Casabes* der Secoyas. Dann schlos-

---

[1]*Chuchuhuasa*: die Rinde eines Baumes. Gerieben und in Wasser oder *Aguardiente* (einem alkoholischen Getränk) eingeweicht, ist sie ein medizinisches Getränk, das besonders zur Behandlung von Rheuma geeignet ist.

[2]Tolimense: Bezeichnung für eine Person aus dem Departement Tolima in Kolumbien.

3 Don Rafael und seine Injerta

sen wir uns dem freundlichen alten Ehepaar bei ihrem Abendritual an: dem Lesen der Bibel. Wir lasen Teile aus den Apokalypsen und sprachen über Gandhi und die Bhagavad Gita. Miguel las einige Passagen aus der »666« vor, einem Buch, das ein verstorbener Freund von mir während seines Aufenthalts in der Sierra Nevada von Santa Marta im Jahr 1973 geschrieben und uns 1986 dort geschenkt hatte. Wir waren dort bei Freunden zu Besuch, die seit über dreißig Jahren auf diesem heiligen Berg neben den Kogi- und Arahuac-Indianern lebten. Ein Exemplar schenkten wir nun Don Rafael und seiner Frau, damit sie es mit ihren Kindern und Enkelkindern immer wieder lesen konnten.

Auf unseren Reisen wurden wir oft gefragt, welcher Religion wir angehörten. »Allen Religionen«, war meine Antwort. Das ist wohl so, als würde ich sagen: überhaupt keiner oder zumindest keiner bestimmten. Meistens nehmen die Menschen diese Antwort mit einer Art Erleichterung hin, als könnten sie dann ihre Wachsamkeit lockern und müssten ihre Religion und sich selbst nicht mehr verteidigen. Tatsächlich scheint die Zugehörigkeit zu einer bestimmten Religion dazu zu führen, die Menschen voneinander zu trennen. Als ob es in Ordnung wäre, »deinen Nächsten wie dich selbst zu lieben«, solange »dein Nächster« der gleichen Religion angehört. Andernfalls baut sich Feindseligkeit auf. Absurd, wenn man bedenkt, dass die meisten Religionen auf denselben Grundsätzen beruhen: dem Glauben an ein höheres Wesen – sei es Gott, Allah, Krishna, der Große Geist, die Natur – und auf der Liebe zum Mitmenschen.

Gandhi trug immer drei heilige Bücher bei sich: den Koran, die Bhagavad Gita und die Bibel. Seine Vorstellung war vermutlich die richtige.

Mir ist aufgefallen, dass wir umso spiritueller werden, je weiter wir uns von der zivilisierten Welt entfernen. Ohne die Fallen unserer Zivilisation, ohne den alltäglichen Komfort und die Annehmlichkeiten wie Telefone, Fernseher oder Autos, spüren wir die Nähe einer göttlichen Energie, die immer bei uns ist, die uns beschützt und führt. Wir bemerken, dass wir nur einfach vertrauen müssen. Und zu vertrauen ist schließlich ein Akt des Glaubens.

Aber wie selten wagen wir es – wir, zivilisierte Wesen – vollständig zu vertrauen? Wir umgeben uns mit immer mehr Annehmlichkeiten, immer mehr Schutz. Und je mehr wir uns schützen, desto schwächer wird unser Glaube. Schließlich geraten wir in einen Teufelskreis aus Misstrauen und Angst, der uns immer weiter vom Göttlichen wegtreibt.

Unsere Religionen werden steril und entbehren der eigentlichen religiösen Erfahrung: der Erfahrung des Mysteriums. Karl Jung sagt: »Religion ist eine Verteidigung gegen die Erfahrung Gottes.«

Der *Yokó* machte uns wach. Gute Energie! Es ist eine medizinische Rebe, deren Verwendung wir von den Siona-Indianern gelernt hatten. Laut *Taita* Pacho, einem befreundeten Schamanen, bildet sie bei regelmäßiger Einnahme eine Art Schleim im Magen und Darm und ist daher ein ausgezeichnetes Heilmittel gegen Geschwüre. Der *Yokó* hat auch andere Eigenschaften. In verdünnter Form zubereitet (eine oder zwei mit Wasser gefüllte Kalebassen), ist es ein Brechmittel, das gelegentlich zur Vorbereitung auf das *Yagé*-Ritual eingenommen wird. Als wir bei den Secoya-Indianern lebten, gewöhnten wir uns daran, das dickflüssige und

3 Don Rafael und seine *Injerta*

sehr bittere Getränk jeden Morgen mit unseren »Großeltern« Lucas und Martina zu trinken. Es war wie ein Morgenkaffee und enthielt sogar etwas Koffein. Um 5 Uhr morgens rief uns Martina aus ihrer Hütte: »*Deo motze.* Guten Morgen.« Und wir wussten, dass der *Abuelo* Lucas die Rebe schabte und sie in der Kalebasse, die speziell und nur für dieses Getränk aufbewahrt wurde, in Wasser einweichte. Nachdem wir den *Yokó* zusammen genossen, unterhielten wir uns eine Weile, halb auf Spanisch, halb in der Secoyasprache, bis uns der Drang zur Arbeit überkam. Wir gingen dann zur *Chagra*, um Yuca zu ernten, oder suchten nach Heuschrecken und Würmern als Köder, danach paddelten mit dem Kanu flussaufwärts, um das Essen für den Tag zu fischen. Andere Vormittage verbrachten wir damit, den Boden rund um unsere Hütte zu säubern, und all dies mit energievollem Enthusiasmus.

Wir tranken den von Miguel vorbereiteten *Yokó* und nahmen ein erfrischendes Bad im Fluss. Dann verabschiedeten wir uns von unseren Freunden – dem alten Rafael und seiner schönen *Injerta* – und verließen den Hafen von Espinosa. Wir paddelten hart, nur um eine Stunde später anzuhalten und unter einem riesigen Baum, der uns erfrischenden Schatten spendete, zu frühstücken. Kleine gelbe und braune Affen – Totenkopfäffchen – bewarfen uns von den hohen Ästen mit Beeren, während wir geräucherten Fisch – das Abschiedsgeschenk von Don Rafael – aßen und die *Chicha*[1] aus Früchten der Pfirsichpalme tranken, ein Geschenk der Secoya-Indianer, die wir vor zwei Tagen verabschiedet hatten.

---

[1]*Chicha*: ein durch Speichel fermentiertes leicht alkoholisches Getränk.

4 »Fortschritt« – eine Krankheit

Gegen Mittag kamen wir an der Mündung des Flusses Angusilla auf der peruanischen Seite an. Dort lebte eine Familie von Mestizen, ein Ehepaar mit vierzehn Kindern. Eines der Kinder, einen Jungen von etwa zwölf Jahren, hatten wir zwei Jahre zuvor bei unserem ersten Besuch in den Gemeinden der Secoya- Indianer kennengelernt.

Der Vater des Jungen hatte eine Kettensäge und fällte Hartholzbäume wie Zeder und Palisander in den oberen Teilen der Flüsse Angusilla und Yubineto. Zudem besaß er ein Motorboot. Diese Familie baute weder Kochbananen noch Yuca an, keinen Mais, kein Zuckerrohr, keine Pfirsichpalmen und keinerlei Obst. Stattdessen kauften sie alles bei den *Cacharreros*, den Flusshändlern, oder bei den Secoya-Indianern am Fluss Angusilla.

Gleich neben dem Haus der Mestizenfamilie befand sich ein Polizeiposten. Die Polizisten erhielten eine Art »Steuer« auf das Holz, das aus dem Gebiet rundum von dem Angusilla Fluss stammte. Auf diese Weise erleichterte die peruanische Polizei den illegalen Handel mit dem *Cedro* (Zeder) und anderen Harthölzern: Die Polizisten erhielten ihren Anteil an dem Geschäft und besserten auf diese Weise ihren sehr dürftigen Lohn auf.

Der Fluss Angusilla wurde von den kolumbianischen Holzhändlern so stark ausgebeutet, dass er inzwischen Tag für Tag weniger Wasser führte und immer weniger Fische zu finden waren. Die Secoya-Indianer, die entlang des Flusses lebten, erhielten Seife,

4 »Fortschritt« – eine Krankheit

Säcke mit Zucker und Salz als Gegenleistung für die Erlaubnis, die letzten verbliebenen Bäume im oberen Flusswald zu fällen. Manchmal begleiteten ein oder zwei Indianer die Holzfäller, die nach dem wertvollen *Cedro* suchten und ihn fällten.

Als ich den zweiundzwanzigjährigen Sohn mit der Kettensäge beim Holzschneiden beobachtete, fiel mir auf, wie schlaff seine Muskeln waren. Das erinnerte mich an eine Passage aus einem Artikel, den ich einmal gelesen hatte und der den Menschen im Jahr zweitausend beschrieb: »Der Mensch wird einen vergrößerten Kopf, kurze Beine, weiche Knochen und verkümmerte Muskeln haben [...]«

Unser »Fortschritt« ist zweifellos eine zunehmende Verschlechterung des Menschen in seiner Gesamtheit. Eine der Eigenschaften der Indianer, die uns am meisten beeindruckte, war ihre überschäumende Vitalität. Der Körper eines Indianers, der im Einklang mit der Natur lebt, ist robust, beweglich und schön. Trotz oder vielleicht gerade wegen der Tatsache, dass sie nicht in großen Mengen essen, haben Indianer eine fast unerschöpfliche Energie.

Alexander von Humboldt kommentiert dies in seinem Buch »Vom Orinoko zum Amazonas«, das zu Beginn des neunzehnten Jahrhunderts geschrieben wurde: »Die Indianer ruderten pausenlos zwölfeinhalb Stunden lang und nahmen währenddessen ausschließlich Maniok (Yuca) und Kochbananen zu sich. [...] Auf diese Weise stärken die Indianer auf Flussfahrten am Orinoko und Amazonas ihre Muskeln [...]. Man kann nicht umhin, nicht nur ihre Muskelkraft, sondern auch die Genügsamkeit dieser Menschen zu bewundern.«

Ungewollt stellten wir Vergleiche an und fühlten eine gewisse Besorgnis, wenn wir an die schlaffen Bäuche unserer »Zivilisation« dachten. *Mente sana en cuerpo sano*, gesunder Geist in gesundem Körper. Ohne einen gesunden, starken und durchtrainierten Körper wird unser Gehirn zu einer bloßen Maschine, zu einer Spiegelung der Maschinen, die wir erfunden haben und die ironischerweise die Ursache für unseren endgültigen körperlichen und geistigen Verfall sind. Unsere Köpfe schwellen wie riesige Computer an. Aber was geschieht mit unserem ganzen Wesen? Was soll aus unserem wahren Selbst werden?

Später fuhr der junge Mann mit dem Motorboot stromabwärts bis zum Yubineto und dann weiter in die Wälder des oberen Yubineto, um Bäume zu fällen und zu sägen. Diese jungen Burschen paddeln nicht in ihren Kanus, noch bewirtschaften sie das Land. Sie jagen nicht und fischen nicht. Ironischerweise kam der »Fortschritt« zu ihnen, wie damals zu uns: fast wie eine Krankheit.

Der Vater gestand mir später, dass er seinen Fehler einsehen würde, das Land, die Jagd und den Fischfang aufgegeben zu haben. Seltsamerweise fühlte er sich jetzt ärmer: Die Arbeit hielt seine älteren Söhne wochenlang vom Haus fern und das mit Baumsägen verdiente Geld kompensierte ihn nicht. Es reichte gerade noch, um die teuren Lebensmittel von den Flusshändlern zu kaufen.

Ich verbrachte den Nachmittag mit den jüngeren Kindern. Sie wollten lernen, wie man *Manillas*, Armbänder, herstellt. Sie wählten bunte Fäden aus und fertigten jeweils mindestens zwei Armbänder an. Die Mutter lieh mir ihren Herd und so konnte ich einige reife Kochbananen aufkochen, sie dann mit kaltem Wasser vermischen und zu einem feinem süßen Ge-

4 »Fortschritt« – eine Krankheit

tränk – *Chucula* – aufschlagen.

Miguel fastete, denn er war an diesem Abend mit einem Nachbar der Mestizen namens Don Juan, einem Inga-Indianer, zum *Yagé* verabredet. Als Don Juan uns mitteilte, dass er nur genug *Yagé* für eine Person, also für Miguel, vorbereitet hatte, war ich zugegebenermaßen erleichtert. Ich hatte eine gewisse Angst davor, wieder *Yagé* zu nehmen, vor allem mit einer Person, die wir nicht gut kannten.

5 *Yagé*[1] – die heilende Rebe

Um die Mitte des 19. Jahrhunderts identifizierte der englische Botaniker Richard Spruce als erster *Yagé* als *Banisteria caapi*, ein Mitglied der Familie der *Malpighiacea*, und schickte Belegexemplare nach Kew Gardens.

Doktor Evans Schultes, Direktor des Botanischen Museums an der Harvard University, eine Weltautorität auf dem Gebiet der narkotischen Pflanzen des Amazonasgebiets, schreibt in seinem Vorwort zu G. Reichel-Dolmatoffs Buch »Der Schamane und der Jaguar. Eine Studie über Suchtstoffe unter den Indianern Kolumbiens«:

»Der Schamanismus hängt zu einem großen Teil von den übernatürlichen Kräften ab, die in bestimmten Pflanzen wohnen. Diese ansässigen Gottheiten sind organisch-chemische Stoffe, die es dem sterblichen Menschen ermöglichen, durch visuelle, auditive und andere Halluzinationen mit der Geisterwelt zu kommunizieren, die jeden Aspekt der irdischen Existenz des Menschen kontrolliert.«

Einmal habe ich versucht, die Angst zu analysieren, die ich bei der Aussicht auf die Teilnahme am *Yagé*-Ritual empfand. Wovor hatte ich eigentlich Angst? Hatte ich Angst vor dem Schamanen, vor dem faulig schmeckenden Trank, vor dem Gefühl der Trunkenheit, vor der Übelkeit? Oder war es etwas viel Tiefgründigeres?

Ich kam zu dem seltsamen Schluss, dass ich mich am meisten vor mir selbst fürchtete. Es war, als ob ich

---

[1] *Yagé* /jahei/ oder *Ayahuasca* (Totenranke): eine magische Rebe, die im Regenwald des Amazonas wächst und in Heilungsritualen verwendet wird.

5 Yagé – die heilende Rebe

ahnte, dass irgendwo tief in mir ein anderes Selbst lauerte, unsichtbar, und dass mit dem *Yagé* dieses andere Selbst zum Vorschein kommen würde.

Unser Schattenselbst, das Gegenstück zu unserem alltäglichen Selbst, ist all das, von dem wir annehmen, dass wir es nicht sind – wie das Negativ eines Fotos. In den dunkelsten Ecken unseres Wesens verstecken sich all die unerwünschten Dinge an uns selbst: unsere Schwächen, unsere Macken, unsere Hässlichkeit. Dort werden sie aufmerksam bewacht von unserem Ego, dessen einziges Ziel es ist, unser Selbstbild zu schützen.

Mit der »negativen« Seite unseres Wesens konfrontiert zu werden, ist sicherlich eine beängstigende Erfahrung. Aber wenn wir uns dann wirklich kennenlernen – von innen heraus – dann öffnen sich all die dunklen Ecken unserer Seele! Das ist die heilende Kraft von *Yagé*.

»Der Weg zum großen Licht führt durch den Schatten«, sagt uns das Tao.

Indem wir die Gegensätze in uns annehmen, beziehen wir unsere Schattenseite mit ein und können uns dann mit unserer eigenen Ambiguität wohlfühlen. Jenseits aller Trennungen von Gut und Böse, von begehrenswert und unerwünscht, von schön und hässlich, und darüber hinaus, liegt unser wahres Selbst.

Und ich entdeckte, dass ich immer dann, wenn ich mutig genug war, an dem *Yagé*-Ritual teilzunehmen, die Gelegenheit erhielt, mich dieser Realität zu öffnen.

Der Hauptgrund für unsere Reise in die Gemeinschaft der Siona-Indianer war, geheilt zu werden. Bei mir war eine Zyste in der linken Brust diagnostiziert worden. Miguel litt seit über zehn Jahren an Epilepsie. Die meisten Behandlungsmethoden von professionellen, westlich ausgebildeten Ärzten befassten sich mit dem äußeren Symptom und vernachlässigen den Patienten in seiner Gesamtheit von Körper, Geist und Seele. Wir hatten Grund zu der Annahme, dass *Yagé* helfen würde, unsere Krankheiten zu überwinden, indem es alle drei Aspekte unseres Seins behandelte.

Das erste Mal nahmen wir *Yagé* in der Gesellschaft von etwa zwanzig Personen ein, von denen viele Siona-Indianer waren, Verwandte von dem Schamanen *Taita*[1] Pacho. Aber es waren auch viele alte und junge *Colonos* dabei, von denen einige kamen, um sich wegen bestimmter Beschwerden behandeln zu lassen. Zwei Anthropologen, Freunde von uns und langjährige Freunde von *Taita* Pacho selbst, waren bei dieser Gelegenheit ebenfalls anwesend.

Meine Erfahrung in dieser Nacht begann mit einer Vision von meiner Mutter, die einige Jahre zuvor gestorben war. Sie erschien in einem verzerrten, zerbrochenen Muster, ähnlich einem Puzzle, aber ich hatte keinen Zweifel, dass sie es war. Sie beugte sich über meine Brust, und ich hörte mich selbst auf Spanisch zu ihr sagen (sie sprach natürlich kein Wort Spanisch): »*Chupa, Mamá. Chupa.* Saug, Mama. Saug.«

Sie gehorchte mir und verschwand dann. Einige Tage nach dieser *Yagé*-Sitzung erschienen nach und nach kleine Wunden an meinen Händen, Armen und Beinen. Diese Wunden sonderten Eiter ab und es dauerte etwa eine Woche, bis sie verschwunden waren.

Ich fühlte mich durch diese Ausbrüche jedoch keineswegs gestört, sondern war seltsam erfreut darüber. Ich verstand, dass mein Körper eine Entgiftung durch-

---

[1] *Taita*: ein Ketschua-Wort, das in dieser Region als respektvolle Anrede für einen alten Mann verwendet wird.

5 Yagé – die heilende Rebe

machte. Meine Zyste verschwand schließlich spurlos.

Miguel hatte einige Tage nach dieser ersten *Yagé*-Sitzung einen weiteren Epilepsieanfall, aber dann nie wieder. Durch die Einnahme von *Yagé* und die Heilung während der *Yagé*-Sitzungen wurde Miguel auf »wundersame« Weise geheilt und wir waren *Taita* Pacho und der heiligen *Yagé*-Rebe unendlich dankbar. Die Wunderheilung dieser Krankheit, die von den Ärzten der zivilisierten Welt als unheilbar angesehen wurde und nur mit einer ständigen Verschreibung von Beruhigungsmitteln gelindert werden konnte, war für *Taita* Pacho etwas Selbstverständliches, etwas Normales.

Seitdem wir in diesen tropischen Regionen lebten und uns mit *Yagé*, *Yokó*, dem Kokablatt sowie den anderen kraftvollen Pflanzen vertraut machten, wussten wir, dass die Heilung mithilfe dieser Pflanzen durch ein Ritual, das an sich im Wesentlichen religiös ist, nicht nur den Körper, sondern auch die Psyche reinigte und den Menschen in Kontakt mit dem Geist brachte.

Während anderer *Yagé*-Sitzungen machte ich einige kraftvolle Erfahrungen. Eine davon fand in einer Vollmondnacht statt. Miguel, Diego und ich hatten den Tag auf der anderen Seite des Flusses Putumayo verbracht, welche gegenüber der meisten Behausungen des kleinen Indianerdorfes Buena Vista lag. Am Morgen hatten wir das Brechmittel *Yokó* eingenommen, zubereitet und verabreicht von *Taita* Pacho. Den Rest des Tages hatte ich nichts mehr gegessen, um für das *Yagé*-Ritual in der Nacht gut vorbereitet zu sein.

Sobald die Sonne verschwunden war, ging der Vollmond in seiner ganzen Pracht auf und spiegelte sich im ruhigen Wasser des Flusses Putumayo. Wir paddelten mit dem Kanu über den Fluss zum Haus von *Taita* Pacho, wo wir an dessen mysteriösen *Yagé*-Ritual teilnehmen wollten.

Da es erst das zweite Mal für uns sein sollte, waren wir ein wenig beunruhigt. Im Haus des alten Ehepaars *Taita* Pacho und seiner Frau Isolina nahmen wir auf dem Boden Platz. *Taita* Pacho verbrannte Baumharz in einer Dose, die an den Seiten durchlöchert war. Der duftende Rauch drang in alle Ecken des Hauses. Dann setzte sich der Schamane in seine Hängematte.

Auf dem Boden neben ihm stand die einzige Lichtquelle – eine brennende Kerze. Aus einem großen Topf mit *Yagé* füllte er eine kleine Kalebasse mit der heiligen Flüssigkeit, zog an seiner Zigarette und blies Tabakrauch in das Gefäß hinein.

Er sprach ein paar Worte und nahm die kleine Kalebasse an den Mund, kippte sie und trank bis zum letzten Tropfen. Dann waren wir dran. *Taita* Pacho rief uns einen nach dem anderen und gab jedem seine individuelle Dosis.

Wir waren damals insgesamt zu zehnt, dabei war ich die einzige Frau. Wir kamen näher, um die Mixtur zu trinken und einige Worte von *Taita* Pacho entgegenzunehmen: »*Que tenga buena pinta*. Möget ihr ein gutes Bild haben. *Que Dios te ayuda*. Möge Gott euch helfen.«

Ich hatte das Gefühl, dass dies eine echte Kommunion war.

Nach etwa einer halben Stunde sah ich bereits die Anfänge des »Bildes«: Ein Meer von farbigen Lichtern tanzte vor mir. Ob mit offenen oder geschlossenen Augen, sie waren da.

Taita Pacho bot uns eine weitere Kalebasse voller *Yagé* an, und einer nach dem anderen erhielten wir die zweite Runde von diesem Trank.

Jetzt sang er in Siona, seiner Muttersprache. Es war ein seltsamer Gesang, der in mich eindrang und mich

5 Yagé – die heilende Rebe

weit weg trug. Weit, weit weg.

Taita Pacho wedelte rhythmisch mit seinem Fächer, dem Brisegeist des Dschungels. Diese Blätterrassel (*Chacapa* oder *Waira sacha* genannt) war aus Dschungelpflanzen gefertigt.

Der Gesang und das rhythmische Schwingen des Fächers trugen mich nun hoch über die Welt hinaus. Ich befand mich weit weg von der Erde und schwebte im Kosmos. Mit offenen oder geschlossenen Augen konnte ich die Welt unter mir sehen, und ich hörte eine Stimme, die aus mir selbst zu kommen schien. Die Stimme des *Yagé* sprach zu mir und machte mir klar, dass dieses Leben nicht so ist, wie es scheint, dass die Probleme, die wir haben, keine wirklichen Probleme sind. Dieselbe Stimme warnte mich, dass ich in eine Falle tappen würde, wenn ich mich weiterhin um weltliche Dinge sorgte; eine Falle, die mich von der wahren Realität wegführen würde. An diesem Punkt erinnerte ich mich an einige Worte aus Shakespeares Werken: »eine Falle für Dummköpfe [...] bedeutungslos«.

Die Stimme fuhr fort und bestand darauf, dass ich meine Energie nicht damit verschwenden sollte, mir Sorgen über das Alltägliche zu machen. Dass das Leben nicht so ist, wie wir es wahrnehmen. Es ist nicht mehr als ein Spiel, das uns in eine Falle locken soll.

»Trotzdem«, warnte die Stimme, »musst du dieses Spiel fair spielen. Du darfst nicht schummeln.«

Taita Pacho forderte uns auf, eine weitere Tasse *Yagé* zu trinken. Unsere Körper zitterten, waren schwach. Die Hängematte des Schamanen zu erreichen erwies sich als eine echte Odyssee. Der »Rausch« hatte die Oberhand gewonnen. Wir stolperten und schwankten und mussten uns an den Wänden festhalten, um nicht zu fallen.

Als ich wieder an meinem Platz ankam, hörte ich *Taita* Pacho mit neuer Inbrunst singen. Seine Stimme wurde begleitet von dem Schic, Schic, Schic des Fächers. Dann passierte plötzlich etwas, das völlig unerklärlich und gleichzeitig absolut real war. Die Echtheit davon erfüllte mich mit Schrecken, mit einer solchen Angst, dass ich fast die Kontrolle verlor.

Ich hatte mich in eine Boa verwandelt.

Da saß ich nun in einem Raum mit Miguel auf der einen und Diego auf der anderen Seite, verwandelt in eine Boa. Mein Schlangenkörper war rund und dick wie ein Baumstamm. Meine Haut war grün und mit braunen Flecken übersät.

Was für eine entsetzliche Verwandlung! Und ich konnte nichts anderes tun, als sie zu akzeptieren! Akzeptieren, das zu sein, was ich offensichtlich war: eine riesige Schlange. Ja, das war ich. Was konnte ich also tun, außer es zu akzeptieren?

Das Beängstigende daran war, dass ich irgendwie verstand, dass *Taita* Pacho nichts davon gefiel. Ich erinnere mich an einen Moment in dieser Nacht, in dem ich tatsächlich für einen Augenblick einschlief, nur um von seiner Stimme geweckt zu werden, die sagte: »Ah, so ist es besser. Ich mag es, wenn du schläfst.« Natürlich wachte ich sofort wieder auf, aber dann wusste ich, dass meine Aufgabe darin bestand, eine passive Boa zu sein, eine schlafende Boa. Ich fühlte eine seltsame Notwendigkeit, den Befehlen des Schamanen zu befolgen, den Befehlen, von denen ich immer noch nicht weiß, ob sie tatsächlich von ihm ausgesprochen wurden. Aber von wem sonst?

Wenn du *Yagé* einnimmst, heißt es, dass du um etwas bitten kannst. Das *Yagé* wird es dir geben.

Wenn man zum Beispiel jemanden sehen möchte,

5 Yagé – die heilende Rebe

der weit weg ist, kann man ihn tatsächlich erreichen und sich sogar mit ihm unterhalten. Ich erinnere mich an einen alten Siedler, der jedes Mal, wenn er *Yagé* mit *Taita* Pacho nahm, mit einer alten Freundin kommunizieren konnte, die einige Jahre zuvor gestorben war. Wenn du krank bist, kannst du das *Yagé* bitten, dich zu heilen. Man sagt auch, dass viele Menschen das *Yagé* verwenden, um nach einem Raub den Dieb zu entdecken.

Meine Bitte bei der Einnahme ist immer die Reinigung, nicht nur des Körpers, sondern auch der Psyche. Als würde ich darum bitten, von meinen »Sünden« gereinigt zu werden: von der Angewohnheit, zu tratschen, schlecht über andere zu reden, mich von meinen Gedanken treiben zu lassen, mich zu sorgen, egoistisch, wütend oder eifersüchtig zu sein.

Ach ja, meine Eifersucht...

Das Schic, Schic, Schic des Blattfächers war mir plötzlich nahe gekommen. Ich konnte fühlen, wie der Fächer über meinen Kopf strich. Mit geschlossenen Augen spürte ich *Taita* Pachos Anwesenheit, ganz nah bei mir. Der Rhythmus des Blattfächers – des Geistes des Dschungels – regte sich in mir: Er drang in mein innerstes Selbst vor und ließ mich erkennen, dass meine Eifersucht keine Eifersucht war, sondern eine noch schlimmere Sünde: der Stolz.

Das Bewusstsein, die Gewissheit meines schrecklichen Stolzes löste in mir ein furchtbares Gefühl der Übelkeit aus. Mit seinem magischen Fächer half der Schamane, diesen Stolz zu vertreiben: Ich erbrach mich.

Ich erbrach fast meinen ganzen Stolz. Ein wenig blieb jedoch in mir; ich spürte es als Teil einer Krankheit, die noch in mir anhielt.

Ich öffnete meine Augen und stellte überrascht fest,

dass *Taita* Pacho immer noch in seiner Hängematte saß, weit weg von mir. Er war nicht mit seinem Fächer in meiner Nähe gewesen. Wie war es dann möglich, dass ich den Fächer über meinen Kopf streifen spüren konnte?

Ich hatte das Verlangen, noch eine Tasse *Yagé* zu trinken. »Um ein für alle Mal geheilt zu sein«, dachte ich. Mit äußerster Mühe schleppte ich mich wieder zu *Taita* Pacho. Er lag bereits in seiner Hängematte. Ich fragte nach mehr, aber er schüttelte den Kopf und lehnte mit müder Stimme ab. Es war inzwischen etwa drei Uhr nachts. Da sagte ich etwas zu ihm, das mir im Nachhinein ziemlich lächerlich vorkam, aber ich sagte es in der Tat: »Sie können mich nicht heilen, oder?«

Vor Kurzem dachte ich mir, dass ich meinen Stolz – das bisschen, was in mir geblieben ist – vielleicht nie loswerden würde. Aber ich weiß zweifelsfrei, dass ich ihn an dem Tag, an dem ich sterbe, überwinden werde. Dieses Stück Stolz, das übrig geblieben ist, wird bei meiner unvermeidlichen Übergabe an den Tod vernichtet werden.

Dann, ganz bescheiden, werde ich geheilt sein.

Am Tag nach dieser *Yagé*-Sitzung fühlte ich mich erschöpft, aber trotz der Tatsache, dass ich die ganze Nacht nicht geschlafen hatte, konnte ich mich tagsüber nicht einen Moment ausruhen.

Ich überquerte den Fluss und verbrachte den Tag im Haus von Pacheco, einem der Söhne von *Taita* Pacho. Dort bot mir seine Frau eine Hängematte zum Ausruhen und Schlafen an, aber ich fühlte mich sehr gereizt und hatte Angst, dass ich auch bei Einbruch der Dunkelheit nicht schlafen könnte. Miguel und Diego waren sehr ruhig; das *Yagé* hatte sie sanft behandelt.

5 Yagé – die heilende Rebe

Als es Zeit wurde, ins Bett zu gehen, kehrten wir zum Haus des Schamanen zurück, wo wir einquartiert waren. Wir legten uns auf die Binsenmatte in dem großen Raum, in dem wir am Abend zuvor an dem Ritual teilgenommen hatten, und sehr bald fielen sowohl Miguel als auch Diego in einen tiefen Schlaf.

Aber ich konnte nicht schlafen. *Taita* Pacho lag in seiner Hängematte, sang und führte Selbstgespräche (*desvariando*, wie seine Frau es nannte). Er hatte den ganzen Tag *Aguardiente* (»Feuerwasser«) getrunken, wie immer einen Tag nach einer *Yagé-* Sitzung.

Als *Taita* Pacho mit dem gleichen Gesang begann, wie in der Nacht davor, erfüllte mich eine unerklärliche Angst. Auch *Taita* Pacho selbst wirkte ängstlich, ein wenig nervös. Doch dann änderte sich sein Tonfall auf einmal. Seine Stimme wurde sanfter und milder, und allmählich ließen meine Ängste nach. Jetzt sang der alte Schamane sanft zum rhythmischen Wiegen seiner Hängematte. Es war, als würde er mir ein Schlaflied vorsingen und mich einladen, mich zu entspannen und auszuruhen. Ein Gefühl von Wärme breitete sich in meinem Unterleib aus, um meinen Schoß herum, wo ich den ganzen Tag nur nervöse Anspannung gespürt hatte. Mit einem tiefen Seufzer gab ich mich dem ersehnten Schlaf hin, eingelullt durch das sanfte Schnarchen von *Taita* Pacho.

Damals, bei unserem Schamanenfreund *Taita* Pacho, nahmen Miguel, Diego und ich mehrere Male am *Yagé*-Ritual teil, gemeinsam mit seinen Söhnen und zwei Enkeln (sieben und neun Jahre alt). Dreizehn Mal fasteten wir und aßen nichts mehr nach der Mittagsmahlzeit, um uns darauf vorzubereiten, den dicken, sehr bitteren Trank aus der heiligen Weinrebe einzunehmen. Die

Mixtur wurde tagsüber von *Taita* Pacho selbst an einem geheimen Ort im Wald fernab der Gemeinschaft zubereitet und gekocht. Das Ritual fand immer im Haus des alten Schamanen statt. In diesem Haus waren Miguel, Diego und ich einen Monat lang untergebracht, bis wir eine Hütte für uns bekamen, gleich an der Seite von *Taita* Pacho und seiner Frau Doña Isolina. In dieser Behausung, die aus einer Art Bambus namens *Guadua* gebaut wurde, mit einem Boden aus Pfirsichpalme und einem Palmblattdach, lebten wir weitere vier Monate lang.

Im Jahr nach unserer Reise auf dem Putumayo zogen wir nach Leticia. Hier nahmen wir Kontakt zu zwei *Curanderos*[1] aus der ethnischen Gruppe Kokama auf. Der eine lebte in Leticia selbst und der andere einige Kilometer flussaufwärts am Amazonas. Mit ihnen begannen wir, regelmäßig *Yagé* zu nehmen: jeden Freitagabend für neun Wochen, anschließend eine Pause von einem oder zwei Monaten. Diese *Curanderos*, die wir mit »Maestro« ansprachen, schlugen Miguel und mir sowie zwei weiteren Teilnehmern vor, selbst Heiler zu werden.

So wurden wir in den Heilungsprozess mit dem heiligen *Yagé* eingeweiht. Die Einweihung bedeutete, dass wir während der neun Wochen keinen Geschlechtsverkehr haben durften; in den zwei Tagen nach jeder *Yagé*-Sitzung waren weder Salz noch Zucker, noch irgendetwas Süßes erlaubt, und wir durften nur bestimmte Fischsorten essen, begleitet von Kochbananen und Yuca, die auf besondere Weise zubereitet wurden.

In der Nacht der neunten *Yagé*-Sitzung auf dieser Diät hatte ich eine höchst unglaubliche Vision. Eine

---

[1] *Curandero*: ein traditioneller Heiler.

5 Yagé – die heilende Rebe

alte indianische Frau erschien vor mir. Sie saß ganz ruhig und gelassen im Schneidersitz, den die Indianer gewöhnlich einnehmen.

Sie trug einen langen, vollen Rock, und ihre gefalteten Hände ruhten auf ihrem Schoß. Viele Reihen von Perlen hingen von ihrem Hals. Diese Frau wirkte wie jemand, der schon alles im Leben erlebt hat. Sie hatte jede Emotion erlebt und nichts zurückgehalten. Kein ungelebtes Leben blieb zurück, keine Möglichkeit blieb unausgeschöpft. All jenes, was in Flammen aufgehen konnte, war verbrannt, und die Ruhe des Alters war über sie gekommen. Die Vergangenheit war vollständig abgeschlossen, und sie war ganz in der Gegenwart angekommen, wo sie nichts mehr belasten konnte. Sie war absolut ruhig und in sich gekehrt, und ihre bloße Anwesenheit reichte aus, um kranke Menschen zu heilen.

Sich vor sie zu setzen genügte, um geheilt zu werden. Ihre kraftvolle und doch seltsam unaufdringliche Präsenz sandte einen Fluss heilender Energie an alle, die sich ihr näherten. Für einen Augenblick während dieser Vision wurde ich selbst zu dieser Frau. Schnell kam es mir in den Sinn, dass dieses Selbstbild unheimlich überheblich war, und die ganze Szene verschwand. Später erklärten mir die *Maestros*, dass es sich bei dieser Frau um die Mutter des *Yagé* handelte; dass sie manchmal als alte Dame und manchmal als junges Mädchen oder als Kind erscheint.

In den nächsten zwei Jahren fuhren wir mit den neunwöchigen Sitzungen fort und lernten, verschiedene Gesänge gegen diverse Beschwerden und Probleme zusammen mit den *Maestros* zu singen: gegen die Kopfschmerzen, bei der Geburt, gegen Kinderkrankheiten, aber auch Schutzgesänge. Wir lernten zudem mehr über Heilpflanzen.

Wir bezeichneten diese *Maestros* als *Curanderos* – Heiler – und nicht als Schamanen, da sie ihr Wissen über die Verwendung des *Yagé* erst recht spät im Laufe des Lebens erlangten. Im Gegensatz zu den Indianern, die dazu bestimmt sind, Schamanen zu werden, und die schon früh in das *Yagé*-Ritual eingeweiht werden, hatten unsere *Maestros* ihre Jugend, wie jetzt alle ihre Söhne und Enkel, mit Alkoholkonsum verbracht.

Durch den Kontakt mit einem alten Schamanen hatten diese Männer das Glück gehabt, Heiler zu werden. Inzwischen ist der alte Schamane verstorben. Was für ein trauriger Gedanke, dass diese alten *Maestros* die letzten ihres Stammes sein werden, die das *Yagé*-Ritual praktizieren. Keines ihrer Kinder oder Enkelkinder wird ihnen folgen.

Als wir das erste Mal auf die Secoya-Indianer trafen, die an den Flüssen Angusilla und Yaricaya lebten, und mit ihnen *Yagé* nehmen wollten, wurden wir enttäuscht. Sie waren nämlich evangelisiert worden. Die Evangelisten hatten ihnen verboten, Alkohol zu trinken oder *Yagé* zu nehmen.

Zu den Wirkungen von *Yagé* zählt man auch die *Chuma*, die Trunkenheit. Es ist also möglich, dass die Evangelisten, unwissend über das heilige Ritual, die *Chuma* des *Yagé* mit einer primitiven Trunkenheit verwechselten.

Dann hofften wir noch, mit dem *Kazike* der Gemeinde Bella Vista am Fluss Yubineto, einer der letzten Gemeinden, die drei Jahre zuvor evangelisiert worden war, *Yagé* machen zu können. Unsere Freundin Erlinda aus San Belin erzählte uns: »Mein Onkel Silverio nimmt immer noch *Yagé*. Ihr nehmt *Yagé* mit ihm. Er

5 Yagé – die heilende Rebe

ist ein guter *Curaca*[1].« Doch als wir Silverio schließlich trafen, erzählte er uns, dass auch er das Ritual des *Yagé* aufgegeben hatte.

Ohne *Yagé* sind die Indianer wehrlos gegen Krankheiten und Leiden. Das *Yagé* vermittelt dem *Curaca* Wissen über die Heilpflanzen und ermöglicht ihm, während des Rituals zu heilen. Es reinigt sowohl den Geist als auch den Körper und bringt uns bei, wie man richtig lebt.

Yagé durchbricht die Barriere zwischen dem Diesseits und dem Jenseits: *Ayahuasca*, das Ketschua-Wort für *Yagé*, bedeutet »Weinstock des Geistes der Toten«.

Die Kommunikation mit den Vorfahren, den alten Meistern, den Geistern von Männern und Frauen, mit Tieren und Pflanzen wird durch das Ritual aufrechterhalten.

In seinem Buch »Schamanismus, Kolonialismus und der wilde Mann« schreibt Michael Taussig:

»Die mir bekannten Indianer aus den Putumayo-Gebieten sagen manchmal, das *Yagé* sei ein besonderes Geschenk Gottes an die Indianer und nur an die Indianer. ›Das *Yagé* ist unsere Schule. Das *Yagé* ist unser Studium‹, sagen sie. Und das *Yagé* wird als so etwas wie das ursprüngliche Wissen der Gesellschaft betrachtet. Das *Yagé* lehrte die Indianer über das Gute und das Böse, über die Eigenschaften der Tiere, die Medizin und die essbaren Pflanzen.«

Taussig liefert eine unterhaltsame Geschichte von den Cofan-Indianern:

»Mit seiner linken Hand zog Gott ein Haar aus seinem Scheitel. Dieses Haar pflanzte er nur für die Indianer in den Regenwald. Dann entdeckten und erforschten die Indianer – nicht Gott – seine wundersamen

---

[1]*Curaca*: indianischer Heiler.

Eigenschaften und entwickelten das Ritual des *Yagé*. Als Gott dies sah, war er skeptisch und sagte, dass die Indianer lügen würden. Er bat um einen Schluck *Yagé*, und beim Trinken fing er an zu zittern, sich zu übergeben, zu schluchzen und zu kacken. Am nächsten Morgen verkündete Gott: ›Es ist wahr, was diese Indianer sagen. Wer davon trinkt, leidet. Aber die Person reflektiert auch. So lernt man, durch das Leiden.‹«

In Leticia fanden wir 1996 den folgenden Artikel in der Zeitung »País«[1]:

»Die *Ayahuasca* oder das *Yagé* (*Banisteriopsis caapi*) hat jetzt einen Besitzer. Es ist Herr Loren Miller von der Internationalen Gesellschaft für Pflanzenheilkunde, der das Patent (PPA) Nr. 5751 im Marken- und Patentamt der Vereinigten Staaten erhalten hat.

Herr Miller beantragte das Patent mit einer Probe von *Banisteriopsis caapi*, die er von einer ecuadorianischen *Chagra* gepflückt hatte« – welche den Secoya-Indianern gehörte. »Am 14. Juni 1996 in einem an Herrn Miller gerichteten Brief forderte Elias Piyaguage, der Koordinator und Berater der Organisation der Secoya-Indianer in Ecuador (OISE), die angestammten Rechte zurück, die sein Volk an dieser Pflanze hat:

›Niemand darf sie ohne unsere Erlaubnis nehmen, noch hat er das Recht, sie zu patentieren [...] Wir wissen nicht, welche Auswirkungen dieses Patent auf die Nutzung dieser Pflanze hat, aber wir werden sie weiterhin so verwenden, wie es unsere Vorfahren getan haben und wie es unsere Kinder tun werden.‹«

Ironischerweise, während die nordamerikanischen Evangelisten den Gebrauch von *Yagé* unter den Indianern verboten, haben die nordamerikanischen Wis-

---

[1] Artikel von Giovana Tassi, Agentur »Prensa Tierra«, 23.06.1996.

5 Yagé – die heilende Rebe

senschaftler »die vorteilhaften Eigenschaften des *Yagé* entdeckt« und wollten es als ihre eigene »Erfindung« patentieren lassen. Dies führte dazu, dass die Secoya-Indianer selbst zu dieser mächtigen Pflanze zurückkehrten und die fast verlorengegangenen *Yagé*-Rituale, die so wichtig für die Erhaltung ihrer ethnischen Identität und ihrer sozialen und kulturellen Unabhängigkeit sind, wieder aufleben ließen.

In Bezug auf die Tatsache, dass die Nordamerikaner Pflanzen aus dem Amazonasgebiet in Besitz nehmen möchten, lesen wir in demselben Artikel:

»Die Geschichte wiederholt sich: Noch einmal lassen sich ausländische Unternehmen und Einzelpersonen indianisches Heilwissen patentieren. Heute ist es die *Ayahuasca* (*Yagé*), eine traditionelle Pflanze der Secoya-Indianer (der Siona, Kamsa und Inga). Davor war es das *Sangre de drago*[1]. Was folgt als Nächstes?«

Ich war Zeuge eines ähnlichen Schicksals einer tropischen Heilpflanze, einer medizinischen Rebe namens *Uña de gato*[2].

In der Einleitung zu seinem Buch »Der Schamane und der Jaguar« schreibt Reichel Dolmatoff:

»Der Zusammenbruch der einheimischen Symbolsysteme, das Aussterben der älteren Generationen von Indianern, die noch die traditionelle Lebensweise pflegten, und die rasche kulturelle Integration der Indigenen führen gegenwärtig zum unwiederbringlichen Verlust einer Unmenge von Wissen über die Eigenschaften von Pflanzen, das die Indianer über Jahrtausende hinweg erworben haben. Wahrscheinlich ist ein großer Teil dieses Wissens sehr wertvoll für die moderne Zivilisa-

---

[1] *Sangre de drago*: Medizin, die aus der Rinde eines Baumes gewonnen wird.
[2] *Uña de gato*: medizinische Rebe.

tion, die den amerikanischen Indianern bereits viel zu verdanken hat. Heilkräuter, Gifte, Verhütungsmittel, Halluzinogene und viele andere Drogen sind Teil der indianischen Kultur, aber dieser Reichtum an Informationen wird verlorengehen, wenn nicht schnell etwas unternommen wird.«

Für Miguel, Diego und mich war es ein Privileg, mit diesen alten *Curanderos* an den *Yagé*-Ritualen teilgenommen zu haben. Wir erhielten ein Stück von ihrer alten Weisheit, als wir den Heilungsprozess mit dieser magischen Rebe durchlebten.

6 *De todas manera la morcilla es negra*[1]

»Es hat keinen Sinn, über Ökologie zu sprechen, wenn man an einem Schreibtisch aus Zedernholz sitzt.«
Miguel

iguel sollte die Nacht mit einem Inga-Indianer, dem Heiler Don Juan, verbringen. Ich ging hinunter zu unserem Kanu. Leti und Hector, zwei der jüngsten Mitglieder einer Familie mit vierzehn Kindern, begleiteten mich. Sie sollten bei mir übernachten. Als wir uns unter das Moskitonetz zwängten, kicherten und zappelten sie eine Weile vor Aufregung, weil wir unter unserem Palmblattdach »campten«. Schließlich aber kuschelten sie sich an mich und schliefen ein.

Ich verbrachte eine Weile damit, den nächtlichen Geräuschen aus dem nahegelegenen Dschungel zu lauschen: dem gelegentlichen Vogelgezwitscher oder dem Kreischen eines Tieres. Allmählich lullte mich das Plätschern des Wassers in den Schlaf.

Wir erwachten im Morgengrauen vom Chor der Vogelstimmen und Insekten. Irgendwo weit entfernt war das Geschrei von Brüllaffen zu hören. Die Kinder krabbelten aus dem Moskitonetz und ich lag eine Weile da und fragte mich, wie Miguel bei der *Yagé*-Sitzung zurechtgekommen war.

Den ersten Teil des Tages verbrachte ich damit, mit den Kindern weitere *Manillas*, Armbänder, zu basteln

---

[1] Ein beliebtes kolumbianisches Sprichwort, bedeutet wörtlich: »Eine schwarze Wurst ist in jedem Fall schwarz.«

und Linsen sowie die *Chucula* für unser Mittagessen zu kochen. Linsen gehörten zu unseren Notrationen, wenn es weder Fisch noch Fleisch von der Jagd gab.

Miguel ruhte sich aus. Er hatte eine unruhige Nacht mit starken Visionen hinter sich. Die ganze Nacht hatten Scharen von Indianern um ihn herum zum Rhythmus von Don Juans Ahnengesängen getanzt. Wir waren jedoch schon am frühen Nachmittag abfahrbereit. Miguel fühlte sich wieder frisch und dank der Reinigung durch das *Yagé* sehr energiegeladen.

Wir nahmen eine Abkürzung durch einen Nebenfluss zu unserer Rechten und dann zwei weitere zu unserer Linken und kamen gegenüber der Mündung des Flusses Yubineto heraus. Dort befand sich ein peruanischer Militärposten, eingerichtet seitdem einige kolumbianische Holzhändler den Secoya-Indianern Probleme bereitetet hatten.

Die Secoyas, seit Jahrtausenden Besitzer dieses Landes, hielten damals einen mit Zedernholz beladenen Kahn an, um dessen Inhalt zu inspizieren. Daraufhin wurden die Kolumbianer ungeduldig und feuerten aus Protest eine Schrotflinte in die Luft. Die verängstigten und empörten Secoyas reagierten darauf, indem sie in Richtung des Kahns schossen und einen der Händler verwundeten. Zu dieser Zeit befand sich zufällig eine Gruppe von Anthropologen, Biologen und Krankenschwestern aus Lima zu Besuch bei dem Stamm. Sie alle waren Zeugen des Vorfalls.

Seitdem sind dreißig Soldaten des peruanischen Militärs am Eingang des Yubineto-Flusses stationiert, angeblich um die Kommerzialisierung des Holzes zu kontrollieren. Allerdings kann die Anwesenheit von so vielen Soldaten in der Nähe einer indianischen Gemeinschaft ebenfalls ernsthafte Probleme für diese schönen

6 *De todas manera la morcilla...*

Menschen bedeuten. »*De todas maneras la morcilla es negra*«, dachten wir.

Hinter der Mündung des Yubineto mussten wir kräftig paddeln, um uns nicht von der starken Strömung an der Anlegestelle der Militärbasis vorbeiziehen zu lassen. Plötzlich umgaben uns graue Süßwasserdelfine. Ein wunderschönes Spektakel! Sie streckten ihre langen Köpfe heraus, schnaubten und spritzten Wasser durch ihre Luftlöcher, wölbten ihren Rücken und

Miguel und ich zwischen Delfinen.

verschwanden im tiefen Wasser, um sich gleich an der Oberfläche wieder blicken zu lassen. Manchmal wölbten sie ihren Rücken so stark, dass ihr ganzer Körper aus dem Wasser auftauchte. Dann hielten sie sich einen Augenblick lang in der Luft indem sie auf ihren Schwanzflossen balancierten.

Wir erinnerten uns, gelesen zu haben, dass der Sotalia-Delfin, der immer grau ist, im tiefen Wasser sehr schnell und wendig ist und an offenen Stellen bis zu zwei Meter über das Wasser hochspringen kann. Es gibt viele Geschichten über die andere Delfinart, den rosa Amazonasdelfin (*Bufeo*), der größer ist und nicht aus dem Wasser springen kann. Diese schönen Tiere sind weniger scheu und menschenfreundlicher als die Sotalias. Sie kommen näher zu den Booten und spielen nebenher. Es wird erzählt, dass sie manchmal den Fischern helfen, indem sie ihnen Fische bringen. Sie sind zudem dafür bekannt, dass sie Ertrinkende retten und sie auf ihrem Rücken in Sicherheit bringen.

Es fehlt jedoch nicht an Geschichten von Delfinen, die Kanus zum Kentern bringen. Zudem gibt es Erzählungen über männliche Delfine, die hübsche junge Mädchen entführen und sie auf den Grund des Flusses ziehen, wo sie dann in Delfindörfern leben.

Ich musste an eine Zeit zurückdenken, als ich an einem großen Fluss in einer Region namens »Los Llanos« in Kolumbien lagerte. Einer der örtlichen Fischer hatte einen jungen Delfin gefangen. Er band ihn an seiner Schwanzflosse an einen großen Stein am Flussufer. Das arme Tier versuchte verzweifelt, sich zu befreien. Es zog so stark an der Schnur, dass die Haut gerissen war und blutete.

An diesem Morgen, vor meinem Flussbad, beugte ich mich über den kleinen Delfin und flüsterte ihm auf Englisch zu: »Mach dir keine Sorgen, ich werde dich retten.« Ich hatte keine Ahnung, wie ich das tun sollte. Wir hatten den Fischer bereits vergeblich angefleht, das Tier freizulassen und daran erinnert, dass es Unglück brachte, einen Delfin zu töten.

Aber der Mann dachte nur an das Geld, das er durch den Verkauf des Öls einnehmen konnte. Delfinöl war aufgrund seiner medizinischen Eigenschaften sehr ge-

6 De todas manera la morcilla...

schätzt.

Später an diesem Tag kam ein Polizist vorbei und ich war sehr schockiert zu sehen, dass er seine Waffe in den Fluss abfeuerte, direkt auf die Stelle, wo andere Delfine schwammen. Ich dachte, er zielte tatsächlich auf sie. Als er meinen abwertenden Blick auf sich spürte, versicherte er mir: »Ich schieße nur in die Luft. Es bringt Unglück, einen Delfin zu töten. Und es ist gegen das Gesetz.«

Ich wies ihn also auf den jungen Delfin hin, der am Flussufer angebunden war. Mit schwerem Schritt ging der Polizist zum Fischer, um mit ihm zu sprechen. Auf Druck des Polizisten wurde das kleine Tier dann freigelassen. Obwohl der Fischer wütend auf mich war, spürte ich eine gewisse Erleichterung seinerseits und konnte nur vermuten, dass er sich wahrscheinlich Sorgen über das Unglück gemacht hatte, welches er über sich gebracht hätte, wenn er den kleinen Delfin getötet hätte.

Meine Absicht war es natürlich nicht gewesen, den Mann anzuschwärzen, jedoch war es mir letzten Endes auf diese Weise gelungen, dem Tier zu helfen und sein Leben zu retten.

Als der junge Delfin zurück ins Wasser glitt, war ich erstaunt über den Empfang, den er von den erwachsenen Delfinen erhielt. Sie umringten das kleine Wesen und begleiteten es zu einem entfernten, fast unzugänglichen Teil des Flusses. Später am Nachmittag ging ich zum Baden hinunter und fand mich umgeben von den großen erwachsenen Delfinen.

Sie schwammen um mich herum, kamen immer näher und ich wusste, dass sie ihre Dankbarkeit zeigen wollten. Die Freundlichkeit dieser sensiblen Tiere zu spüren war ein wunderbares und unvergessliches Erlebnis.

Der Oberleutnant der peruanischen Militärbasis empfing uns sehr herzlich. Wir saßen an der Anlegestelle und unterhielten uns mit ihm, während die Sonne unterging. Zu dieser Tageszeit war die Sandfliege, eine winzige Stechmücke, besonders lästig: Sie griff unermüdlich unsere Arme, Beine und Gesichter an, während wir uns unterhielten.

Kike, der Leutnant, sprach plötzlich von Yoga. Er brachte uns ein Buch, welches ausführlich über Yoga und Sex, über sexuelle Magie erzählte. Unglaublich! Wir hätten nie gedacht, an einem so abgelegenen Ort jemanden wie ihn zu treffen, geschweige denn einen Soldaten. Während wir uns lebhaft unterhielten, servierte uns ein anderer Soldat eine Mahlzeit, ein Soldatenessen. Nach all dem Paddeln waren wir hungrig und fanden das Essen köstlich.

Später am Abend lud uns Kike zu einem Glas Montilla-Rum in seine Hütte ein. Es war eine Hütte auf Stelzen aus einer Art Bambus, dem Boden aus Stangen der Pfirsichpalme und dem Dach aus Palmblättern. Kike sprach über sein Leben und insbesondere über seine Ausbildung an der Militärschule. Mit Entsetzen hörten wir uns an, wie die Soldaten trainiert wurden, um ihre Angst vor dem Töten zu beseitigen.

»Als Erstes«, erzählte Kike, »bekamen wir einen Hund – einen Welpen, der uns immer und überall begleitete. Wir mussten unser Bett und sogar unsere Mahlzeiten mit diesem Hund teilen. Dann, nach drei oder vier Monaten, als wir die besten Freunde geworden waren, wurden wir gezwungen, ihn zu töten, zu zerreißen, uns mit seinem Blut zu besudeln und sogar auf Körperteile wie das Herz oder die Eingeweide zu

6 *De todas manera la morcilla...*

beißen.«

Er zeigte uns Fotos von diesem makabren Akt: alle Soldaten waren blutverschmiert und er selbst leckte an dem gehäuteten und blutigen Hund. »Einst, ebenfalls als Teil unserer Ausbildung, mussten wir in eine Leichenhalle gehen und Leichenstücke abbeißen.«

Unter den Fotos von Kikes Familie: von seiner Mutter und seinem Vater, der ebenfalls ein Militär war, sowie von seiner *Enamorada* (Freundin) aus Iquitos, tauchte ein Foto einer Frau auf. »Dies ist ein Mädchen, das als Prostituierte für die Truppen in der Militärbasis arbeitete, den ich befehligte. Sie war die einzige Frau, die für die vierhundert Männer im Lager zur Verfügung stand.«

Wir unterhielten uns eine Weile über die Nachrichten aus den Vereinigten Staaten; darüber, wie Clinton die Aufnahme von Homosexuellen in die nordamerikanische Armee genehmigt hatte. »Oh! Let's make love, not war!« scherzte Kike mit aufgesetztem amerikanischem Akzent und übertrieben femininen Gesten. Mir ging schnell durch den Kopf, dass eine solche Nachricht für einen lateinamerikanischen Macho ziemlich schwer zu akzeptieren sein musste, dennoch konnte ich keine Aggressivität seinerseits feststellen.

In dieser Nacht waren wir mehr als nur ein bisschen betrunken, als wir uns schließlich in das Etagenbett in Kikes Militärkabine legten.

Am nächsten Tag kam eine Gruppe von etwa zwanzig Secoya-Indianern am Stützpunkt an. Sie waren aus der Gemeinde Bellavista, die der Mündung des Yubineto am nächsten lag. Es fand ein Fußballspiel mit den Soldaten statt.

Die Secoya-Männer trugen ihre farbenfrohen *Cus-*

mas[1], gefiederte Kopfbedeckungen und Halsketten, die mit Samen von Dschungelfrüchten und bunten Federn geschmückt waren. Die hübschen Secoya-Frauen, die stärker von der »zivilisierten« Mode angesteckt waren, trugen T-Shirts, darunter einige mit Aufschriften wie »I love Florida«.

Die jüngeren Frauen trugen enge Röcke anstelle des traditionellen ausgestellten Rocks, und ausnahmslos Büstenhalter sowie farbigen Nagellack.

Eine junge Frau erregte meine Aufmerksamkeit durch die Art und Weise, wie sie ihr vier Monate altes Baby an- und auszog, als wollte sie ihren Geschmack für Babykleidung zeigen: weiße Hosen über einer rosa Windel, ein rosafarbenes kurzärmeliges T-Shirt, das von einem langärmeligen bedeckt wurde, ein rosa Lätzchen, eine lange, spitze, rosa Kapuze, die bis zur Taille reichte, und rosa Socken. Das arme Baby tat mir ein wenig leid, weil es in diesem sengenden Klima so gekleidet war.

Sowohl Männer als auch Frauen verwendeten immer noch *Achiote*, *Huito* und andere Pflanzen aus dem Dschungel, um dekorative Muster auf ihre Gesichter, Arme und Beine zu malen. Die schwarzen *Huito*-Linien auf ihren Gesichtern sind dünn und entschlossen, perfekt gezeichnet. Einige Linien sind gerade, andere geschwungen, um den Zügen eines Kinns, einer Wange oder einer Stirn zu folgen. Bei den Secoyas ist es bei beiden Geschlechtern Brauch, sich alle Augenbrauen und Wimpern auszuzupfen, was dem Gesicht ein besonderes Aussehen verleiht. Wir erinnerten uns daran, dass dieser seltsame Brauch auch in Italien während der Renaissance und im elisabethanischen England in Mode war.

---

[1]*Cusma*: eine lange Tunika, normalerweise aus Baumwolle.

6 De todas manera la morcilla...

Mir fiel ein Mädchen auf, dessen Augenbrauen auf höchst willkürliche Weise schwarz gefärbt waren: die rechte Augenbraue ihres schönen Gesichts war hoch auf die Stirn gemalt, während die linke sehr tief lag und fast das Augenlid berührte. Die Mädchen hatten sich fast ausnahmslos die Nägel mit knallrotem Nagellack und die Lippen mit passendem Lippenstift bemalt.

Vor dem Fußballspiel kam eine Gruppe von Indianern zur Hütte des Leutnants: »*Yo, queriendo ver foto soldado comiendo perro.* Ich wollen ein Foto sehen, auf dem ein Soldat einen Hund isst.«

Sie drängten sich alle um die Fotos, die Kike ihnen jeden Sonntag zeigte, und das Foto, das ihnen am meisten ins Auge fiel, war »*Soldado, comiendo perro*«. Unter verwunderten Blicken und schelmischem Kichern lautete ihre Schlussfolgerung vielleicht: »*Hombre civilizado muy salvaje.* Ein zivilisierter Mann, der sehr wild ist.«

7 Bella Vista, eine Secoya-Gemeinde

Sie leben von Tag zu Tag. Wie der Reiher geben sie sich damit zufrieden, dem Fluss nur das zu entnehmen, was für ihr unmittelbares Wohlergehen notwendig ist.

er nächtliche Regen drang in unser Boot ein. Der Wasserpegel im Kanu stieg so hoch, dass unser Gepäck unter den Bettbrettern komplett durchnässt wurde. Wir nahmen aus dem Kanu all das heraus, was trocken werden musste: unsere Kleidung, mein Garn, die Knäuel aus gesponnener *Chambira*[1], sowie einige Bücher.

Nach einem weiteren Regenguss und einem Brathähnchen zu Mittag auf der Militärbasis paddelten wir den Fluss Yubineto hinauf in Richtung der Secoya-Gemeinde Bella Vista. Einen Teil unseres Gepäcks ließen wir in Kikes Hütte zurück, sodass unser großes Kanu jetzt leichter war. Trotzdem war es schwer, gegen die Strömung zu paddeln. Etwas weiter flussaufwärts trafen wir mehrere Secoyas. Einer von ihnen bot uns an, das kleine Kanu zu nehmen, das wir mitschleppten. Das machte die dreistündige Paddeltour etwas leichter.

Der Yubineto war ein wunderschöner Fluss. Er war kristallklar. Aber durch das ganze Laub, das an seiner Quelle aus vielen Bäumen fiel, sah er schwarz aus. In der Nähe der Flussmündung befand sich eine kleine Siedlung von Mestizen, Ingas und Uitotos. Weiter flussaufwärts lebten vier Secoya-Gemeinden, die etwa drei oder vier Paddelstunden voneinander entfernt waren.

---

[1]*Chambira*: eine aus tropischen Palmenblätter gewonnene Faser, die zur Herstellung von Taschen – *Mochillas* – und Hängematten verwendet wird.

7 Bella Vista, eine Secoya-Gemeinde

Schon seit der Antike wohnten diese Menschen am Fluss, und bis zum Eindringen der kolumbianischen Holzhändler in den 1960er Jahren waren die umliegenden Wälder intakt geblieben.

Wie andere Indianer, haben es auch die Secoyas geschafft, vom Dschungel zu leben und ihn gleichzeitig zu erhalten. Ihre Erfahrung und Fähigkeiten im Umgang mit ihrer Umwelt gaben sie über Jahrtausende von Generation zu Generation weiter. Die ehemalig kultivierten *Chagras* kehren zum ursprünglichen Zustand zurück und werden wieder Teil des großen Regenwaldes.

Der Dschungel erholt sich während die Indianer ihre Anbauplätze wechseln. Die Indianer missbrauchen nicht, was die Natur ihnen bietet: Sie nehmen nur das, was sie benötigen – und ihre Bedürfnisse sind einfach. Das Holz, das sie zum Beispiel beim Hausbau verwenden, ist fast ausschließlich Palme. Die Palme vermehrt sich in Hülle und Fülle und wächst schnell. Im Kontakt mit Händlern lernten die Indianer leider den »Wert« des Hartholzes von großen Bäumen wie der Zeder kennen. Bei Tauschgeschäften oder neuerdings für Geld arbeiten sie mit denen zusammen, die den Wald ausbeuten und schädigen.

Unterwegs trafen wir einige Indianer, die fischten. Die *Lisa* ist der Fisch, der in diesen Gewässern am häufigsten vorkommt.

»*Aquí no habiendo sábalo como en río Yaricaya*. Hier gibt es keinen *Sábalo*[1] wie im Fluss Yaricaya« , beklagten sich die Secoyas von Bella Vista, als sie am Flussufer fischten.

Wir mussten dann an die Geschichte denken, die

---

[1] *Sábalo*: ein schuppiger Fisch, der wegen seines Geschmacks sehr geschätzt wird.

Abuelo Lucas uns erzählt hatte, als er beim morgendlichen Ritual in seiner Hütte die Kalebasse von *Yokó* mit uns teilte: »Eines Tages kam ein Neffe vom Fluss Napo. Er ist ein indianischer Heiler. Er trinkt *Yagé*. Er weiß viel. Als er im Fluss Yaricaya keine guten *Sábalos* sah – nur die mit harter Haut – zauberte er mit Pflanzen aus dem Dschungel und sagte: ›Onkel, ich nehme schlechte *Sábalos* heraus und bringe die guten mit sehr weicher Haut.‹

An diesem Nachmittag hörten wir ein lautes Rauschen im Fluss. Zuerst flossen schlechte *Sábalos* an der Flussmündung heraus, dann kamen all die *Sábalos* mit weicher Haut den Yaricaya herauf und füllten mit viel Lärm den Fluss. Seitdem haben wir hier gute *Sábalos*.«

An diesem Abend in der Secoya-Gemeinde von Bella Vista wurden wir eingeladen, im Haus eines der Söhne von Kazike Silverio zu übernachten. Ich schlief auf einem Bett aus Holzbrettern, neben einer seiner Töchter. Miguel schlief in der Hängematte neben uns und stand am nächsten Morgen früh auf, um nach Würmern als Köder zu suchen. Während er mit Angeln beschäftigt war, verbrachte ich den Vormittag damit, einigen jungen indianischen Mädchen beizubringen, wie man geknotete Armbänder herstellt. Sie lernten alle sehr schnell und ich gab ihnen viele farbige Fäden, damit sie weiter üben konnten.

Die Schwiegertochter des Kazike, eine wunderschöne junge Secoya, rührte sich nicht von ihrer Hängematte. Sie war sehr freundlich: Sie sprach kaum Spanisch, aber sie lächelte mich viel an. Sie bot uns jedoch kein Essen an und wir hatten seit gestern Mittag nichts gegessen. Das Feuer brannte nicht einmal, aber sie zündete es nicht an und brachte auch kein Wasser. Stattdessen

7 Bella Vista, eine Secoya-Gemeinde

verbrachte sie den ganzen Tag in der Hängematte und drehte *Chambira*. Sie stillte ihr jüngstes Kind gelegentlich an der Brust, wirkte aber völlig unbekümmert um die Hausarbeit.

Es war ihr Mann, der schließlich das Feuer anzündete. Die Kinder – das älteste etwa im Alter von vier Jahren – kochten reife Kochbananen mit Schalen in der heißen Asche im Herd und aßen diese dann hungrig. Ich holte Wasser aus dem Fluss und bereitete die *Chucula* aus reifen Kochbananen zu. Die Indianer mischen dies normalerweise mit vorgekochtem *Chontaduro* zu einem schmackhaften, nahrhaften Getränk. Das *Chontaduro* ist eine Frucht der Pfirsichpalme, die damals gerade Saison hatte, mir aber von niemandem angeboten wurde. Später kam der Kazike Silverio mit seiner Frau zu Besuch. Ich konnte der Versuchung nicht widerstehen, nach etwas püriertem *Chontaduro* zu fragen. Es wurde mir sofort gebracht und ich mischte es mit Wasser und der *Chucula*. Ich gab jedem eine Tasse von diesem Getränk. Auch Silverio und seiner Frau bot ich eine große Tasse an, aber er sagte: »Sie isst getrennt, sie ist schmutzig.« Zuerst verstand ich das nicht. »Meine Schwiegertochter isst auch nicht mit uns zusammen, sie ist auch schmutzig«, beharrte Silverio.

Plötzlich begriff ich, was er meinte: Beide Frauen hatten ihre Menstruation. Das erklärte, warum die junge Frau des Hauses den ganzen Tag in der Hängematte verbracht hatte.

Bis zum Ende ihrer Monatsblutung nehmen Frauen an keinerlei Hausarbeiten teil; sie nehmen auch kein Bad, noch verbringen sie die Nächte mit ihren Ehemännern. Sie bleiben den ganzen Tag über still – ein Brauch, der uns »zivilisierten« Frauen recht seltsam vorkommen muss, da wir an den Tagen unserer Menstruation unabhängig von unserem Zustand arbeiten, kochen, putzen, lernen. Silverio erzählte mir dann, er habe gerade bei einem Nachbarn eine Schale dieser fermentierten *Chicha* getrunken. »Möchtest du *Chicha* aus Früchten der Pfirsichpalme? Wir gehen trinken!«

Wir gingen durch das Dorf, die Hauptstraße entlang. Überall auf dem Weg standen Hütten auf Stelzen aus harter Palme mit Wänden und Böden aus *Chonta*, der Pfirsichpalme (in dieser Amazonasregion *Yaripa* genannt), und Palmblattdächern. Die Hütten waren alle etwa vierzig Meter voneinander entfernt. Überall war es tadellos sauber: kein Papier, kein Plastik, sogar die Blätter, die von den Bäumen gefallen waren, wurden ordentlich weggefegt.

Im Haus eines alten indigenen Ehepaares tranken wir zwei große Schalen der dicken *Chicha*. Köstlich! Zwei weitere etwas ältere Indianer tranken mit uns. Währenddessen erzählte uns Silverio über den vorletzten Kommandanten der Militärbasis. »Er, der böse Mann, kommt mit *Aguardiente* (Feuerwasser) und Musik, um Tanz zu machen. Er verheiratet. Als seine Frau weg war, kommt er und schnappt sich ein Secoya-Mädchen und sagte, er heirate sie.«

Also verbot Silverio den Soldaten weitere Besuche, mit den Worten: »Wir, Secoyas, trinken nicht und tanzen nicht. Wir folgen Christus.« Später zeigte mir Silverio ein Foto des ersten Kommandanten der Basis: »Guter Mensch. Er lässt kein Holz nehmen.«

Wir nippten an unserem *Chicha*, und einer der alten Männer erzählte mir, dass sie es nicht mochten, wenn die jungen Secoyas als Holzfäller arbeiteten. Sie vernachlässigten ihre Anbauplätze und wurden immer wieder von ihrem *Patrón* betrogen und nicht richtig bezahlt. Ein anderer alter Mann verriet uns, dass er

7 Bella Vista, eine Secoya-Gemeinde

einmal einen *Cocal* – eine Kokaplantage – hatte, weil er dachte, er würde damit Geld verdienen. Am Ende merkte er aber, dass er nichts zu essen hatte und gab es auf.

Ich blickte auf den Fluss und sah Miguel in dem kleinen Kanu zurückkehren. Er kam vom Angeln zurück. Vier *Botellones* und eine *Cuchareta* hatte er gefangen.
 Zurück in dem Haus, wo wir wohnten, kochte ich und wir aßen reichlich. Wir boten Silverio und seinem Sohn einen vollen Teller an – die Indianer haben die Gewohnheit, alle von einem Teller zu essen – und ich servierte den »schmutzigen« Frauen getrennt.
 Am folgenden Nachmittag ging ich noch einmal durch das Dorf zum Haus des Indianers Belisario, wo wir am Tag zuvor die *Chicha* getrunken hatten. Ich nahm das Armband mit, das ich in Makramee extra für ihn geknotet hatte. Ich war überrascht, wie beliebt diese farbigen *Manillas* waren, nicht nur bei den Indianern, sondern auch bei den Siedlern, denen wir unterwegs begegnet waren.
 Auf dem Weg fing es an zu regnen – nur ein Schauer. Zwei Regenbögen erschienen – was für ein Glück!
 Als ich Belisarios Haus erreichte, war niemand da. Ich setzte mich auf die Stufen. Geschützt vor dem Regen durch das überlappende Palmblattdach, überkam mich ein Gefühl des Wohlbefindens. Ich spürte die Ruhe dieses indianischen Dorfes ohne Radios, Kassettenrekorder oder Fernseher und ohne Geschäfte, Cafés; wo die Erde niemandem gehört, aber alle Menschen der Erde gehören. Wo jeder seine eigene *Chagra* hat, für sich selbst arbeitet und nur die Früchte seiner eigenen Arbeit besitzt. Von meinem Sitzplatz auf den Stufen des Hauses konnte ich den Fluss sehen. Wie schön ist

ein Fluss, der in den Urwäldern entspringt! Das Wasser ist nicht verseucht, sondern rein! Voller Leben und Fische.

Ich beobachtete amüsiert einen Reiher beim Fischen. Er senkte den Kopf ein wenig, steckte blitzschnell den Schnabel ins Wasser und schnappte sich einen Fisch. Er streckte seinen Hals zum Himmel, um dem Fisch auf seiner Reise in den Magen zu helfen. Dann fing er noch drei weitere zum Abendessen und flog mit einem großen Flügelschlag und eingezogenem Hals weg.

Die Indianer fischen mithilfe eines Hakens oder einer Harpune. Sie fischen nur für ihren täglichen Bedarf. Sie nehmen nur das, was sie für eine Tagesmahlzeit brauchen und legen keine Vorräte an. Sie leben von Tag zu Tag. Wie der Reiher geben sie sich damit zufrieden, dem Fluss nur das zu entnehmen, was für ihr unmittelbares Wohlbefinden notwendig ist.

Am nächsten Morgen weckte mich Silverio mit einer Kalebasse voller *Yokó*. Was für eine Überraschung! Die Indianer sind wirklich sehr seltsam – anders, als die *Racionales*, wie sich die Siedler selbst nennen, um sich von den Indianern zu unterscheiden. Seit unserer Ankunft zwei Tage zuvor hatten uns die Indianer, abgesehen von dem fermentierten Getränk *Chicha*, zu keiner einzigen Mahlzeit eingeladen. Im Gegenteil, Miguel hatte gefischt und ich hatte für uns alle gekocht. Doch aus heiterem Himmel brachte mir ausgerechnet der Kazike eine Tasse *Yokó*, und das ans Bett!

Die jungen Secoyas verbrachten gewöhnlich viel Zeit beim Fußballspielen. Silverio erzählte mir, dass man früher Meisterschaften mit allen benachbarten Flussdörfern organisierte. Menschen kamen sogar aus Perea, das flussaufwärts am Putumayo liegt.

»Aber nicht mehr. Kolumbianer *mucho emborrachan-*

7 Bella Vista, eine Secoya-Gemeinde

Der Reiher flog mit großem Flügelschlag und eingezogenem Hals davon.

do« (sehr betrunken) »stehlen, töten, schnappen sich die Secoya-Mädchen. Wir haben jetzt Angst. Wir machen keine Meisterschaft mehr, außer der an der Flussmündung mit Soldaten und Nachbarn.« Anscheinend waren mit »Kolumbianern« die Mestizen gemeint, die den Putumayo-Fluss und seine Nebenflüsse kolonisiert hatten. Sie waren inzwischen ganz unmoralisch geworden: Sie betranken sich und wurden gewalttätig.

An diesem Nachmittag kehrten einige Indianer aus Bella Vista mit drei Wildschweinen von der Jagd zurück. Der Stamm teilte diese untereinander auf.

Später kamen die »Cornerstone«-Evangelisten mit ihrem Flusshändlerboot aus Puerto Asis, Kolumbien, an. Die evangelischen Händler verkauften Waren wie Stoffe, T-Shirts, Decken, Plastikschüsseln, Aluminiumtöpfe, Kekse, Lippenstifte und Nagellack zu sehr hohen Preisen und kauften Hühner, Schweine, Fische, Kochbananen und Yuca sehr günstig an. Der Gehilfe aus dem Flusshänderboot bat im Haus der lokalen Jäger um ein Abendessen. Die Evangelisten von »Cornerstone« machten nicht nur ein sehr gutes Tauschgeschäft mit ihren Waren, sondern aßen auch kostenlos an den Tagen, die sie bei den Indianern verbrachten.

Wir verabschiedeten uns von den Secoya-Indianern aus Bella Vista und versprachen, eines Tages wiederzukommen. Sie boten uns sogar eine Unterkunft an, wenn wir bei ihnen bleiben wollten, aber unsere Idee war, den Putumayo-Fluss abwärts weiterzuziehen, bis wir den Amazonas erreichten. Wir hofften, an den Nebenflüssen des Putumayo auf andere Indianerstämme zu treffen, die von der Zivilisation noch weiter entfernt lebten, wie zum Beispiel die Yagua-Indianer am gleichnamigen Fluss Yagua oder die Orejones (»Große Ohren«) entlang des Flusses Algodón.

8 Gerardo »der Einarmige«

»Ich muss reisen, ich will Dinge, Landschaften, Menschen sehen [...] Ich muss in den Dschungel reisen, in Urwälder, um Indianer, ferne Ranches, Flüsse und mysteriöse, geheimnisvolle Seen zu besuchen.«
B. Traven

ir blieben noch ein paar Tage bei Leutnant Kike. Als Dankeschön für seine Freundschaft webte ich für ihn einen traditionell gemusterten Gürtel, den man *Chumbe* nennt. Die Technik hatte mir einst eine alte Kamsa-Indianerin in Sibundoy am oberen Putumayo beigebracht.

Eines Tages erschien ein einarmiger Mann in Begleitung eines Jungen in der Militärbasis. Er brachte Avocados mit, die er an die Soldaten verkaufen wollte. Er kam aus Puerto Alegria, dem nächstgelegenen kleinen Dorf, das auf der kolumbianischen Seite des Flusses etwa drei Kanustunden stromabwärts lag.

Kike versprach, einige seiner Soldaten zu schicken, um bei der Ernte der Avocados und der *Zapotes*[1] auf der Farm des Mannes in Puerto Alegria zu helfen. Wir vereinbarten, in einem oder zwei Tagen dort vorbeizuschauen, um uns ebenfalls mit Avocados einzudecken.

Wir lasen gerade das Buch über Yoga und Sex. »Sexuelle Geheimnisse« ist ein sehr umfangreiches Buch. Geschrieben wurde es von Nik Douglas, der eine Weile in Indien lebte, und die wunderschönen Illustrationen sind von Penny Salinger. Viele der Auszüge wurden

---
[1]*Zapotes*: Beerenfrüchte des Breiapfelbaumes, der im tropischen Amerika wächst.

direkt aus dem Sanskrit übernommen. Es war wie ein Wunder, so ein praktisches und für meine Beziehung mit Miguel relevantes Buch an diesem weit entfernten Ort gefunden zu haben. Sowohl Miguel als auch ich waren mit den alten gnostischen Lehren über die Sexualität vertraut. Ihnen zufolge steigt die schöpferische Energie während des Sexualakts. Der männliche Orgasmus und die damit verbundene Ejakulation führen zu einem Energieverlust. Das Ziel ist also, den Orgasmus so zu kontrollieren, dass diese kostbare Energie, anstatt nach außen freigesetzt zu werden, tatsächlich nach innen »injiziert« wird. Auf diese Weise behält der Mann die Energie in seinem Körper und kann sie dann in die kreative Energie umwandeln.

Wir durften dieses Buchexemplar von Kike abkaufen, da er sich ein neues hatte aus Iquitos schicken lassen. Miguel machte großen Gebrauch von den im Buch beschriebenen Übungen und war schließlich in der Lage, seine Orgasmen zu lenken und seine kreative Energie zu steigern.

Zufällig stießen wir an einer anderen Stelle des Buches auf einen Hinweis zur Menstruation:

»Wie in den meisten anderen alten Kulturen sind auch die chinesischen Frauen daran gewöhnt, sich in dieser Zeit von ihren üblichen weltlichen Aktivitäten zu trennen. Während ihrer Menstruation dürfen sie weder kochen noch an der Familienarbeit oder den religiösen Ritualen teilnehmen. Sie markieren ihren Kopf mit roter Farbe, um ihren Zustand anzuzeigen.

Tabus im Zusammenhang mit der Menstruation sind praktisch universell. Sie existieren sowohl in primitiven als auch in hoch entwickelten Gesellschaften, von Indien bis China, Japan, den Inseln des Pazifiks, Nord- und Südamerika, Afrika, dem Nahen Osten und bis

8 Gerardo »der Einarmige«

in gewisse Regionen Europas. In all diesen Teilen der Welt ist es Brauch, die Frau während der Zeit ihrer Menstruationsblutung besonders zu behandeln [...] Es ist eine Zeit der völligen Reinigung, in der sich die Frau darauf vorbereitet, sich zu »erneuern«, so wie es der Mond jeden Monat tut.

Die Hindus glauben, dass sich die Frauen während der Menstruation unter dem Einfluss des Mondes befinden und deshalb mit Sorgfalt und Respekt behandelt werden sollten.«

Es war an der Zeit, sich von Kike zu verabschieden. Er gab uns seine Adressen in Iquitos und Lima und wir versprachen, mit ihm in Kontakt zu bleiben.

Wir paddelten in aller Ruhe flussabwärts Richtung Puerto Alegria und hielten für eine Weile unter einem Baum voller kleiner grüner und blauer Papageien. Dort aßen wir geräucherten Fisch mit *Fariña*[1] zu Mittag. Von diesem Ort hatte uns der einarmige Mann erzählt. Hier sammelte sich auf natürliche Weise Salz, das wilde Tiere und Tausende von Vögeln anzog. Die kleinen Papageien machten ein Tohuwabohu, das umso lauter wurde, je näher wir kamen. Schließlich übertönte es unsere Stimmen, aber kein Vogel flog weg. Sie blieben dort, empört über unsere Anwesenheit, aber entschlossen, zusammenzuhalten und uns, den Eindringlingen, standzuhalten.

Der Boden von Puerto Alegria war äußerst fruchtbar. Neben den einheimischen Früchten wie der Ananas, *Canangucho*, *Mil peso* und *Juansoco* gab es große Plantagen von hochwertigen Früchten, die einst von den Kolonisten eingeführt wurden, wie den Orangen, Man-

---

[1] *Fariña*: grobkörniges Yucamehl, aus dem man unter anderem die traditionellen »Pfannkuchen« namens *Casabe* vorbereitet.

darinen, *Zapotes*, Mangos oder den Avocados. Einige Bereiche rund um den Putumayo, darunter auch das Dorf Puerto Alegria, wurden kürzlich zum Schutzgebiet der Uitoto-Indianer erklärt. Mit fünf Millionen Hektar war es das größte Reservat der Welt.

Die zweite Bucht nach der Anlegestelle von Puerto Alegria gehörte Gerardo Burbina, der hier als *El Mocho* – der Einarmige – bekannt war. An dem kleinen schwimmenden Steg aus Balsaholz wurden normalerweise Wäsche gewaschen und die Fische ausgenommen. Den Steg konnte man früher vom Ufer aus zu Fuß erreichen, nun war er aber vollständig vom Wasser umgeben. Der Fluss war von Tag zu Tag angestiegen und trat bereits über die Ufer.

So zwängten wir uns mit den Kanus durch das lange Gras auf dem Wasser hin bis zum Gehweg, der den Hügel hinauf zum Haus führte. Don Gerardo hieß uns willkommen, als wären wir alte Freunde.

Wir kauften ihm einen Korb voller Avocados ab, und gleich darauf schenkte er uns einen weiteren Korb sowie eine Ladung *Zapotes*-Beeren. Eine köstliche Ernte von dieser *Tierra bendita*, der gesegneten Erde!

Der Einarmige nahm uns mit in sein Haus und lud uns später ein, am Pressen des Zuckerrohrs teilzunehmen. Das ganze Prozedere sollte auf einer nahe gelegenen Wiese stattfinden und wir waren sehr froh, dabei helfen zu können. Auch Gerardos Frau, Beatriz, und drei ihrer älteren Kinder halfen mit: zwei Mädchen, eines zwölf, das andere fünfzehn, und ein zehn Jahre alter Junge. Die Holzpresse war ein Werk von Gerardos Schwager. Sie bestand aus zwei Walzen und einer langen Stange, die die hölzernen Ritzel drehte, welche wiederum die Walzen antrieben.

Alles lief ganz manuell ab. Während Miguel und Ge-

8 Gerardo »der Einarmige«

rardo die lange Stange in einem weiten Kreis hin und her bewegten, schob Beatriz das Zuckerrohr zwischen den Walzen hindurch und ich nahm es auf der anderen Seite entgegen.

Währenddessen holten die Kinder frischen Nachschub vom Zuckerrohr von einem Haufen in der Nähe. Der köstliche Saft lief über ein Stück Blech in einen Plastikbehälter. Hin und wieder hielten wir inne, um eine volle Kalebasse davon zu schlürfen. Sobald der Behälter bis zum Rand gefüllt war, halfen wir, ihn bis zum Haus zu tragen, wo bereits ein großer Tontopf mit einer Fermentbasis wartete. Innerhalb weniger Stunden entstand daraus ein köstlich starkes Getränk, das als *Guarapo* bekannt ist.

Nach dem Abendessen bestehend aus Wildschwein--Eintopf und Avocados, gingen Miguel und ich den Hügel hinunter zurück zum Kanu und ins Bett. Die ganze Nacht fielen Ameisen vom Dach auf uns herunter. Die Insekten besiedelten unser Boot. Am nächsten Morgen entdeckten wir nach einigen Nachforschungen, dass die Ameisen das Kanu erklommen, indem sie an den umliegenden langen Grashalmen entlangliefen, oder über dem teilweise mit Wasser bedeckten Grass schwammen. Sie suchten offensichtlich nach einem trockenen Zufluchtsort, um mit dem Bau eines neuen Nestes zu beginnen. Unser Kanu schien wohl die Lösung all ihrer Probleme zu sein. Zum Glück bissen die Ameisen nicht, aber es war ärgerlich, dass sie die ganze Nacht auf unsere Gesichter und Arme fielen.

In der nächsten Nacht bestand Gerardo darauf, dass er mit seinem *Compañero* – seinem zehnjährigen Sohn – im Kanu schlief und wir in seinem Haus übernachteten.

In Alegria gab es ein öffentliches Telefon, und so konnten wir Lilliana, Clare und Diego anrufen, meine drei Kinder, die zu diesem Zeitpunkt in Bogotá lebten. Als die Telefonverbindung endlich hergestellt war, versicherten uns alle drei, dass es ihnen gut ging. Wir erfuhren, dass Bogotá sehr gefährlich geworden war: Immer wieder explodierten Bomben, die unschuldige Menschen töteten. Ein absurder Ausbruch von Gewalt, deren Existenz grundlos zu sein schien: eine Gewalt, für die es keine Erklärung gab, und die man weder den *Guerilla*-Rebellen noch der Mafia anhängen konnte. Einfach nur Wahnsinn! Unerklärlich, aber wahr.

Ich konnte nicht umhin, als mich etwas beunruhigt zu fühlen, als mich mein Sohn Diego in einem ziemlich anklagenden Ton fragte: »Wo bist du, Mama?« Ich musste ihm sagen, er solle auf die Karte schauen und versprach ihm, von Arica aus wieder anzurufen, wo es angeblich ein weiteres öffentliches Telefon gab.

Ich musste nun an die Trennung von meinen Kindern denken. Als sie das Alter von elf erreicht hatten, beschlossen sie nacheinander – erst Clare und dann Diego – den Dschungel zu verlassen und zu ihrem Vater nach Bogotá zu ziehen. Miguel und ich blieben bei den Indianern. Es fühlte sich seltsam an, in der harmonischen Atmosphäre der indianischen Gemeinschaft zu leben, die für die Kindererziehung so vorteilhaft war, und doch ohne sie zu sein. Ich begann mich zu fragen, was ich im folgenden Jahr tun sollte, nachdem wir den Amazonas erreicht hätten und unsere Reise zu Ende wäre.

Miguel schmiedete bereits Pläne für uns, wie wir weitere unbekannte Regionen des Dschungels erkunden. Mir war klar, dass ich einen Hinweis brauchte. Jeden Abend vor dem Einschlafen bat ich also meine

8 Gerardo »der Einarmige«

geistigen Führer, mir im Traum zu erscheinen um mich zu beraten.

Wir schliefen auf dem Boden im Haus von unserem Gastgeber. Von Mitternacht bis zum Tagesanbruch regnete es sehr stark . Der Wind blies den Regen durch den offenen Flurbereich zu uns. Die undichten Stellen im Dach ließen Spritzer herein, die durch unser Moskitonetz heruntertropften und unsere Bettdecke durchnässten. Doch trotz alledem schliefen wir gut. Auf meine Bitte um Führung gab es allerdings keine Antwort.

Der Einarmige und sein *Compañero* schliefen in unserem Kanu. Zum Glück hatte Miguel eine Plastikabdeckung vom Dach bis zum Bug und Heck angebracht, sodass es im Boot trotz des heftigen Regens trocken blieb.

Den Tag verbrachten wir damit, uns mit Don Gerardo zu unterhalten, zunehmend angeregt durch die Kalebassen voller von dem inzwischen gut vergorenen *Guarapo*. Don Gerardo gab uns eine detaillierte Route für unsere Weiterreise flussabwärts und zeigte uns, wo wir *Brazuelos* – die Nebenflüsse und gleichzeitig Abkürzungen – finden konnten. Er nannte uns die Dörfer und Siedlungen, an denen wir vorbeikommen würden, und gab uns Tipps, welche Orte sich für eine Übernachtung eigneten. Schließlich erzählte er uns von seinem sehr guten Freund, Roberto Gonzalez, der am Putumayo am Zufluss von San Pedro lebte, etwa zwei Paddelwochen von hier entfernt. »Das könnte der richtige Ort sein, um eine Weile zu fischen und sich auszuruhen, während wir darauf warten, dass das Hochwasser zurückgeht«, überlegten wir.

Gerardo, der schon ziemlich betrunken war, brachte uns mit einer lustigen Geschichte zum Lachen, die ihm sein Freund Roberto Gonzalez vor vielen Jahren erzählt hatte:

›»Eines frühen Morgens in El Estrecho, einer peruanischen Stadt flussabwärts, traf ich ein paar Jungs, die zu mir sagten:

›Da drüben liegen ein paar betrunkene Kolumbianer auf der Straße und jemand hat ihnen die Ohren abgeschnitten.‹

Als ich mit ihnen hinging, um nachzusehen, waren die Betrunkenen immer noch da. Sie schliefen auf der Straße, alle drei ohne Ohren, und die Ohren waren auf dem Boden verstreut. Ich sagte zu den Jungs:

›Lasst uns von hier verschwinden, sonst werden sie uns noch die Schuld geben, wenn sie aufwachen.‹

Stellt euch die Geschichte vor! Als die Betrunkenen schließlich wieder zu sich kamen, spürten sie die Schmerzen an der Stelle, wo ihre Ohren hätten sein sollen.

Sie berührten die Stellen und bemerkten, dass ihre Ohren fehlten. Die Ohren ließen sich finden und wurden in eine Plastiktüte gepackt. Die Kolumbianer wollten keine Zeit damit verschwenden, herauszufinden, wem welche Ohren gehörten und eilten ins Krankenhaus. Zufälligerweise hatte an diesem Tag eine ziemlich unangenehme Nonne in der Notaufnahme Dienst.

›Oh, Schwester, wir sind gekommen, um uns unsere Ohren annähen zu lassen‹, flehten die Betrunkenen.‹

›Was denkt ihr denn?‹, erwiderte die böse Nonne. ›Diese Ohren sind verwest. Sie können nicht angenäht werden. Jetzt werdet ihr ohne Ohren dastehen. Und zurecht, weil ihr solche faulen, schamlosen Trunkenbolde seid.‹

So mussten sie sich damit abfinden und warfen alle Ohren in ein »Gemeinschaftsgrab« – den Mülleimer.

8 Gerardo »der Einarmige«

›Schwester, warum geben Sie uns nicht eine Spritze gegen die Infektion?‹, fragten die Betrunkenen.

›Was? Euch eine Spritze geben? Ihr Penner! Bei all dem Alkohol in eurem Blut würdet ihr wahrscheinlich tot umfallen, und dann würde ich noch die Schuld bekommen‹, sagte die Nonne wütend.«

Wir lachten lange und laut über diese Geschichte. Gerardo erzählte weiter über den Fluss und seine Gefahren: die Boa, den schwarzen Kaiman, vor den man uns gewarnt hatte, weil er uns im Schlaf in unserem Kanu angreifen könnte, und über die Strudel. Gleich hinter dem Dorf El Porvenir befand sich ein besonders gefährlicher Strudel, an dem wir vorbei müssten.

Zudem sprach Gerardo über ein sehr kleines Dorf, dessen Bewohner als besonders aggressiv galten. Darunter waren die Menschen, die Koka anbauten, die Holzfäller und, am schlimmsten, ein Verrückter, der eine wahnsinnige Abneigung gegen Hippies haben sollte. Es war allgemein bekannt, dass er sie an einen Baum fesselte und auspeitschte, um sie dann der Polizei zu übergeben.

»Aber ihr werdet keine Probleme haben. Ich verrate euch ein Geheimnis: ein Gebet, das euch beschützen wird. Ihr müsst dieses Gebet zweimal wiederholen.«

Der Einarmige sagte das Gebet auf und ich schrieb es mir dann auf:

Es lebe Gott mit seiner ewigen Macht
Er gibt mir die Gnade seines Heiligen Namens
Ich bin wie das Gesicht des Wassers
Und hell wie die nächtliche Vision
Frei bin ich wie das Tageslicht
Weg von den Verliestoren
Wenn sie Waffen bringen, werden sie mich nicht verletzen

Wenn sie Füße haben, werden sie mich nicht erreichen
Keine Wolken werden mich umgeben
Kein Hund wird mich anbellen
Noch ein Löwe angreifen
Keine Schlange wird mich beißen
Noch ein Wolf mich jagen
Keine Katze schleicht sich an mich heran
Steige jetzt herab, oh Geist von Noel!
Wie Jesus Christus zum Grab hinabstieg
Und befreie meinen Körper
Und ich bleibe frei wie das Tageslicht

Don Gerardo erzählte uns weiter, dass er vor vielen Jahren schwarze Magie studiert hatte und fast soweit war, seinen Abschluss als Schwarzmagier zu machen. Und dies obwohl man das Kreuz des Heiligen Bartholomäus auf seiner Handfläche entdeckt hatte – einen Hinweis darauf, dass er dazu bestimmt war, nur Gutes zu tun.

»Aber als mir klar wurde, dass ich die von mir am meisten geliebte Person, meine Mutter, töten und ihr Blut trinken muss, um meinen Abschluss machen zu können, gab ich die Idee auf und tat Buße.«

In vier Tagen hatten Gerardo und Beatriz vor, mit ihren beiden kleinen Söhnen auf einem selbstgebauten Floß den Fluss hinunterzufahren. Sie wollten Unmengen von Avocados und *Zapotes*-Beeren nach El Encanto bringen, vier oder fünf Paddeltage von Puerto Alegria entfernt. Sie forderten uns auf, bis zu diesem Tag bei ihnen zu bleiben, damit wir alle zusammen reisen konnten.

Wir halfen weiterhin beim Pressen vom Zuckerrohr, um mehr *Guarapo* herzustellen.

8 Gerardo »der Einarmige«

Gerardo plante für den nächsten Tag eine *Minga*[1]. Die Nachbarn halfen dem Einarmigen, die langen Balsaholzstangen für das Floß zurechtzuschneiden und zu tragen. Denjenigen, die bei der Arbeit bei der *Minga* halfen, stellte der Gastgeber als Anreiz Essen und eine gute Menge *Guarapo* zur Verfügung.

Die meisten Nachbarn, die zur *Minga* kamen, waren Uitoto-Indianer. Sie schnitten und trugen acht sehr dicke Balsaholzstangen und legten sie auf das überflutete Gelände neben unsere Kanus hin. Das *Guarapo* war an diesem Morgen immer noch ein wenig süß. Um es stärker zu machen und die Arbeit in Schwung zu bringen, musste es mit einem *Masato* aus Yuca gemischt werden, das schon einige Tage lang fermentiert hatte. Nach der Arbeit herrschte eine Partystimmung. Miguel spielte die Flöte und ich die Cuatro[2].

Als wir über das von den Kolonisten übernommene Land sprachen, erzählte uns Gerardo, dass ein offizielles Institut namens »Incora« das Land vermessen wollte, um es den rechtmäßigen Besitzern, den Uitoto-Indianern, zurückzugeben. Dies hielten wir für unwahrscheinlich, da einige Kolonisten Farmen besaßen, die schon seit vielen Jahren bewirtschaftet worden waren, und die Bezahlung für die Arbeit wie die Rodung des Landes und die Aussaat von Feldfrüchten für diese Institution sehr kostspielig sein würde.

Der typische Kolonist ist ein Bauer, der sein Land im Inneren Kolumbiens verlor, hauptsächlich während der »Gewalt«, wie man die Zeit der Kämpfe und des

---

[1] *Minga*: eine Zusammenkunft von Mitgliedern einer Gemeinschaft, um einem Nachbar bei der Arbeit auf seinem Land zu helfen.
[2] Cuatro: ein viersaitiges Instrument ähnlich einer Ukulele, typisch für die Orinoko-Ebenen des kolumbianischen Territoriums.

Blutvergießens in Kolumbien nennt. Im Jahr 1948 fing alles mit der Ermordung des Volksführers Eliecer Gaitan an. Damals schnappten sich die reichen Landbesitzer die besten Ländereien und vergrößerten immer wieder ihre Territorien. So wurden die Landbewohner ohne Land, Arbeit und Nahrung zurückgelassen.

Sie kamen hierher, um ein neues Leben anzufangen. Diese Menschen holzten die Wälder ab und dachten, dass das Ödland sei. Sie verstanden nicht, dass die Indianer, die legitimen Besitzer des Dschungels und Verteidiger der natürlichen Wälder, keine großen Landstriche rodeten und das Land – ihren persönlichen Besitz – nicht abgrenzten. Sie verstanden nicht, dass jeder Indianer ein Halbnomade ist. Im Einklang mit der Weisheit ihrer Vorfahren wechseln die Indianer die Anbauflächen anstatt immer wieder das gleiche Stück Land zu bewirtschaften, wie es die angesiedelten Mestizen tun.

Einige Wochen später stießen wir auf folgende Veröffentlichung:

Erklärung der indigenen Volksstämme der Tropenwälder

Wir, die indigenen Volksstämme der tropischen Regenwälder, verfassen diese Erklärung als Antwort auf die jahrhundertelange Aneignung und fortschreitende Kolonisierung unserer Gebiete, sowie auf die Zerstörung unserer Lebensgrundlagen und unserer Kultur durch die Abholzung der Regenwaldes, von dem unser Überleben abhängt.

Wir sind die indigenen Völker, die rechtmäßigen Besitzer der tropischen Wälder, sowie Kulturen, die diese Wälder verteidigen. Unser Territorium und der Wald sind für uns mehr als nur eine wirtschaftliche Ressource. Sie sind das Leben selbst und haben einen integralen spirituellen Wert für unsere Gemeinschaften. Sie sind grundlegend für unser soziales, kulturelles, spirituelles, wirtschaftliches und politisches Überleben als Ureinwohner.

Wir müssen eine absolute Kontrolle über unsere Territorien zurückgewinnen; Territorien, die wir als eine lebendige Gesamtheit der ständigen, lebenswichtigen Beziehungen zwischen Mensch und Natur verstehen [...]

Eines Tages schickte uns eine Nachbarin Frühstückseier im Tausch gegen zwei Armbänder, die ich für ihre beiden kleinen Mädchen gebastelt hatte. Später lud uns eine andere Nachbarin, eine Uitoto-Indianerin, zum Essen ein, und wir nahmen auf ihrem Kassettenrekorder einige Lieder auf, begleitet auf Cuatro und Flöte. So verbrachten wir den Nachmittag wortwörtlich damit, für unser Abendbrot zu singen.

Seitdem wir auf diesem Feuchtgebiet angekommen waren, befielen ständig Termiten das Holz unseres Kanus. Miguel wollte das Boot mit Kerosin ausräuchern, um die Insekten auszurotten. Wir konnten jedoch nicht an die Termitennester gelangen, da es seit dem frühen Morgen regnete und wir unser Gepäck nicht aus dem Boot herausnehmen konnten. Das Ausräuchern verschoben wir auf den nächsten Tag.

In den folgenden Tagen schwoll der Fluss weiter an. Das Wasser hatte nahezu das Haus erreicht. Laut Gerardo würde dies unsere Reise nach El Encanto beschleunigen, da die Strömung bei Hochwasser schneller sei.

Schließlich kam der Tag, an dem wir das Floß zusammenbauen wollten. Miguel und Gerardo befestigten die Balsaholzstangen mit Leisten aus Pfirsichpalme. Gehalten wurde die Konstruktion von Pflöcken aus dem gleichen Material. Auf diese Weise waren die Stangen fest angebracht.

Die Zwischenräume zwischen den Stangen wurden mit Holzstücken aufgefüllt. Wir beobachteten Gerardo voller Bewunderung für seine Fähigkeit, mit einem Arm besser zu arbeiten als die meisten Menschen mit zwei. Schließlich war das Floß voll mit Avocados und *Zapotes* beladen und bereit für die Abfahrt am nächsten Tag.

An diesem Nachmittag kamen einige Soldaten aus der peruanischen Militärbasis an. Gerardo hatte sie einige Tage früher erwartet; sie wollten ihm im Tausch gegen Früchte bei der Arbeit helfen. Nun waren sie da, als die meiste Arbeit schon erledigt war. Es wurde beschlossen, dass sie beim Pressen von Zuckerrohr helfen würden, um mehr *Guarapo* für die Reise vorzubereiten. Unsere Abreise verschob sich um einen weiteren Tag.

Gerardo erzählte uns, dass er früher *Guarapo* für 500 Pesos[1] pro Liter verkauft hatte: »Aber ein Dorfpolizist hat mir verboten, es zu verkaufen. Er war zufällig der Schwiegersohn von »Fatty Martinez«, der einen der größten Läden im Dorf besitzt und das offizielle *Aguardiente* für 2.000 Pesos pro Flasche verkauft.«

Einst kam ein peruanischer Polizist zufällig vorbei und fragte nach einem *Guarapo*. Als Gerardo ihm sagte, dass ihm die Herstellung für Verkaufszwecke verboten worden war, fragte der Polizist: »Warum sollten sie das verbieten? Fang doch auf der peruanischen Seite mit der Produktion an. Dort ist nur Diebstahl vom Gesetz verboten. Wir lassen die Leute arbeiten, egal in welchem Bereich, sodass sie nicht stehlen müssen.«

---

[1] 500 Pesos sind etwa 10 Cent.

8 Gerardo »der Einarmige«

Das Floß von Gerardo war bis zum Rand mit Avocados gefüllt.

9 Nichts wird so heiß gegessen...

as Floß von Gerardo war mit dreitausend Avocados und etwa fünfhundert Zapotes beladen. Um 6 Uhr morgens brachen wir bei ständigem Nieselregen auf.

Zu den Vorräten für die Reise gehörten ein großes Fass *Guarapo* und ein weiteres mit *Masato*. Don Gerardo, seine Frau, sein zehnjähriger Sohn (der *Compañero*) und sein Jüngster von vier Jahren waren alle an Bord.

Unser kleines Kielkanu wurde diesmal an das Floß gebunden, damit Gerardos *Compañero* es später benutzen konnte. Die Idee war, dass der Junge hin bis zu den *Caseríos*, den kleinen Siedlungen, die auf dem Weg lagen, vorauspaddelte. Dort würde er sich bei den Bewohnern vorstellen und die Ankunft des Floßes mit den Früchten ankündigen. Auf diese Weise konnte der Verkauf – oder was häufiger vorkam der Tausch – ohne Verzögerung abgewickelt werden.

Miguel und ich fuhren mit unserem Kanu voraus, er am Bug und ich am Heck, wie es üblich war. Der Einarmige und seine Familie kamen gegen Mittag nach und wir hielten in Yabuyanos auf der peruanischen Seite des Flusses an, um etwas bei Gerardos Freunden zu essen. Es gab Avocados, Eier, grüne Kochbananen und heiße Schokolade. Währenddessen fing es an, in Strömen zu regnen. Wir hatten großes Glück, nicht mitten auf dem Fluss in diesen Regenguss geraten zu sein.

Das strohgedeckte Palmblattdach des Hauses schützte uns gut vor dem Regen. Es war recht kühl. Wir kamen näher an die Feuerstelle, um uns zu wärmen und unsere Kleidung zu trocknen, denn der leichte Niesel-

9 Nichts wird so heiß gegessen...

regen hatte sie durchnässt. Sobald der Regen nachließ, setzten wir unsere Reise fort. Diesmal fuhren wir Seite an Seite mit unseren Begleitern. Kurz vor Einbruch der

Die Hütte, gebaut auf Stelzen, war von Wasser umgeben.

Dunkelheit erreichten wir eine Hütte, die auf Stelzen gebaut und von Wasser umgeben war. Die Leiter am Eingang war zu drei Viertel überflutet und der Fluss stieg von Tag zu Tag an. In dieser Nacht durften wir auf dem Boden gleich neben Gerardo und seiner Familie schlafen. Um 4 Uhr morgens standen wir auf und ich machte Frühstück aus Linsen und Kochbananen. Ein Nachbar schenkte uns ein Stück gekochtes Gürteltier-Fleisch, und die Bewohner des Hauses brachten uns sechs kleine Fische, die sie mit einem Netz gefangen hatten. Durch den hohen Wasserstand war Fisch zu dieser Zeit Mangelware. Wir grillten ihn auf offenem Feuer und nahmen ihn für das Mittagessen mit.

Gerardo und seine Familie brachen als Erste auf. Wir

blieben noch eine Weile und unterhielten uns mit den Hausbewohnern. Eine ihrer Töchter ging in die Schule San Rafael in El Encanto am Fluss Caraparaná und ich half dabei, einen Brief an sie zu schreiben, den wir ihr auf unserem Weg überbringen sollten. In dieser Schule hoffte Gerardo, die meisten Avocados verkaufen zu können.

Die Dame des Hauses schenkte mir etwas getrockneten und gemahlenen Safran. Safran ist ein ausgezeichnetes Mittel gegen Hepatitis, eine Krankheit, die in diesen Regenwaldregionen typisch ist. Ich bewahrte das Geschenk sorgfältig in einem gut versiegelten Glas auf. Ich wollte vorbereitet sein.

Wir paddelten möglichst nah am rechten Ufer, weit vom Auge des bekanntlich gefährlichen Strudels namens *Arciniegas*. Natürlich war unsere Angst schlimmer als das tatsächliche Hindernis. »Nichts wird so heiß gegessen, wie es gekocht wird« – wie wahr dieses alte Sprichwort war!

»Furcht« ist ein Wort, das wir oft verwenden, und es drückt ein Gefühl aus, das nur wir Menschen erleben können. Ich frage mich, was Darwin dazu gesagt hätte. Furcht entsteht, weil wir in der Lage sind, ein Ereignis vorherzusehen, und weil wir annehmen, dass es katastrophal sein wird. Unser Verstand läuft uns voraus und stellt sich das Schlimmste vor. Dieser hin- und herwandernde Verstand, der immer entweder nach vorne oder zurückschaut, aber nie dazwischen – dieser Verstand ist unser schlimmster Feind. Er kann nie ganz im Hier und Jetzt sein.

Vor uns erschien ein sehr hohes Ufer, gegen das die starke Abwärtsströmung prallte. Die Schlagkraft lenkte das Wasser nach rechts, sodass die Strömung in die Gegenrichtung führte und so den Strudel verursachte.

9 Nichts wird so heiß gegessen...

Wir spürten, wie uns die Strömung flussaufwärts zurückzog. An einer Stelle stand das Kanu trotz unseres verzweifelten Paddelns fast still, und der Bug drehte sich flussaufwärts, was uns zwang, noch stärker zu paddeln. Wir schnauften und schwitzten im Kampf gegen den Fluss. Gleichzeitig bildeten sich weitere kleine Strudel um uns herum. Was uns am meisten frustrierte und erschreckte war, dass die Strömung immer aufs Neue das Kanu in die falsche Richtung lenkte. Schließlich, mit einer großen synchronen Anstrengung, gelang es uns, dem Strudel zu entkommen.

Zurück auf dem ruhigen Kurs flussabwärts feierten wir unsere erfolgreiche Überfahrt mit einer *Pielroja* – einer kolumbianischen Zigarette. Weder Miguel noch ich waren gewöhnliche Raucher. Wir hatten gelernt, den Tabak wie die Indianer zu medizinischen Zwecken oder bei diversen Gelegenheiten zu verwenden: zum Feiern, zur Begrüßung neu gewonnener Freunde oder bei Gemeinschaftsversammlungen. Bevor wir den großen Amazonas erreichen würden, erwartete uns noch ein weiterer Strudel, der einen noch gefährlicheren Ruf hatte. Da er aber zwei Paddelwochen von uns entfernt war, nahmen wir uns diesmal vor, nicht daran zu denken.

Wir paddelten einen weiteren Tag bis Sonnenuntergang. Es war schon fast dunkel, als wir uns einer kleinen Hütte in Ama Cocha näherten. Von den Bewohnern war nichts zu sehen, also saßen Miguel und ich am Flussufer, pafften Zigarren und bliesen den Rauch in die Luft, um die Moskitos in Schach zu halten. Die Besitzer ließen auf sich warten.

In völliger Dunkelheit fuhr Gerardo auf der anderen Seite des Flusses an uns vorbei, da er nicht rechtzeitig anhalten konnte. Er rief uns zu, dass er morgen flussabwärts auf uns warten würde.

Nach einiger Zeit erschien ein älterer Herr mit seinem Enkel. Humberto Soliman war ein äußerst kräftiger und gesund aussehender Mann von fünfundsechzig Jahren. An diesem Abend lud er uns zu einem Teller Wildbret mit Yuca ein. Wir erfuhren, dass seine Frau einige Jahre zuvor beschlossen hatte, in die Stadt zu ziehen, um bei ihren Kindern zu sein, die dort lebten und studierten. Er selber konnte es aber nicht über sich bringen, wieder in die Stadt zurückzukehren und die Ruhe des Flusses und des Waldes zu verlassen. Deshalb rodete er ein Stück Land und pflanzte Yuca, Kochbananen, einige Obstbäume und köstlichen Mais an. Seine Tage verbrachte er mit Fischen und Jagen.

»Vor einigen Jahren«, erzählte er uns, »arbeitete ich für einen reichen Mann, einen Hauptmann der Armee, der angeordnet hatte, 300.000 Hektar Waldland um Puerto Asis abzuholzen. Nachdem er alle guten, harten Hölzer wie die Zeder verkauft hatte, pflanzte er auf einer Fläche von 10.000 Hektar Gras an. Er gab einigen Siedlern Vieh und ließ sie auf dem Land bleiben, damit sie es für ihn bewirtschaften. Schließlich eroberten einige Siedler den größten Teil der Fläche, das der Hauptmann erschlossen hatte, woraufhin er selber, desillusioniert, das Land verließ. Ein großer Teil des Landes verwilderte, da die natürliche Vegetation zurückwuchs, aber die Gebiete, die einst Weideland waren, bleiben für immer landwirtschaftlich unbenutzbar. Bezüglich der Hartholzbäume: Es wird dreihundert Jahre dauern, bis sie wieder einigermaßen gewachsen sind.«

Wir erinnerten uns an die Beschwerden vieler unwissender Menschen, die den Indianern die Schuld gaben: »Sie zerstören mit ihrer Jagd die Fauna«, sagten sie.

9 Nichts wird so heiß gegessen...

Ironischerweise kamen diese Ermahnungen aus dem Munde von Menschen, die nur Rindfleisch essen. Die Rinderzucht ist zweifellos verantwortlich für die Ausrottung eines Großteils der Tierwelt. Die Abholzung der Wälder und die Weiden zerstören in einem erschreckenden Tempo die Fauna und Flora der Welt.

Miguel hatte etwas unter Magenbeschwerden gelitten, und an diesem Morgen hatte er immer noch Durchfall. Nach dem Rezept eines Secoya-Indianers bereitete ich ihm ein Heilmittel zu: in Wasser zerdrückte Tabakblätter. Etwas erleichtert konnte Miguel das von unserem Freund Soliman vorbereitete Frühstück zu sich nehmen. Wir verabschiedeten uns von diesem sehr vitalen »Opa« mit dem Versprechen, ihm eine Kopie der Schrift »Häuptling Seattles Prophezeiung«[1] aus El Encanto zu schicken. Dort würden wir hoffentlich genug Zeit haben, um sie zwischen unseren Papieren und Büchern auf dem Boden des Kanus zu finden. 1854 verschickte der rothäutige Indianerhäuptling Seattle einen Brief an den Präsidenten der Vereinigten Staaten, Sir Franklin Pierce. Die visionären und weisen Vorhersagen des Indianers sagten die fortschreitende Zerstörung der Erde durch einen »zivilisierten« aber weniger feinfühligen Menschen voraus, der ignorant mit den Schätzen der Natur umging. Schon damals sprach Häuptling Seattle von der Luft- und Lärmverschmutzung, der Zerstörung von Tieren und Bäumen, der Unterbrechung der ökologischen Kette und ihren unheilvollen Folgen.

Noch einmal verbrachten wir den ganzen Tag mit Paddeln. Wir überholten Gerardo auf seinem Floß. Kurz vor Sonnenuntergang nahmen wir links noch eine Ab-

---

[1]»Häuptling Seattles Prophezeiung«: siehe den Brief des Häuptlings am Ende des Buches.

kürzung durch einen Nebenfluss und erreichten direkt nach Einbruch der Dunkelheit den Polizeiposten in Campuya, Peru. Ein weiteres Mal war der Einarmige nicht in der Lage, das Floß rechtzeitig anzuhalten.

»Scheiße, wir haben es wieder verpasst«, hörten wir ihn jammern. Über das Wasser schreiend verabredeten wir uns für den nächsten Tag in Santa Mercedes.

10 Der Heilige Geist

Die peruanischen Polizisten aus Campuya sind einfach gestrickt: etwas naiv, aber sehr freundlich. Einer von ihnen lud uns in seine Hütte ein. Er stellte uns seine siebzehnjährige Frau Blanca Nieves, Schneewittchen, vor. Er war dreißig. Sie boten uns ein Abendessen an. Sie besaßen nur einen Teller und einen Löffel. Miguel und ich teilten uns den Fisch auf diesem Teller, dazu gab es knusprige *Fariña* und eine Tasse heiße Schokolade. Erst als wir aufgegessen hatten und der Teller leer war, bedienten sich unsere Gastgeber am Essen. Die Freundlichkeit und die Großzügigkeit dieser einfachen, bescheidenen Menschen war für uns nicht zu übersehen.

Der Polizist erzählte uns, dass seine Frau vor einiger Zeit vom Heiligen Geist die Kraft zum Heilen erhalten habe. »Wenn ihr wollt, kann sie einen Engel rufen, der dann hier herkommt und eure Körper mit dem Heiligen Geist verherrlicht.«

Das Ritual war sehr aufwendig. Blanca Nieves ging in das Zimmer nebenan, um sich umzuziehen. Ihr Mann deckte den Tisch mit einem weißen Tuch ab und stellte eine brennende Kerze, eine Bibel und ein Glas Wasser darauf. Dann kam Blanca Nieves wieder, ganz in weiß gekleidet und mit einem weißen Schal auf dem Kopf, ähnlich einer Nonne. Da stand sie vor uns – ihre Hände zum Gebet zusammengelegt – und wirkte plötzlich wie verwandelt. Es schien, als sei sie in eine Art Trance verfallen. Ihr Körper begann zu zittern und zu zucken. Mit einer Stimme, die tief und fremd geworden war, begann sie in einer unbekannten Sprache zu sprechen. »Es ist der Engel. Er ist gekommen«, flüsterte ihr Mann.

Der »Engel« stellte uns durch eine Simultanübersetzung des Ehemannes Fragen: ob wir verheiratet wären, ob wir Kinder hätten, warum Miguel einen Bart und lange Haare hätte... Er belehrte uns, dass das Licht der Kerze Gott selbst sei. Als er uns eine angezündete Kerze gab, befahl er uns, nebeneinander zu knien.

Miguel hielt die Kerze in seinen beiden Händen und ich sollte seine Hände mit meinen bedecken. Der »Engel« schlug dann die Bibel auf und bat Miguel, eine der Passagen vorzulesen. Sie handelte davon, dass die Jünger vom Heiligen Geist die Gabe erhielten, in vielen Sprachen zu sprechen. Wir wurden gefragt, ob wir unser eigenes Exemplar der Bibel hätten, wie wir es pflegten, wo wir es aufbewahrten. Daraufhin mussten wir zugeben, zu dieser Zeit keine Bibel besessen zu haben, aber dass wir daran gedacht hatten, eine zu kaufen. Doch dann entschlossen wir uns, noch damit zu warten, weil wir wussten, dass die Bibel eines Tages zu uns »kommen« würde. Der »Engel« bot uns eine als Geschenk an.

Um die »Verherrlichung des Heiligen Geistes« zu empfangen, befahl mir der »Engel«, mein Armband und meine Tonperlenkette abzunehmen. Als ich versuchte, mein Armband abzunehmen, musste ich ein wenig kichern, aber der »Engel« befahl mir sofort, nicht zu lachen.

Der »Engel« segnete uns schließlich und versicherte uns, dass wir während unserer gesamten Reise beschützt werden würden.

Nach dem Ritual wurde Blanca Nieves mit ein paar Worten wieder zu Blanca Nieves und wir alle lächelten. Was für ein seltsames Erlebnis!

10 Der Heilige Geist

Wir kehrten zurück zu unserem Boot, schliefen aber erst viel später ein. Wir sprachen noch lange über das Ereignis, welches wir in dieser Nacht erlebt hatten.

Nach einem kurzen Bad im Fluss noch vor Tagesanbruch, legten wir von Campuya ab. Die Sonne ging gerade auf. Wir erreichten Santa Mercedes und fanden dort Gerardo bereits ziemlich betrunken vor. In einem der Dörfer flussaufwärts hatte er am Vortag Fleisch und gesalzenen Fisch im Tausch gegen einige Avocados bekommen. Diese tauschte er gegen *Aguardiente* ein als er um Mitternacht mit dem Floß in Santa Mercedes ankam. Dann fing er an zu trinken. Von diesem Zustand war seine Frau inzwischen ziemlich genervt.

Wir setzten die Reise fort und ließen Gerardos Floß hinter uns. Windböen, die sich mit der Morgenstille abwechselten, kündigten einen Sturm an. Wir befanden uns gerade in der Mitte des Flusses und mussten sehr hart paddeln, um das Ufer zu erreichen, bevor uns der Sturm mit all seiner Wucht erwischte. Die immer größeren Wellen ließen das Kanu hin und her schwanken. Diese plötzlichen Stürme sind sehr gefährlich, besonders für kleine Kanus. Die Monate Juli und August sind für ihre starken Winde berüchtigt, und wir wussten, dass wir in diesen Monaten die ruhigen, frühen Morgenstunden zum Paddeln nutzen mussten.

Der Sturm legte sich und wir setzten unsere Fahrt fort. Einzig für das Mittagessen hielten wir am Ufer an; unser Kanu befestigten wir am Zweig eines farbenfrohen Busches, dessen gelbe Blüten einen köstlichen Duft verströmten.

Nach dem Essen machte ich eine kurze Siesta unter unserem Palmblattdach. Mit neuer Energie paddelten wir bis zum späten Nachmittag weiter.

Wir erreichten die Mündung des Flusses Caraparaná, den wir überqueren mussten, um zum Hafen von El Encanto zu gelangen. Die Strömung war sehr stark, sodass wir mit aller Kraft paddeln mussten.

11 Eine Freundin fürs Leben

l Encanto war eine kleine Siedlung am Fluss Caraparaná. Dort befand sich ein Militärstützpunkt mit etwa vierzig Männern, außerdem eine Polizeistation und eine lokale Behörde, deren Beamter, der *Corregidor*[1], für die Gemeinde zuständig war. Das Dorf machte auf uns einen sehr attraktiven und sauberen Eindruck. Die Mehrheit der Einwohner waren aus dem Uitoto-Stamm.

In der ersten Nacht schliefen wir in unserem Kanu auf der Caraparaná neben der Polizeistation. Gerardo, Beatriz und ihre beiden Kinder kamen am nächsten Tag um die Mittagszeit mit ihrem Floß an. Innerhalb weniger Minuten fingen sie an, Avocados an die Einwohner des Dorfes zu verkaufen. Stromauf, etwa eine dreiviertel Stunde von uns entfernt, lag das berühmte Internat San Rafael, in dem die Uitoto-Indianer und einige Kinder der Kolonisten kostenlos unterrichtet wurden.

Gerardo verabredete sich mit einem Mann, der ein Motorboot besaß, für eine Flussfahrt nach San Rafael, wo er die restlichen Avocados an Pater Miguel, den Rektor der Schule, verkaufen wollte. Miguel beschloss, sich Gerardo und seiner Familie anzuschließen. Er nahm den Brief mit, um ihn, wie versprochen, der Tochter der Menschen zu übergeben, bei denen wir einige Tage davor übernachtet hatten.

Ich blieb allein im Kanu zurück, um meiner armen Haut etwas Aufmerksamkeit zu schenken. Durch die Sonne war mein Gesicht sehr stark verbrannt, geschwol-

---

[1] *Corregidor*: aus dem Spanischen »Amtmann«.

len und die Haut schälte sich.

Nach all den Tagen auf dem Fluss unter der brennenden Sonne, ähnelte meine Haut einem Stück getrocknetem Leder, obwohl ich einen Hut trug und sogar eine Schutzcreme benutzte. Zwar schützte der Sombrero mein Gesicht vor der direkten Sonnenstrahlung, aber die Reflexion der Sonne im Wasser war fast genauso schädlich wie die Sonnenstrahlen selbst.

Außerdem hatte ich ein schmerzhaftes Gerstenkorn am Auge und einen lästigen kleinen Fleck an meinem rechten Bein. Als ich versuchte, die kranken Stellen selber zu behandeln, kam der *Corregidor* – der Beamte aus der lokalen Behörde – vorbei und fing an, mich in einem sehr feindseligen Ton zu verhören. Ich erklärte ihm, woher wir kamen und wohin wir reisten und versicherte ihm, dass wir uns bei unserer Ankunft am Vortag bei der Polizei gemeldet hatten. Er bestand darauf, dass ich ihm erneut meine Ausweispapiere zeigte, und befragte mich unfassbar aggressiv weiter.

Miguel kehrte aus San Rafael mit neun Patronen für eine Schrotflinte und einigen Angelhaken zurück, die er in dem Geschäft von Pater Miguel gekauft hatte. Wir hatten kein Gewehr, aber die Patronen wären gute Geschenke für neue Freunde, denen wir auf unserem Weg noch begegnen würden, oder eine gute Tauschware, um Jagdfleisch zu bekommen.

Wir brachten unsere Kanus zum Hafen, der etwas weiter flussauf lag, und befestigten sie an Gerardos Floß. Junge Soldaten aus der Militärbasis kamen uns begrüßen und schon am Abend versammelten wir uns alle zum Feiern. Die ganze Truppe bestand darauf, dass wir Flöte und Cuatro spielten. Es war unglaublich. Unter den vierzig jungen Männern, die dort ihren zweijährigen Militärdienst leisteten, gab es keinen, der ein

11 Eine Freundin fürs Leben

Musikinstrument spielen konnte. Unter den Blinden ist der Einäugige König. Genauso wie im Stützpunkt in Yubineto, mochten die Soldaten das Lied »El Negro José« am liebsten. Sie ließen es mich immer wieder singen:

> Perdoname si te digo Negro José
> Eres diablo pero amigo Negro José
> Tu futuro va conmigo Negro José
> Amigo Negro José

Ein paar Tage nach unserer Ankunft in El Encanto fühlte ich mich ein wenig fiebrig. Ich war so erschöpft, dass ich nur noch schlafen wollte. Ich hoffte, dass es sich nicht um einen weiteren Malaria-Anfall handelte. Während ich in diesen Dschungelregionen lebte, litt ich bereits vier Male an Malaria. Miguel war auch angeschlagen. Seine starke Erkältung versuchte er mit einem Schluck *Aguardiente* mit Zitrone und Knoblauch in Schach zu halten.

Im Laufe der Tage stellte ich mit einer gewissen Erleichterung fest, dass meine Symptome nicht auf Malaria hindeuteten, aber meine Körpertemperatur sank in den nächsten Tagen nicht. Ich verbrachte die meiste Zeit dösend in der Hängematte, die wir im Innenhof einer Hütte aufgehängt hatten. Die Hütte gehörte Alfonso und Afra, einem indianischen Ehepaar aus dem Uitoto-Stamm. Sie hatten uns einen Schlafplatz auf dem Boden ihrer Hütte angeboten. Zudem durften wir den Herd in ihrer Küche mitbenutzen. Miguel nutzte die Gelegenheit, um die Kanus zu leeren und sauber zu machen.

Gerardo verkaufte alle restlichen Avocados in San Rafael an Pater Miguel und erhielt eine Zusage vom

Corregidor für den Verkauf seines Floßes zum Preis von 15.000 Pesos[1]. Dann verbrachte der Einarmige die meiste Zeit damit, *Aguardiente* in der örtlichen Ladenbar zu trinken. Eines Tages kam ein Boot an, das sich auf dem Weg nach Puerto Asis befand. Der Kapitän erklärte sich bereit, Gerardo, Beatriz und ihre Kinder nach Hause nach Puerto Alegria zurückzubringen. Der *Corregidor* hatte Gerardo 10.000 Pesos für das Floß gegeben und versprochen, den Rest vor seiner Abreise zu bezahlen. Ein Versprechen, das nie eingehalten wurde.

Der Fluss stieg weiter an und das Wetter wurde seltsam kühl, fast kalt.

Miguel war mit der Arbeit beschäftigt. Er hatte ein kleines elektrisches Instrument namens *Pirógrafo* dabei, mit dem er Motive in Holz brannte. Auf Holzschalen und Paddeln gravierte er Tiger, Aras oder Indianer mit Blasrohren und versah seine Kunstwerke mit ausgewählten Inschriften. Die Soldaten kauften sie als Geschenke, um sie nach dem beendeten Militärdienst mit nach Hause zu nehmen.

Abends von 18 bis 21 Uhr versorgte uns ein Generator mit Strom. Tagsüber fertigte Miguel die Entwürfe mit Bleistift an, und nachts nutzte er den Strom, um sie in das Holz zu brennen. Das war eine angenehme Art, Geld zu verdienen.

Der nahe gelegene Dschungel lieferte Holz wie das *Remo Caspi*[2], aus dem die Indianer schöne Kunstwerke herstellten. Ihre geschickten Hände schnitzten Paddel, Schalen und Löffel daraus. Auch für dekorative Arbeiten mit dem *Pirógrafo* eignete sich dieses Holz hervor-

---

[1] 15.000 Pesos sind etwa 3 Euro.
[2] *Remo Caspi*: eine Holzart, die zur Herstellung von Paddeln verwendet wird. *Remo* heißt im Spanischen »das Paddel« oder »das Ruder«.

11 Eine Freundin fürs Leben

ragend; durch seine Härte und die blassgelbe Farbe kamen die Motive darauf gut zur Geltung.

Eines Abends besuchte uns ein Soldat. Als er seinen Kameraden bemerkte, der in Richtung der lokalen Behörde ging, erzählte er uns folgende Geschichte:

»Schaut euch diesen Kerl an. Er ist die ganze Zeit halb betrunken. Nachts geht er los, um den Amtmann – den *Corregidor* – zu besuchen, der ein sehr merkwürdiger Kerl ist.

Als ich zum ersten Mal hierher kam, freundete sich der *Corregidor* mit mir an. Er lud mich immer wieder zum gemeinsamen Biertrinken ein und ich nahm seine Einladungen an, bis er eines Abends plötzlich sagte: ›Ich möchte, dass du mir zwei Handgranaten besorgst.‹ Scheiße, das hat mich erschreckt! Aber ich sagte, ich würde es tun.

In dieser Nacht, als ich Wache hielt, dachte ich darüber nach und beschloss, dem verantwortlichen Leutnant im Stützpunkt zu sagen, dass der *Corregidor* mich um zwei Granaten gebeten hatte. Was konnte der Grund dafür sein? Sollten wir ihn denunzieren? Aber der Leutnant zuckte nur mit den Schultern und sagte, ich solle mir keine Sorgen machen.

Einige Tage später kam der *Corregidor* wütend auf mich zu und frage, warum ich ihn verpetzt hätte. Er bedrohte mich. Ich sagte ihm, dass ich ihn im Ernstfall schriftlich anklagen könnte. Er lachte mir nur ins Gesicht und sagte, dass mir niemand glauben würde, dass das Wort eines Kadetten nichts gegen eine Autorität wie ihn bedeuten würde.«

Afra hatte ebenfalls Geschichten über den Amtmann zu erzählen:

»Er hat mir befohlen, eine *Boruga* zuzubereiten.« *Boruga* ist ein kleines, wildes Nagetier, dessen Fleisch sehr geschätzt wird. »Ich muss es tun, obwohl er mich nicht bezahlt und mir zudem weder Kochbananen noch Reis bringt, die ich dazu servieren muss. Diese Produkte besorge ich selber.

Einmal beauftragte er eine Frau aus dem Dorf, eine Mahlzeit für ihn zu kochen. In dem Glauben, er würde sie bezahlen, bereitete sie ein ganz besonderes Gericht zu. Danach tat sie das nie wieder, da sie merkte, dass er ihr nichts zahlen würde. Ich habe aber keine Wahl, weil mein Mann für ihn arbeitet.

Der *Corregidor* ist ein mieser Typ. Niemand in dieser Gemeinde mag ihn. Seht ihr, er ist *volteado*«, wörtlich: »umgedreht«. »Er hat sich immer an die kleinen Jungs hier rangemacht. Natürlich rannten sie sofort nach Hause und erzählten es ihren Eltern. So weiß jeder, wie er drauf ist. Jetzt hat er einen Soldaten vom Stützpunkt, der die Nächte bei ihm verbringt, sodass er sich ein wenig beruhigt hat. Alfonso, mein Mann, jammert ständig, dass der *Corregidor* sehr herrisch sei und ihn immer anschnauzen würde. Aber Alfonso sagt nichts zu ihm, weil er Angst hat, seinen Job zu verlieren. Er weiß, dass der Amtmann eines Tages gehen wird und ein besserer Mann seinen Platz einnehmen wird.«

Ich fragte, ob die Gemeinde eine Beschwerde eingereicht hat.

»Hier sind die Menschen nicht stark oder vereint genug, um eine Beschwerde einzulegen. Nicht wie bei den Uitotos aus der Chorrera-Kultur. Die Uitoto halten wirklich zusammen und wenn etwas ihnen nicht gefällt, lassen sie es ändern. Einst gab es hier ein Problem wegen einiger Vorfälle auf der Basis: Wenn die Soldaten, einschließlich des Leutnants, tranken, feuerten sie Schüsse ab. Kugeln hier! Kugeln da! Am Ende

11 Eine Freundin fürs Leben

schickte die Gemeinde ein von allen unterschriebenes Memorandum nach Leticia, an den Oberst, wie auch immer der hieß. Eines Tages kam der Oberst persönlich hierher und wollte mehr über die Probleme wissen. Eine Versammlung wurde aufgerufen. Ich ging auch hin. ›Nun‹, sagte der Oberst, ›möchte ich, dass Sie mir alle Ihre Beschwerden schildern, die Sie über die Soldaten hier haben.‹

Ich konnte es nicht glauben! Es herrschte allgemeines Schweigen und niemand, absolut niemand sagte ein Wort über die Probleme, die wir hatten. Alles sei in Ordnung, murmelten einige. Ich dachte mir nur: Wie konnte es sein, dass niemand den Mut hatte, sich zu beschweren, wo doch alle das Memorandum unterschrieben hatten? Die Polizei, die Soldaten und sogar der Leutnant waren alle anwesend.

Wie es der Zufall so will, war mein Mann nicht vor Ort. Er mag es nicht, wenn ich in der Öffentlichkeit spreche und lässt es nicht zu. Ich hob meine Hand und sagte: ›Ich möchte das nicht hinter deren Rücken erzählen, sondern lieber hier, Auge in Auge. Wenn der Leutnant und seine Männer betrunken sind, fangen sie an, überall hinzuschießen, und eines Tages hätten sie fast einen Mann erschossen, der nichtsahnend vorbeiging. Manchmal schießen sie auch auf die Wände unserer Häuser.‹

Der Leutnant wurde dann wütend auf mich, aber seit diesem Tag hat es nie wieder eine Schießerei gegeben.«

Afra erzählte weiter:

»Einer der Polizisten hier ist sehr unhöflich und beleidigend gegenüber allen Indianern. Er beleidigt uns und nennt uns ›Hurensöhne-Indianer‹. Neulich kam er zum Haus meines Bruders, der gerade nicht da war, und nahm eine Durchsuchung vor. Mein Bruder war sehr wütend und ging auf die Polizeiwache, um sich zu beschweren. Natürlich verhafteten sie ihn und sperrten ihn für ein paar Tage in einer Verkaufsbude ein. Dann aber sagte mein Bruder zu dem Polizisten: ›Ok, wenn Sie mich hier behalten, werde ich mich bei den Behörden in Leticia beschweren – und dann sind Sie dran.‹ Erst dann wurde er entlassen und der Polizist ist plötzlich ganz freundlich geworden.

Bei einer anderen Gelegenheit kam dieser Polizist mit zu einem Cousin von mir, der eine kleine Koka-Plantage hatte, nicht mehr als einen Hektar. Der Polizist brannte alles nieder, alle Nahrungspflanzen auf dem Feld, das Haus – einfach alles. Dann ließ er sich neben meinem Cousin fotografieren, dem er Handschellen angelegt hatte.

Es kam dann in der Zeitung, dass der Polizist eine Koka-Plantage von acht Hektar gefunden hatte. Natürlich wurde der Polizist für diese Lügen befördert und mein Bruder war ruiniert.«

Ein ziemlich schmerzhafter Furunkel an meinem rechten Bein schien die Ursache meiner Fieberanfälle zu sein. Obwohl ich es zweimal am Tag sorgfältig reinigte, wurde es jeden Tag größer.

Eines Abends behandelte Afra mein Bein mit heißem Wasser, Salz und Zitrone. In dieser Nacht schlief ich ruhig.

Am Sonntag, dem 9. Mai, feierte man in El Encanto den Muttertag. Das heißt, alle Mütter verbrachten den Tag mit harter Arbeit: Sie bereiteten Kuchen, befüllteten Bananenblätter und *Masato* aus fermentiertem Yuca zu. Die Väter hingegen verbrachten den Tag damit, das *Masato* zu trinken. Am Abend fand ein Tanzfest statt.

11 Eine Freundin fürs Leben

Der Generator war die ganze Nacht an.

Um zwei Uhr nachmittags weckten uns Geschrei und Rufe. Einige Betrunkene versuchten, mit Gewalt in unser Haus zu gelangen. Später hörten wir, wie sich jemand draußen übergab. Alkohol ist definitiv ein Fluch, offenbar hauptsächlich für die Indianer. In den Gemeinden, die zum Katholizismus konvertiert sind, ist Alkohol erlaubt, während er in den Gemeinden, die von den Evangelisten indoktriniert wurden, streng verboten ist. Unglücklicherweise für die evangelisierten Indianer schließt dieses Verbot die äußerst nützlichen Heilpflanzen wie das *Yagé* und das Kokablatt ein.

Ein kleines Mädchen kam eines Morgens weinend im Dorf an. Eine Schlange hatte sie auf dem Weg zur Schule gebissen. Es war *Talla X*, Lanzenotter, eine Schlange, deren Biss extrem giftig ist. Wir hatten einen schwarzen Stein in unserem Besitz, der bei Giftbissen eingesetzt werden konnte. Einige Jahre zuvor hatte uns eine Schweizer Krankenschwester, die in der Bergregion von Nariño, Kolumbien, arbeitete, den Stein geschenkt. Ihren Worten nach wurde er aus Afrika mitgebracht und war in Kolumbien sehr schwer zu finden.

Wir öffneten das Päckchen und lasen die beigefügte Anleitung:

Der schwarze Stein hilft bei giftigen Bissen von Schlangen, Skorpionen oder Insekten.

Gebrauchsanweisung: Bringen Sie die Bissstelle zum Bluten: Sobald der Stein mit dem Blut in Berührung kommt, bleibt er an der Stelle haften und nimmt das Gift auf. Der Stein löst sich vom Körper sobald das gesamte Gift absorbiert wurde.

Nach dem Gebrauch sollte der Stein eine halbe Stunde lang in heißes Wasser gelegt werden, bis keine Blasen mehr erscheinen. Dann sollte er zwei Stunden lang in Milch gelegt werden, und anschließend mit kaltem Wasser abgespült und an der Luft getrocknet werden. Dann ist er wieder einsatzbereit.

Ich lief mit dem Stein zur Gesundheitsstation. Ich machte einen kleinen Schnitt in das Bein des Mädchens an der Stelle, an der sie gebissen worden war, und setzte den Stein dort an. Sobald ich das getan hatte, saß der Stein fest. Laut Gebrauchsanweisung bleibt der Stein so lange haften, bis das gesamte Gift absorbiert ist; dann fällt er automatisch ab. Wir hatten diesen Stein seit über drei Jahren bei uns gehabt, aber das war das erste Mal, dass wir ihn benutzen konnten.

Später wurde das Mädchen samt Stein in das Krankenhaus von San Rafael flussaufwärts gebracht.

Wir konnten es nicht zulassen, diesen wertvollen Stein zu verlieren, denn seine unschätzbaren Eigenschaften waren unser Schutz gegen Schlangenbisse während der Reise. Unser Plan war, am nächsten Tag von der Polizeistation aus das Krankenhaus anzufunken, um uns zu erkundigen, wie es dem Mädchen ging. Außerdem wollten wir sicherstellen, dass niemand den Stein wegwerfen würde.

Stattdessen entschieden wir uns jedoch, mit einem Flusshändlerboot nach San Rafael zu fahren.

Wir betraten das Zimmer des Mädchens im Krankenhaus. Ihr Bein war stark geschwollen, aber man sagte uns, dass sie in ein paar Tagen wieder nach Hause gehen könne. Sie würde nicht sterben. Der Stein lag auf dem Boden unter dem Bett. Eine Frau fegte gerade das Zimmer. Uns wurde klar, dass wir kurz davor waren, unseren Stein zu verlieren.

Als wir über Schlangenbisse sprachen, erzählte uns ein Mann, den wir in einem Korridor des Krankenhau-

11 Eine Freundin fürs Leben

ses trafen, eine amüsante Schlangengeschichte:

»Die Eidechse, die Nichte der Schlange, fragte eines Tages ihre Tante:

›Tante, warum haben die Menschen so viel Angst vor dir?‹

›Meine liebe Nichte, die Menschen sind davon überzeugt, dass ich gefährlich bin, aber in Wirklichkeit bilden sie sich das nur ein. Was hältst du davon, dass wir ihnen einen Streich spielen, nur um ihre Reaktion zu sehen? Du beißt einen Mann, und ich komme raus, damit er mich sieht.‹

Gesagt, getan, und als der Mann den Biss spürte und die Schlange sah, schrie er: ›Oh, diese Giftschlange hat mich gerade gebissen!‘ und er starb bald davon.

Beim nächsten Mal biss die Schlange einen Mann und die Eidechse erschien. Der Mann sagte: ›Oh, diese Eidechse hat mich gebissen.‹ Und er starb nicht.«

Als wir im Krankenhaus waren, nahm ich die dortigen Dienstleistungen in Anspruch. Eine Krankenschwester reinigte den »Fleck« an meinem Bein sehr gründlich und gab mir eine große Flasche Desinfektionsmittel. Ich hoffte nur, dass es sich nicht um den Biss des *Pito* handelte, der Raubwanze, denn sie übertrug Krankheiten wie die Leishmaniose oder die Chagas. Man behautete, es sei fast unmöglich, diese Krankheiten zu heilen.

San Rafael wirkte auf uns wie ein kleines edles Anwesen, das Pater Miguel gehörte. Der Priester hatte zahllose Angestellten und indianische Arbeiter zu seinen Diensten. Dort befanden sich Felder voller Rinder, große Plantagen mit Yuca und Kochbananen. Vierhundertsechzehn Grundschüler, die meisten von ihnen Uitoto-Indianer, wurden im Internat von Pater Miguel unterrichtet.

Wir verbrachten einige Zeit in der riesigen Küche, wo wir unseren wertvollen Stein reinigten: erst mit heißem Wasser und dann mit Milch, wie es uns die schweizer Krankenschwester erklärt hatte. Danach war der schwarze Stein bereit, im Notfall wieder verwendet zu werden.

Während wir auf das Boot warteten, welches uns zurück nach El Encanto bringen sollte, unterhielten wir uns mit einem Indianer, einem ehemaligen Schüler von Pater Miguel, der uns seine Geschichte erzählte:

» Ich habe nur drei Jahre Grundschule besucht. Das war in der Zeit des Koka-Booms. Es war so viel Geld im Umlauf! Durch die Arbeit mit Koka verdiente ich so viel Geld, dass ich keine Notwendigkeit sah, weiter zur Schule zu gehen. Ich verdiente so gut, aber nun habe ich nichts mehr. Ich habe alles für Drogen ausgegeben. Oh ja, ich war wirklich süchtig! Es gab keine Droge, die ich nicht ausprobiert habe: Tabletten, Kokain, *Bazuco* – eine Art Crack, sogar Spinnennetze mit Aspirin. Und der Alkohol: Ich trank wie ein Fisch! Aber jetzt, seitdem ich meine Frau getroffen habe, ist das alles vorbei. Ich habe mir ein kleines Haus flussaufwärts gesucht und hacke jetzt Holz. Mit Holz kann man Geld verdienen. Hier gibt es eine Menge Zedern.«

Miguel und ich saßen da und dachten erneut an das Sprichwort, das in solchen Fällen so passend war. Seit wir die echte Misere der heutigen Welt verstanden hatten, wiederholten wir es immer wieder: »Eine schwarze Wurst ist in jedem Fall schwarz.« In diesem Fall gab der Indianer den Job mit Kokain und den Drogenkonsum auf, aber er konnte nicht mehr, ein bescheidenes Leben mit wenig Geld führen. Er konnte nie wieder so leben, wie es seine Familie seit Generationen getan hatte: von

11 Eine Freundin fürs Leben

den Erzeugnissen der *Chagra*, der Jagd und dem Fischfang. So landete er beim »legalen« Holzhandel. Um Geld zu verdienen, ignorierte er die Tatsache, dass die Flüsse durch das wahllose Abholzen der Bäume ihre Lebenskraft verlieren und immer weniger Fische zu finden sind.

Zurück am Hafen stellten wir fest, dass das Flusshändlerboot ohne uns abgefahren war. Eine Familie, die sich auf dem Weg zu ihrem Haus in Puerto Colombia am Fluss Putumayo befand, bot uns einen Platz in ihrem Kanu an. So paddelten wir mit ihnen nach El Encanto zurück.

Am Abend erzählte uns Doña Afra, dass ihr Mann von seinem Posten als Sekretär des *Corregidors* entlassen wurde. Eine Erklärung dafür gab es nicht. Das war natürlich sowohl für Alfonso als auch für Afra sehr beunruhigend. Alfonso war sehr wütend und gleichzeitig besorgt über die Zukunft seiner Familie. Aber Afra bemerkte fast freudig: »Jetzt müssen wir wieder von der Ernte, der Jagd und dem Fischfang leben, bis Alfonso eine andere Stelle findet.«

Gerardo schlug uns eine neue Methode vor, unserem Kielboot mehr Stabilität zu bieten. Miguel ging in den nahe gelegenen Dschungel, um zwei Stangen zu holen und damit das kleine Kanu an dem großen zu befestigten. Wir wussten, dass wir eines Tages auf einen großen, gefährlichen Strudel auf dem Putumayo stoßen würden. Mit den stabil aneinander befestigten Kanus waren wir zuversichtlicher, den Strudel ohne allzu große Schwierigkeiten passieren zu können.

Den folgenden Tag verbrachten Miguel und ich allein im Haus. Gleich am Morgen waren Afra und Alfonso mit ihrem Kanu nach San Rafael aufgebrochen. Für ihre Reise hatten sie zwei Gründe: Zum einen wollten sie ihre achtjährige Tochter, die im Internat von Pater Miguel wohnte, besuchen, und zum anderen wollten sie mit den indianischen Behörden über Alfonsos Entlassung sprechen. Sie hofften, eine Petition einreichen zu können, um den *Corregidor* dazu zu bringen, seine willkürliche Entscheidung zu überdenken.

Den ganzen Tag über regnete es in Strömen, sodass wir unsere Kanus nicht wie geplant für die Abreise am nächsten Tag packen konnten. Später kehrten Alfonso und Afra, bis auf die Haut durchnässt, nach Hause zurück.

Inzwischen behandelte ich meinen Furunkel mit *Panela*, dem braunen Zucker, der normalerweise in Blöcken hergestellt wird. Ich rieb die *Panela* und streute sie auf die Wunde. Das brannte zwar schmerzhaft, aber sie war als gutes Desinfektionsmittel bekannt und half bei tiefen Wunden, Fleisch zu bilden. Jeden Tag wurde die Wunde jedoch größer, bis sie mehr wie ein Geschwür aussah.

Als Miguel das Kanu sauber machte, fand er ein Insekt, das wie eine Kakerlake aussah, aber einen langen, spitzen Rüssel hatte. »Es ist ein *Pito*!«, rief Afra, als sieh es sah. Es war als hätten sich meine schlimmsten Befürchtungen bestätigt.

Alfonso erzählte uns dann von einem alten indianischen Heiler, der unten am Fluss Putumayo unterhalb von Flor de Agosto lebte. »Er wird dich heilen«, versicherte er mir. Das stimmte uns optimistisch. Wenn alles gut ginge, könnten wir innerhalb von drei Tagen bei diesem Heiler sein. Miguel würde den größten Teil des Paddelns übernehmen, denn sobald die Sonne stärker strahlte, musste ich mich unter dem Palmblattdach verstecken, um die Wunde vor der Hitze zu schützen.

11 Eine Freundin fürs Leben

Bezüglich unserer Abreise am Folgetag und der Aussichten auf Hilfe bei der Behandlung meines Geschwürs konsultierte ich das »I Ging«. Das Orakel, das dabei herauskam, war das Hexagramm 56: »Der Wanderer«. Die Nummer sechs in der zweiten Zeile besagte:

»Der hier beschriebene Wanderer ist bescheiden und zurückhaltend. Er verliert nicht den Kontakt zu seinem inneren Wesen, daher findet er immer einen Ruhepunkt. In der Außenwelt behält er die Sympathie der anderen Menschen, daher unterstützen ihn alle dabei, Besitz zu erlangen. Außerdem verdient er den Titel eines treuen und vertrauenswürdigen Dieners, was für einen Wanderer von unschätzbarem Wert ist.«

Es sah so aus, als würde sich alles zum Guten wenden. Und eines meiner Lieblingssprüche kam mir in den Sinn: »Nichts ist so schlimm, dass es nicht für irgendetwas gut wäre.« Meine Krankheit würde uns die Möglichkeit geben, einen Heiler aus dieser Region zu treffen und mehr über die traditionelle Medizin des Dschungels zu erfahren.

Wir fingen an, die Vorfreude auf die Abreise zu spüren. Als wir uns verabschiedeten, tauschten wir Geschenke aus. Ich schenkte Afra einen Tontopf, den unsere Secoya-Freundin aus Yaricaya, Erlinda, angefertigt hatte. Afra schenkte mir eine kleine Aloe Vera, »für das Glück«, in einem kleinen Plastiktopf.

Zum Schluss blieb uns das Bild von Afra in Erinnerung, dieser tapferen und intelligenten Uitota, einer Freundin fürs Leben, die mit Tränen in den Augen uns zum Abschied winkte.

12 Maria Nieves und German

Wie schön, wieder auf dem Fluss unterwegs zu sein! Wie immer waren wir ein wenig beunruhigt, wieder auf den großen Fluss hinauszufahren. Mehr als die Angst vor dem Fluss selbst war es aber die Angst, loszuziehen, das Bekannte zu Gunsten des Unbekannten zu verlassen. Es war die Angst, die Wärme der freundlichen, vertrauten Gesichter hinter sich zu lassen um in die Welt voller Fremder aufzubrechen; der Wildfremden, die nur darauf warteten, getroffen zu werden. Obwohl wir wussten, dass die meisten freundlich sein würden, konnten wir es nicht vermeiden, auch den Neugierigen, Misstrauischen und vielleicht sogar Feindseligen zu begegnen.

Die Ungewissheit der Zukunft machte uns Angst: Die Gedanken, die der Handlung voraussprangen, erschütterten unsere Zuversicht. Mit Unruhe im Herzen und einem nervösen Gefühl im Bauch, fragten wir uns: »Wie wird es sein? Was kommt auf uns zu?«

Doch sobald wir wieder auf dem Fluss waren und uns dem Unbekannten stellten, lösten sich all unsere Ängste auf. Voller Aufregung und Optimismus spürten wir die innere Gewissheit, dass all das, was unterwegs auf uns zukommen würde, sowieso passieren würde und dass wir es feiern würden – in vollen Zügen!

Die neue Befestigung des kleinen Kielbootes war eine enorme Verbesserung. Es war stabil wie ein Floß. Wir konnten uns auf dem Boot bewegen, ohne dass es hin und her schwankte. Es war auch einfacher, unterwegs auf »Toilette« zu gehen; wir stellten einfach einen Fuß auf den Rand jedes Kanus und hockten uns hin

12 Maria Nieves und German

(die natürlichste Position), und selbstverständlich gab es auch genug Wasser, um sich schnell zu waschen.

Afra hatte uns den Weg zum Haus ihres Bruders German in Granada gewiesen. »*Un brazuelo a la derecha y otro a la izquierda*. Eine Abkürzung nach rechts und eine weitere nach links.«

Zwei weiße Reiher flogen vor uns und setzten sich auf einen Baum an einer kleinen Anlegestelle, um uns zu begrüßen und möglicherweise um die Einheimischen auf unseren Besuch aufmerksam zu machen. German und seine Frau Maria Nieves waren jedoch nicht zu Hause. Deren junge Tochter empfing uns und unterhielt uns, bis ihre Eltern von der *Chagra* zurückkehrten. Sie brachten von der Jagd einen Korb mit dem Nagetier *Boruga* und einem braunen Wollaffen mit. Wir hatten eine köstliche Mahlzeit: *Boruga* ist mein Lieblingsfleisch.

German erzählte uns von einem Inga-Heiler, der auf der anderen – peruanischen – Seite des Flusses lebte, und versicherte uns, dass er mein Geschwür heilen könnte. So waren wir etwas unschlüssig, ob wir weiter auf der Suche nach dem alten Heiler nach Flor de Agosto fahren sollten, oder ob wir den jüngeren Mann aufsuchen sollten, der so viel näher wohnte.

Miguel schlief im Boot und ich im Hausflur. Das Haus war eine Konstruktion auf Stelzen neben dem Fluss. Von meinem Platz aus sah ich, wie Maria Nieves aus der Küche die Treppe hinunterstieg und draußen im Freien ein Feuer anzündete. Ich beobachtete ihre Silhouette, wie sie sich in der Hocke über den Flammen beugte; eine Haltung, die für Indianer sowie das Landvolk so natürlich und bequem ist. Ich sah, dass sie das Affenfell verbrannte, um das Fleisch für das Kochen vorzubereiten. Sie schnitt das Tier auf, um seine

Innereien zu entfernen und es zu waschen.

German war nicht da; mit einer Harpune in der Hand und einer Stirnlampe ging er angeln.

Als Maria Nieves und ich am nächsten Morgen das Frühstück vorbereiteten, freundeten wir uns an. Sie war eine Uitota vom Stamm der »Lehmmenschen«; schlank, sehr hübsch und voller Tatendrang. Seit über neunundzwanzig Jahren war sie mit dem dicken German, einem Uitoto vom Stamm der »Tiermenschen«, verheiratet. Während wir uns unterhielten, tauschten sich Miguel und German angeregt im Hausflur aus.

Beim Frühstück erzählte uns Maria Nieves, dass ihr Bruder in der Nähe an einem Pfad im Wald ein Haus hatte, welches im Moment leer stand. Sie bestand darauf, dass wir es nahmen. »Bitte lebt dort als Nachbarn, während du bei dem Heiler Espíritu[1] in Behandlung bist.«

Den Rest des Vormittags verbrachten wir damit, das Haus zu säubern und unsere Kanus zu einem Bach zu bringen, der nebenan floss. Beim Stehen und Gehen spürte ich in meinem Bein einen fast unerträglichen Schmerz. Wir spannten die Hängematte auf, in der ich mich dann ausruhen durfte. Mit hochgelegten Beinen gelang es mir, etwas Linderung zu finden.

Später, als die Sonne untergegangen war, trennten wir das kleine Keilboot von dem großen Kanu und paddelten darin stromabwärts zum Haus von Espíritu Grefa. Als der Heiler meine Wunde untersuchte, bestätigte er, dass es sich tatsächlich um ein Geschwür handelte, das durch den Biss der Raubwanze *Pito* verursacht worden war. Wir vereinbarten, am nächsten Tag zurückzukehren und dort zu bleiben, bis ich geheilt war. Er betonte, dass es wichtig sei, dass ich mich

---
[1] Espíritu: aus dem Spanischen: Seele, Geist.

12 Maria Nieves und German

ausruhe und vor allem nicht am Fluss in der prallen Sonne sitze.

Maria Nieves bereitete ein köstliches Abendessen für uns zu: eine *Bocachico*-Fischsuppe mit dem für die Uitotos typischen dicken *Casabe*-Pfannkuchen aus dem Yuca-Mehl. Die Nacht verbrachten wir auf dem Boden ihres Hauses, das wir am Morgen gereinigt hatten.

Gerne hätten wir mehr Zeit mit Maria Nieves und German an diesem Ort verbracht. Wehmütig verabschiedeten wir uns am nächsten Morgen widerwillig von den neu gewonnenen Freunden und fuhren flussabwärts zum Haus von Espíritu Grefa.

13 Das Krankenhaus von Espíritu

ir banden unsere Kanus an einem stabilen Pfahl am Eingang zu Espíritu Grefas Haus fest, traten auf den Balsaholzsteg und gingen den steilen Pfad hoch zu seinem Haus.

Das Haus wurde aus einer Art Bambus namens *Guadua* gebaut und stand auf Stelzen etwa zwanzig Schritte vom Fluss entfernt. Rechts führte ein Pfad zur *Chagra* – dem Anbauplatz – und hinter dem Haus lag der dichte Dschungel.

Ich humpelte hinter Miguel her und kletterte mühsam den an das Haus angelehnten, stabilen Baumstamm hinauf, in den Stufen geschnitten waren.

Die Treppe führte bis zur offenen Eingangstür. Dahinter befand sich ein geräumiges Hauptzimmer.

Espíritu bot uns einen Platz zum Aufhängen unserer Hängematte gleich an der Tür an. Am anderen Ende des Raumes befand sich der Kochbereich mit einer erhöhten Feuerstelle, einem niedrigen Regal zum Räuchern von Fisch und einer großen Bodenfläche, auf der die Mahlzeiten serviert wurden – so wie es in allen indianischen Häusern üblich ist. Der Fußboden selbst wurde aus harten Stangen der Pfirsichpalme erbaut, und knarrte, wenn wir darauf traten. Das Dach, das wir von der Innenseite sehen konnten, war natürlich aus geflochtenen Palmblättern. Neben dem Hauptraum befand sich ein kleiner Raum, in dem Espíritu, seine Frau und seine Kinder schliefen.

Nachdem wir unsere Hängematte an den stabilen Balken in der Nähe der Eingangstür aufgehängt hatten, ließ ich mich hineinfallen und legte meine Beine hoch.

13 Das Krankenhaus von Espíritu

Sofort linderten sich meine Schmerzen. Miguel setzte sich am anderen Ende in die Hängematte behutsam hinein, um meine Wunde nicht zu berühren. So warteten wir den Rest des Nachmittags.

Neben uns hing das Moskitonetz eines Mannes, der wegen eines giftigen Schlangenbisses ebenfalls in Behandlung war. Begleitet wurde er von seiner Frau und seinen beiden Kindern. Später hängte Miguel unser Moskitonetz in der Ecke des Zimmers auf, um uns in der Nacht zu schützen, da wir dort auf dem Boden schlafen wollten.

Espíritu war ein fünfzigjähriger Mestize (halb Inga). Seine Frau, Vitelia, war eine neunzehnjährige Kokama-Indianerin. Sie hatten bereits drei Kinder, von denen das jüngste, als es mich sah, einen dumpfen Schrei ausstieß, da es wahrscheinlich noch nie eine blonde, weiße Frau gesehen hatte. Vitelia bückte sich sofort, hob ihn auf und schwang ihn beruhigend über ihre Hüfte. Das Kind klammerte sich fest und lugte gelegentlich verstohlen hinter ihrer Bluse hervor.

Erst nach Einbruch der Dunkelheit, als die Kinder schon im Bett waren, bat Espíritu seine Frau, meine Wunde zu waschen. Dann zündete er eine lange Pfeife an und blies Tabakrauch über das Geschwür. Anschließend röstete er eine Mischung aus drei zerbröckelten Rinden, die, eingewickelt in ein Kochbananenblatt, auf das offene Feuer gelegt wurden. Als die Mischung etwas abgekühlt war, presste er den Saft heraus und ließ ihn in die Wunde tropfen. Ich verspürte ein schmerzhaftes Stechen. Espíritu bedeckte die Wunde mit denselben zerkrümelten Rinden, die von dem Kochbananenblatt zusammengehalten wurden. Ein Stück Stoff, gebunden um mein Bein, fixierte den Verband. Nach ein paar Minuten hörte der Schmerz auf und in dieser

Nacht konnte ich ruhig schlafen.

Espíritu erzählte uns über sein Leben und wie er gelernt hatte, mit Kräutern zu heilen. Als er vierzehn Jahre alt war, bildete sich an seinem Oberschenkel ein schreckliches Geschwür. Es wuchs und wuchs, obwohl es immer sorgfältig gereinigte wurde. Jemand riet Espíritu, die Secoya-Indianer um Hilfe zu bitten, die in jenen Dschungelregionen für ihre Heilkenntnisse bekannt waren. Das Geschwür war inzwischen so tief geworden, dass man den Hüftknochen des Jungen sehen konnte. Es verursachte ihm so große Schmerzen, dass er dachte, er würde sterben. Am Anfang, als die Secoyas das Geschwür abwuschen und mit Kräutern behandelten (ähnlich wie es bei mir der Fall war), war es so schmerzhaft, dass er dachte, es wäre besser, auf der Stelle zu sterben, um diese Qualen nicht erleiden zu müssen. Aber nach den ersten drei Behandlungen zeigte die Wunde Anzeichen der Besserung, und drei Monate später war der Junge vollständig geheilt.

Espíritu lebte weitere drei Jahre bei den Secoyas und lernte, mit Hilfe von *Yagé* (oder der *Ayahuasca*, wie es in Peru genannt wird) zu heilen. Er erzählte uns, dass er von verschiedenen Stämmen lernen durfte: den Secoya, Yagua, Inga, Kokama... An dieser Stelle erinnerten wir uns an einen unserer Lieblingssprüche: »Gesegnet sei die Krankheit.« Wir hörten viele Geschichten von Menschen, deren Leben sich aufgrund einer Krankheit veränderte: Wie die Krankheit sie dazu brachte, einen spirituellen Weg zu entdecken, dessen Existenz sie bis dahin ignoriert oder nur vermutet hatten.

Espíritu erzählte uns weiter, wie er ein Mädchen geheilt hatte, das von einem *Hechicero*[1] verhext worden

---

[1] *Hechicero*: ein Mann mit magischen Kräften, der Zaubersprüche und Flüche aussprechen kann.

13 Das Krankenhaus von Espíritu

war. Der Mann hatte versucht, mit ihr zu schlafen, und als sie sich weigerte, sagte er ihr, dass sie sterben würde. »Und tatsächlich war das Mädchen sehr krank, als sie zu mir kam, um Hilfe zu erbitten«, sagte Espíritu. »Siehst du, dieser Mann ist ein *Hechicero* – jemand, der Hexerei betreibt, und kein *Curandero*, der heilt. Er hat hier schon viele Menschen umgebracht. Am Ende musste er wegen seines schrecklichen Rufs gehen.«

Gelegentlich wurde Espíritu von Leuten angesprochen, die wollten, dass er seine Kräfte einsetzt, um jemanden umzubringen. »Einmal bot mir ein Mann mehr als eine Million Peso für einen solchen Auftrag, aber ich lehnte ab. Wisst ihr, ein *Curandero* arbeitet nur für das Gute. Ein *Hechicero* ist aber eine ganz andere Geschichte«, erklärte Espíritu.

Es war interessant zu erfahren, dass Espíritu nicht immer ein Heiler gewesen war. Er erzählte uns, dass er irgendwann in seinem Leben den Wunsch hatte, schwarze Magie zu erlernen. »Ich besorgte mir ein Buch und fing an, zu trainieren.«

Er war sogar so weit gekommen, dass er den Friedhof besuchte: Dreimal grub er eine Leiche aus, die nicht länger als drei Tage begraben war. Dann holte er das Knochenmark heraus und aß es. Er wäre kurz davor gewesen, seinen Abschluss in schwarzer Magie zu machen. Jetzt müsse er nur noch die Person töten, die er am meisten liebte: seine Mutter. »Da zog ich einen Schlussstrich. Ich konnte mich nicht dazu durchringen, so etwas zu tun. Es ist die letzte Voraussetzung, um ein Schwarzmagier zu werden. Man muss den am meisten geliebten Menschen töten und sein Blut trinken. Da gab ich auf.«

Wir dachten an Gerardo »den Einarmigen«, der eine

ähnliche Geschichte erzählt hatte.

Es war nun achtzehn Tage her, als die Schlange den Mann gebissen hatte. Die Wunde zeigte Anzeichen der Besserung. Er und seine Familie machten sich auf den Weg zurück nach Hause einige Kilometer weiter flussabwärts.

In den nächsten Wochen behandelte Espíritu meine Wunde mithilfe verschiedener Methoden. Er wusch sie zweimal täglich mit einem Gebräu aus Pflanzen und blies wiederholt Tabak aus seiner Pfeife darauf. Letztendlich kümmerte sich Miguel um die Reinigung der Wunde und nutzte dafür die Formel, die uns Espíritu beigebracht hatte. Die Rinden der Zeder und der *Abilla* sowie die zermatschten *Abilla*-Beeren, die Samen der *Medalla caspi*, die Blätter der *Huamansamana* und die Reben des *Uña de Gato* kochte man zunächst im Wasser.

Mit dieser Mixtur wusch man dann die Wunde ab. Als Nächstes presste man *Sisopanga*-Blätter aus, um den so gewonnenen Saft in die Wunde zu tropfen. Die trockene Rinde von *Abilla* und *Pashaca* wurde mit ein wenig getrocknetem Tabakblatt vermischt, dann in ein Kochbananenblatt gepackt und über dem offenen Feuer erhitzt. Der Inhalt alleine bindete man mit einem Stück Stoff an der Wunde fest. Miguel achtete sehr auf die Hygiene: Die Wunde sah schon etwas besser aus.

In diesen Tagen hielt Espíritu mich auf einer strengen Diät. Der Fluss stieg zu dieser Zeit an, sodass es kaum noch Fische gab. Fische ohne Schuppen, aber auch einige geschuppte Fische wie der Piranha, waren für mich nicht erlaubt. Verboten war auch einiges Jagdfleisch, zum Beispiel das vom Tapir – ein rotes Fleisch, das als reizend gilt, weil diese Tierart manche giftige Beeren zu ihrer Nahrung zählte. An unserem ersten

13 Das Krankenhaus von Espíritu

Tag dort gelang es Espíritu, einen Stachelrochen zu harpunieren, den ich jedoch nicht essen durfte. An diesem Tag aß ich nur gegrillte Kochbananen mit geröstetem Maismehl, das ich bei German aus dem Mais zubereitet hatte, den er uns geschenkt hatte.

Obwohl meine Wunde immer noch recht groß war, verheilte sie allmählich. Nach zwei Wochen strikter Heilungsmaßnahmen begann sich Fleisch zu bilden, und manchmal ließen die Schmerzen nach. Die meiste Zeit des Tages verbrachte ich in der Hängematte mit hochgelegtem Bein. So ging es mir besser. Wenn ich jedoch gezwungen war, aufzustehen, verursachte der Positionswechsel immer noch einen unerträglichen Schmerz. Während ich den ganzen Tag in der Hängematte lag, beschäftigte ich mich damit, ein Paar Schühchen für Vitelias jüngstes Kind zu häkeln.

Eines Tages humpelte ich zum Fluss hinunter, um mein tägliches Bad zu nehmen. Durch meine Wunde ging ich eher ungeschickt, trat versehentlich auf eine lose Floßstange und fiel hin. Eine andere Stange schien fest zu sein, aber sie zerbrach doch unter meinen Füßen und ich stürzte schon wieder zu Boden. Es war ärgerlich, mit dem eigenem Körper so wenig im Einklang zu sein. Als ich die Wunde freilegte, um ins Wasser zu gehen, musste ich leider feststellen, dass sie weiterhin sehr groß, tief und entzündet war.

In jenen Flussregionen gab es damals eine schrecklich lästige Insektenplage. Um die unbedeckten Körperteile tagsüber zu schützen, rieb ich meine Haut mit *Canangucho*-Öl ein. Wenn ich mich vor dem Flussbad entkleidete, nutzten die winzigen Sandfliegen ihre Gelegenheit und selbst ein schnelles Einseifen konnte sie nicht abhalten. Mein Körper war komplett mit toten Fliegen bedeckt, dennoch attackierten mich unerbittlich immer weitere.

Am Flussufer, auf dem Floß aus Balsaholz, wusch Vitelia Klamotten und nahm Fische aus. Jeden Nachmittag ging sie zum Floß herunter, nackt bis zur Taille, ihre vollen, spitzen Brüste entblößt. Unter dem einen Arm hielt sie eine Schüssel mit Wäsche und unter dem anderen – das Baby; die beiden älteren Kinder liefen ihr hinterher. Dort wusch sie die Wäsche von diesem Tag und badete ihre Kinder. Ich konnte nicht umhin, ein wenig neidisch zu sein, als ich feststellte, dass weder sie noch die Kinder sich von den Moskitos und den Sandfliegen gestört fühlten.

Eines Tages konnte ich mich nicht bewegen, ohne unerträgliche Schmerzen zu erleiden. Ich verbrachte den ganzen Tag unter dem Moskitonetz und legte mein Bein auf ein Kissen. Am Abend wusch Vitelia die Wunde gründlich und beträufelte mein Bein mit einer Mischung aus Motoröl und Schwefel. Danach spürte ich eine gewisse Erleichterung.

Espíritus Heiltechniken hatten etwas Spirituelles an sich, und als ich eines Abends meine Notizen auf Papier niederschrieb, wurde mir plötzlich klar, dass meine Krankheit uns mit demjenigen zusammengebracht hatte, der bezeichnenderweise »Espíritu« hieß. An diesem Abend blies er im ganzen Haus Tabak herum und fächelte mit speziellen Blättern, die er aus dem Dschungel mitgebracht hatte, mir Luft zu. Er saugte auch an meinem Kopf und entfernte den »Dreck« – den unsichtbaren Schmutz – und spuckte ihn aus. Er tat es genauso wie *Taita* Pacho, unser Schamanenfreund aus Buena Vista, als er Miguel behandelt hatte. Dann fing Espíritu an, eine uralte Melodie zu pfeifen. Er sprach einige Worte auf Ketschua und begann zu singen, wobei er mich die ganze Zeit über mit diesen magischen

13 Das Krankenhaus von Espíritu

Blättern anfächelte. Als er fertig war, sagte er etwas Seltsames: »Doña Valeria, jemand wollte Ihrem Verstand, Ihren Gedanken schaden. Sie taten dies, weil sie nicht wollten, dass Sie gehen. Sie wollen, dass Sie zu ihnen zurückkehren.«

Er erzählte uns, dass er, während er in der Nacht zuvor an mir gearbeitet hatte, einen Schatten auf meinen Beinen gesehen hatte. »Dieser Schatten wird durch Neid verursacht. Der Schatten ist männlich, das heißt von einem Mann«, erklärte er. Er bedauerte, kein *Yagé* da zu haben, um »mehr über diesen Schatten herauszufinden.« Miguel und ich versuchten uns vorzustellen, wer dieser jemand sein könnte. Wer war es, der uns aufhalten und an der Reise hindern wollte? Wir erinnerten uns daran, dass *Taita* Pacho versucht hatte, uns zur Rückkehr nach Buena Vista zu überreden. Er schickte uns sogar einen Brief nach Puerto Leguizamo und bestand darauf, dass wir zu ihm zurückkehrten; er unterstellte uns, dass die Reise bis zum Amazonas für uns gefährlich sei und wir eine schlechte Zeit haben würden.

Es gab aber noch die Secoyas, insbesondere Lucas und Martina, die uns vor den Gefahren gewarnt hatten, uns davon abbringen wollten, den großen Fluss zu befahren, und uns aufforderten, bei ihnen zu bleiben. Zudem dachten wir an all die anderen Menschen, die versucht hatten, uns von der Reise ins Unbekannte abzuhalten, indem sie diverse Risiken übertrieben hatten.

Aus eigener Erfahrung konnten wir lernen, diesen pessimistischen Warnungen wenig Beachtung zu schenken. Wir glaubten, die Gefahren auf dem Weg seien nicht mehr und nicht weniger als diejenige, die es im Leben gibt. Die Tatsache, dass wir am Leben sind, setzt uns gewissen Gefahren aus, aber voll und ganz zu leben bedeutet, sich dem Risiko zu öffnen. Wenn wir ständig übervorsichtig sind, wenn wir uns dem Unerwarteten, dem Unbekannten gegenüber verschließen, wird unser Leben unterdrückt, und unsere Existenz zu einer langweiligen Routine reduziert. Kein Risiko einzugehen wird zu einer Gewohnheit, und Gewohnheiten werden schnell zu Abhängigkeiten. Die Sucht, »auf Nummer sicher zu gehen«, stumpft unser Leben ab und ist eine Beleidigung für unsere Lebensenergie, die sich immer dann erneuert, wenn wir unser Vertrauen in sie setzen: jedes Mal, wenn wir ein Risiko eingehen.

Simpson schreibt in seinem Buch »Reisen in die Wildnis Ecuadors und die Erforschung des Putumayo«:

»Im zivilisierten Teil des Landes wird der Orient « (in diesem Fall der Fluss Putumayo) »nicht mehr und nicht weniger als Inferno betrachtet. Wer ihn betritt, lässt die Hoffnung zurück. Wer dorthin ging, war nicht normal, war ›fast verrückt‹, wie die Leute sagten, angesichts der ›wilden und mörderischen Stämme‹, der Schlangen, Jaguare und der Krankheiten, die durch Müdigkeit, schlechte Ernährung und die ständige Einwirkung des feuchten und insektengeplagten Klima verursacht wurden. Doch kein wahrer Wanderer kann lange leben [...] ohne das wachsende Verlangen zu hegen, das Unbekannte zu erforschen.«

Beim nächsten Fächeln sagte uns Espíritu: »Ich habe bereits mit der Person gesprochen, die Ihnen Unrecht getan hat. Er bat mich, dich in seinen Händen zu lassen, und ich antwortete: ›Okay, das tue ich, aber zuerst werde ich sie reinigen.‹ Diese Person senkte dann den Kopf und ging traurig davon.«

Tage später gab mir Espíritu die letzte Heilung. Als

13 Das Krankenhaus von Espíritu

er mich zum letzten Mal anfächelte, sagte er mir, dass ich nun frei von dem Mann wäre, der mir das Unrecht getan hatte, und dass ich von nun an von einem anderen Geist begleitet werden würde.

Danach fühlte ich mich erleichtert, als wäre mir eine große Last vom Herzen gefallen. Dennoch traten an beiden Beinen immer mehr Flecken auf, obgleich sich meine Wunde verkleinert hatte und weniger schmerzhaft war. Ich schrieb in mein Tagebuch: »Ich werde sehr geduldig sein müssen. Meine Genesung wird noch eine ganze Weile dauern.«

Eines Tages überraschte uns ein lautes plätscherndes Geräusch aus dem Fluss. Es war der Beginn der *Subienda* (wörtlich: Aufwärtsbewegung), wenn Tausende von Fischen den Fluss hinaufziehen, um sich zu paaren. Espíritu und Miguel angelten den ganzen Tag und kehrten erst bei Einbruch der Dunkelheit mit dreißig Fischen zurück: *Palometas*, *Lisas* und *Bocachicos*. Nach dem Abendessen erzählte uns Espíritu von der Schule San Rafael in El Encanto. Früher, wenn ein Kind krank wurde, schickte Pater Miguel es in die Krankenstation der Schule. Er erlaubte den Eltern nicht, ihre Kinder mit nach Hause zu nehmen, sondern bestand darauf, dass die Kinder unter der Obhut der Krankenschwestern oder schließlich des Arztes im Schulkrankenhaus blieben. Es gab viele Fälle von Kindern, die an Krankheiten wie Masern, Keuchhusten und Hepatitis starben. Das lief nun ganz anders ab. Pater Miguel erkannte, dass unter den Uitotos viele der Eltern traditionelle Heiler waren. Nach zahlreichen gescheiterten Heilversuchen mit der modernen Medizin zog er es vor, die Kinder in die Obhut der lokalen Heiler zu geben. Er verstand, dass diese Menschen wirksamer waren.

Espíritu erzählte uns eine weitere außergewöhnliche Geschichte aus seinem Leben. Er hatte einst mit einer sehr großen Kokaplantage viel Geld verdient.

»Dann begann ich mich zu verschulden und kaufte Lebensmittel für die Arbeiter auf Kredit. Zu einem Zeitpunkt hatte ich sogar drei Motorboote, zwei Gewehre, aber nach und nach geriet ich an die Droge und wurde süchtig nach *Basuco*. Schließlich stand ich vor dem Nichts. Sogar meine damalige Frau verließ mich. Als ich das sah, bemühte ich mich, die Droge aufzugeben. Ich lebte ganz allein, als eines Tages der Cousin meiner jetzigen Frau vorbeikam. Er bot mir an, bei ihm und seiner Frau zu wohnen, und so zog ich bei ihnen ein. Vier Tage lang ging alles gut, aber am fünften Tag lud mich der Mann ein, etwas *Aguardiente* mit ihm zu trinken. Nach ein paar Drinks sagte er plötzlich: ›Ich habe ein bisschen Crack bei mir; warum drehen wir nicht einen Joint? Nur einen.‹ Ich war schon ein bisschen betrunken und stimmte zu, aber der Typ hatte eine Menge von dem Zeug. Da ich noch etwas Geld bei mir hatte, ging ich in die Stadt, um *Aguardiente*, Zigaretten und Streichhölzer zu kaufen... Das war in El Estrecho, Peru. Wir verbrachten die ganze Zeit mit Rauchen und Trinken, aßen absolut nichts und aus Angst, von der Polizei entdeckt zu werden, gingen wir direkt in den Dschungel. Dort wurden wir oft von winzigen Ameisen angegriffen, die einen schmerzhaften Biss hatten. Aber das störte uns nicht; wir wollten nur weiter rauchen und trinken. Ich rauchte in aller Ruhe, als wäre es nichts anderes als Tabak. Aber der andere drehte sich eine riesige Zigarette! Er zündete sie an und saugte den Rauch ein, indem er die Hände darüber hielt. Ein Zug und es waren nur noch Asche übrig. Auf diese Weiser rauchte er eine nach der anderen. So ging es

13 Das Krankenhaus von Espíritu

einen ganzen Monat lang weiter.

Unser einziges »Essen« war das *Aguardiente*. Eines Tages ging ich wieder in die Stadt, um weitere Getränke und Zigaretten zu kaufen. Der Ladenbesitzer schaute mich seltsam an und fragte mich vor allen Leuten: ›Was ist denn mit Ihnen passiert? Sie haben eine sehr schlechte Hautfarbe.‹ Und er begann mich auszufragen, warum ich so blass und gelblich aussähe und ob ich krank sei. Ich schämte mich so sehr, dass ich beschloss, mit allem aufzuhören, und versprach mir, nie wieder in meinem Leben dieses Zeug zu berühren. Ich kaufte etwas zu essen sowie Zigaretten und *Aguardiente*. Als ich zu dem Typen in den Dschungel zurückkam, sagte ich ihm, dass ich damit nicht weitermachen würde. Ich gab ihm das *Aguardiente* und die Zigaretten. Er wurde wütend, als er merkte, dass ich mich nicht von ihm überreden lassen würde.

Ich verließ ihn und ging zum Haus seiner Frau, um ihr das vorher gekaufte Essen zu geben. Sie war am Weinen, weil sie nicht wusste, was sie mit ihren hungernden Kindern tun sollte. Sie bereitete eine Mahlzeit zu und servierte mir einen Teller voll, aber ich merkte, dass ich nichts essen konnte. Ich konnte nichts bei mir behalten. An diesem Tag ging ich in Begleitung eines der Söhne der Frau in den Dschungel; ich nahm eine Decke und eine Plastikplane mit, um uns nachts zuzudecken. Dort begann ich, nach einer *Higuerillo* zu suchen« (eine kleine, wilde Feige). »Ich reinigte mich mit ihren ölhaltigen Beeren. Auf der Stelle fing ich an zu erbrechen und zu scheißen. Ich wiederholte die Reinigung dreimal und verbrachte die ganze Zeit mit Scheißen und Erbrechen. Das Erbrochene kam schwarz, dann grün heraus. Endlich spürte ich Erleichterung und schlief ein. Wir verbrachten ein paar Tage im Wald. Ich jagte Hirsche und fischte. Von diesem Tag an begann ich, mich gut zu ernähren und mein Leben änderte sich.«

Espíritu erzählte uns: »Hier in Granada ist der Boden schlecht. Es gibt sehr viele Stoppelfelder. Die Ursache davon sind die Weideflächen, die die »Casa Arana« hinterlassen hat. Hier in Granada und weiter stromaufwärts in San José war das Zentrum der Kautschukausbeutung. Die traditionelle Kautschukgewinnung führte zu einer Massenabholzung von Bäumen, da die Nachfrage nach Kautschuk immer weiter stieg. Das Ergebnis war eine Umweltkatastrophe[1].«

So war es nicht verwunderlich, dass wir eine gewisse traurige Energie in dieser Gegend spürten. Die Indianer waren aufgrund der »zivilisierten« Eindringlinge und ihrer zahlreichen Grausamkeiten zerstreut und desorientiert. Die berüchtigte »Casa Arana«, weltbekannt für ihre Völkermorde zu Beginn des 20. Jahrhunderts, war eine anglo-peruanische Firma, die von der Familie Arana und vier englischen Kommissaren gegründet worden war und Kautschuk im Putumayo ausbeutete. Ein Bericht, der unter dem Titel »Das Teufelsparadies von Putumayo« erschien, beschrieb, wie »die bewaffneten Banden der Familie Arana freie Hand seitens der peruanischen Regierung erhielten, die Pu-

---

[1]Umweltkatastrophe: »In jenen entscheidenden Jahren zwischen 1892 und 1914, als Kautschuk noch aus den tropischen Wäldern gewonnen wurde, bevor Plantagenkautschuk zu einer Hauptversorgungsquelle wurde, wurden extreme Verbrechen begangen. Die Geschichte des wilden Kautschuks ist eine Horrorgeschichte apokalyptischen Ausmaßes. Die Manipulation des Kautschukmarktes löste im zwanzigsten Jahrhundert eine Reihe von Völkermord-Episoden aus. Es hat das Gesicht der tropischen Regionen für immer verändert«; Auszug aus einem Artikel von Angus Mitchel.

13 Das Krankenhaus von Espíritu

tumayo Region zu erobern und die kolumbianischen Siedler zu unterdrücken, zu töten und zu vertreiben. Die friedlichen Indianer waren Opfer, die sich nicht gegen diejenigen wehren konnten, die über sie wie folgt sprachen: ›Sie sind Tiere, Señor, keine Menschen.‹«

Im Jahr 1911 reiste Roger Casement[1], der britische Konsul in Rio de Janeiro, nach Putumayo, um die dortigen Praktiken bei der Kautschukgewinnung zu untersuchen. Er schickte einen ausführlichen Bericht an Sir Edward Grey in London, in dem er die entsetzliche Behandlung der indianischen Bevölkerung erörterte:

»Die Indianer wurden nicht nur wegen der schlechten Leistung bei der Kautschukproduktion ausgepeitscht, sondern auch, noch grausamer, wenn sie es wagten zu fliehen. Wurden die Flüchtenden gefangen, wurden sie durch brutale Geißelung bis zum Tod gefoltert... Unzählige Morde und Folterungen an wehrlosen Indianern; Männer, Frauen und Kindern – mit Benzin übergossen und angezündet; Kinder mit zerschlagenen Schädeln; verstümmelte Indianer ohne Arme und Beine, gelassen um qualvoll zu sterben.«

Casement kam zu dem Schluss, dass die indianische Bevölkerung durch diese schrecklichen Verbrechen wahrscheinlich »um drei Viertel reduziert wurde«.

Über hundert Jahre vor der Kautschukausbeutung im Amazonasgebiet hatten die Indianer schrecklich grausame Behandlung durch Missionare ertragen müssen. In seinem 1800 erschienenen Buch »Vom Orinoko zum Amazonas« beschreibt Alexander von Humboldt einen Fall, der sich in der Mission in den Raudales ereignete:

---

[1]Roger Casement: siehe weitere Informationen am Ende des Buches.

»Es gab das Problem, nicht genügend Macos- und Guhibos-Indianer zur Hand zu haben, die das Labyrinth der kleinen Kanäle und Wasserfälle, welche Stromschnellen und Katarakte bilden, kennen würden; daher steckte man zwei Indianer über Nacht in eine Falle, das heißt, man legte sie auf den Boden und steckte ihre Beine durch Ausschnitte in zwei Holzstücken, um die man eine Kette mit einem Schloss legte. Am frühen Morgen weckte uns das Schreien eines jungen Indianers, der mit einem Seekuhriemen grausam gepeitscht wurde«.

Eines Tages im Morgengrauen verließ Espíritu das Haus. Er wollte nach San Vicente, etwa drei Paddelstunden flussabwärts, um Geld einzutreiben, das ihm jemand schuldete. Am selben Tag traf ein Freund von Espíritu ein. Don Rafael, ein kleiner, fröhlicher Mann, war der Vater von German und Afra. Er lebte allein in der Wildnis an der Quelle eines kleinen Flusses, drei Paddelstunden von der Mündung entfernt. Vor Jahren hatte ihn seine Frau verlassen, um in Puerto Leguizamo zu leben. »Sie hatte es wirklich satt, im Dschungel zu leben«, sagte Don Rafael, ohne ein einziges Anzeichen eines Vorwurfs. Offensichtlich war dieser ältere Mann sehr zufrieden mit seinem Leben. Doch als wir ihm von unserer Reise erzählten, gab er zu, etwas neidisch zu sein. Frei den Fluss hinunter zu reisen, von Dorf zu Dorf – das war seine Vorstellung von einem wunderbaren Leben.

Espíritu sollte noch am selben Abend zurückkehren. Allerdings war er vier Tage später immer noch nicht aufgetaucht. Das Essen wurde knapp; der Fischreichtum während der *Subienda* hatte sich allmählich gelegt. Miguel gelang es, einen großen Piranha und eine *Lisa* zu fangen, die wir mit Vitelia und den Kindern teilten.

13 Das Krankenhaus von Espíritu

Als Beilage gab es die *Mojojois*, riesige cremefarbene Larven, die in der *Canangucho*-Palme lebten. Es war üblich, sie gegrillt zu essen, aber manche Leute genossen sie auch roh – lebendig. Diese Speise ist voller Öl, schmeckt wie eine Nuss und ist sehr nahrhaft.

Endlich war es Zeit für uns, Abschied zu nehmen. Meine Wunden waren schon viel besser und ich konnte wieder ohne große Schmerzen laufen. Wir hatten vor, noch am selben Tag aufzubrechen, um unsere Reise flussabwärts fortzusetzen. Letztendlich beschlossen wir aber, einen Tag länger zu bleiben, in der Hoffnung, dass Espíritu vor unserer Abreise zurückkommen würde.

Wir kochten die Heilpflanzen und bereiteten eine gute Menge Rindenasche zu, damit wir die Behandlung meiner Wunden unterwegs fortsetzen konnten. Für den ersten Tag war geplant, das Haus eines Mannes namens Miguel Cordoba zu erreichen. Er lebte in Santa Barbara, einen Tag von Espíritu's Haus entfernt. Laut Espíritu besaß Miguel Cordaba in seinem Garten einen Baum *Palo de arco*, dessen Rinde in Verbindung mit *Chuchuhuasa* ein ausgezeichnetes Tonikum und Blutreinigungsmittel sein sollte.

In dieser Nacht kehrte Espíritu zurück. Am nächsten Morgen waren wir früh auf den Beinen, um die frischen, frühen Morgenstunden zu nutzen. Wir wollten noch vor dem Frühstück aufbrechen und unterwegs essen. Miguel bereitete die Kanus vor: Er befestigte das kleine Keilkanu wieder an dem großen, und ich sammelte die Bettwäsche, die Hängematte, die Kochtöpfe und unsere Kleidung ein. Zudem kochte ich die Kräuter auf, um die Wunde noch vor unserer Abreise abzuwischen. In der Zwischenzeit hatte Vitelia das Essen vorbereitet. Vor der Abreise genossen wir noch ein schmackhaftes Frühstück aus gebratenem Fisch, den Espíritu am Abend zuvor harpuniert hatte.

Wir fragten Espíritu, wie viel wir ihm für seine Heilung und die Gastfreundschaft schuldeten. Espíritu antwortete, er heile aus Liebe und erwarte keine Vergütung. Daraufhin schenkte ich Vitelia einige Dinge: einige kleine Taschen aus *Chambira*-Fasern, die ich für die Kinder gehäkelt hatte, ein Paar Schuhe für das Baby, eine kleine Schere, ein Feuerzeug, ein gebrauchtes Hemd für Espíritu und ein Stück Stoff für Vitelia, aus dem sie sich eine Bluse nähen konnte. Miguel gab Espíritu 10.000 Pesos. Dann nahm Espíritu Miguel mit zu seiner *Chagra*, aus der sie eine große Traube Kochbananen holten, die Espíritu uns zum Abschied schenkte.

Wir dankten ihnen für ihre Gastfreundschaft, die Großzügigkeit und Freundlichkeit, und zum ersten Mal verstand ich die wahre Bedeutung des Wortes »Hospital«, welches ohne Gastfreundschaft nicht existieren kann.[1]

---

[1] Ein Wortspiel; aus dem Englischen »hospitality«: Gastfreundschaft (Anmerkung des Übersetzers).

14 Heilungsmethoden gegen Hexerei

»Stimmt es, dass die Indianer nackt baden?«
»Natürlich. Warum? Badest du selber nicht nackt?«

Kurz bevor wir ablegen wollten, zog ein riesiges Schiff an uns vorbei. Sein Kielwasser erzeugte gewaltige Wellen, die laut gegen das Flussufer schwappten. Ich hatte mich beeilt, um wegzukommen, bevor die Sonne zu stark wurde, aber ich dankte dem Schicksal, dass wir zurzeit nicht mitten im Fluss waren.

Espíritu erzählte uns, dass diese großen Schiffe früher sehr schnell fuhren und die Wellen, die sie hinterließen, gigantisch waren. Viele Kanus waren gesunken und die Einheimischen hatten ihre Waren verloren. Ein oder zwei Mal starben sogar Menschen. Es gab Beschwerden und man verabschiedete das Gesetz zur Verlangsamung der Flussfahrten, aber wir waren selber Zeugen davon, dass diese Schiffe immer noch eine Bedrohung für die Flussbewohner darstellten.

Die Sonne war stark, als wir schließlich loslegten. Miguel bestand darauf, dass ich mich unter das Palmblattdach in den Schatten begebe, während er weiterhin vom Heck aus paddelte. Was für eine luxuriöse Reise für mich! Ich streckte mich entspannt unter den Palmblättern aus, legte die Füße hoch und betrachtete das Panorama. Nach einer Weile sah es nach Regen aus. So kroch ich aus meinem Versteck heraus, um die Plastikplane über dem Eingang zu befestigen, und erblickte ein Boot am Horizont. Da kein Motorengeräusch zu hören war, dachte ich, es sei vielleicht ein Kanu. Es näherte sich jedoch unglaublich schnell, und Miguel vermutete, dass es sich um einen »Piranha« handeln könnte, ein Motorboot, das die kolumbianische Armee und die Drogenbekämpfungsbehörde einsetzten, um illegale Labore zur Herstellung der Kokapaste zu zerstören.

Mit zwei leistungsstarken Motoren ausgestattet – jeweils mit 200 PS – sowie einem massiven Maschinengewehr am Bug, bat ein solcher »Piranha« Platz für vierzig Soldaten.

Unglücklicherweise setzte man das Boot in wenig bewohnten Gebieten ein, wo es nur sehr kleine Koka-Felder, *Cocales*, gab. Die *Cocales* gehörten armen kolumbianischen Bauern oder Indianern. Die Soldaten auf den »Piranhas« mit ihrer hochentwickelten Bewaffnung waren nicht in der Lage, tiefer in den Dschungel vorzudringen, wo die Mafia ihre großen Labore hatte, und ließen ihren Frust an den ärmsten Flussbewohnern aus.

Die »Piranhas« waren berüchtigt dafür, so manches Bauern- und Indianerkanu bereits versenkt zu haben, weil sie bei hohen Geschwindigkeiten ein riesiges Kielwasser hinterließen. Wir erinnerten uns an Mauro, einen Secoya-Indianer aus der Gemeinde San Belin, dessen Kanu, voll beladen mit gesalzenem Fisch, im Hafen von Puerto Leguizamo versenkt wurde. In Mauros Fall befand sich der von jungen Soldaten gesteuerte »Piranha« in einiger Entfernung auf der anderen Seite des Flusses, jedoch waren die Wellen am Hafen enorm. Alle Fische sowie einige Tontöpfe und Kleidungsstücke gingen verloren, und Mauros dreijähriger Sohn wäre beinahe ertrunken. Um Unglücke dieser Art zu vermeiden, hatten die Soldaten damals den Befehl bekommen, die Geschwindigkeit zu drosseln, jedoch rasten die jungen Soldaten weiterhin mit halsbrecherischer

14 Heilungsmethoden gegen Hexerei

Geschwindigkeit mit diesen monströsen »Spielzeugen« herum.

Das Boot kam näher. Wir erkannten, dass es tatsächlich eines dieser »Monster« war. Wie es der Zufall wollte, waren wir in diesem Moment gerade an einer Flussverzweigung und wollten eine Abkürzung durch den kleinen linken Seitenarm nehmen. Der »Piranha« raste auf der anderen Seite des Flusses, so dass wir nicht die volle Wucht der Wellen abbekamen. Zum zweiten Mal an diesem Tag mussten wir dem Schicksal danken.

Als wir bei einer kleinen Siedlung auf der kolumbianischen Seite ankamen, fragten wir nach Santa Barbara, unserem eigentlichen Ziel, und waren sehr überrascht zu erfahren, dass wir es bereits passiert hatten. Es war noch so früh am Tag: Dem Stand der Sonne nach konnte es nicht mehr als zwei oder drei Uhr nachmittags sein. Wir paddelten weitere zwei Stunden flussabwärts, bis wir eine kleine Hütte erreichten, die ebenfalls auf der kolumbianischen Seite lag. Eine Frau erschien und bestätigte uns, dass wir tatsächlich an Santa Barbara vorbeigefahren waren. In Santa Barbara wohnte der Heiler, den Espíritu uns so empfohlen hatte. Die Frau bot uns einen Platz für die Nacht an. Sie hieß Lucia und lebte mit ihrem Mann, ihrer Tochter und ihrem Schwiegersohn, einem Señor aus Leticia.

Sowohl Lucia als auch Paulo waren Uitoto-Indianer. Wie sie uns erzählten, waren an diesem Nachmittag zwei »Piranhas« voller Soldaten vorbeigekommen. »Alle Soldaten hatten Maschinengewehre. Meistens laufen sie durch das Dorf und richten bei den armen Leuten am Fluss schreckliche Schäden an: Sie töten, brennen *Chagras* und Häuser nieder«, beklagte sich Paulo.

Am nächsten Morgen schenkte uns Lucia vier geräucherte Fische für unsere Weiterreise und einen großen, dicken *Casabe*-Pfannkuchen nach Uitoto-Art. Sie teilte uns mit, dass wir nur eine Tagesreise von dem alten Indianischen Heiler Rafael Macario entfernt waren. Daraufhin spürten wir noch einmal die Hand des Schicksals, die uns diesmal schnell stromabwärts führte, damit wir den Heiler früher als gedacht erreichen könnten.

Wir kamen am späten Nachmittag in Flor De Agosto an und hielten kurz, um *Aguardiente* und Tabak zu kaufen. Da sie häufig bei Heilungsritualen verwendet werden, wollten wir sie dem Heiler mitbringen. Miguel fragte also nach dem nächstgelegenen Laden, in der Annahme, dass es in einem so großen Dorf wie Flor De Agosto mindestens einen geben würde. Seltsamerweise teilte man ihm mit, dass es dort keine Geschäfte gäbe, aber eine Stunde weiter flussabwärts, hinter Rafael Macarios Haus, sich ein Laden befinden würde, der alle möglichen Waren verkauft.

Der Weg von Flor De Agosto zum Haus des Heilers auf der peruanischen Seite des Flusses dauerte über eine Stunde. Rafael Macario war der alte Mann, den Afra, unsere Uitoto-Freundin aus El Encanto, uns empfohlen hatte. Als wir an der Anlegestelle ankamen, schien niemand zu Hause zu sein.

Wir kletterten eine Leiter hinauf, die aus einem kleinen Baumstamm mit herausgehackten Stufen bestand, und fanden uns in einem großen Raum wieder. Im hinteren Teil befand sich eine erhöhte offene Feuerstelle, mit ein paar Kochtöpfen aus Aluminium, einigen Tassen und zwei oder drei Löffeln. Der Hauptraum, in dem sich auch die Küche befand, war zu drei Seiten hin offen und ließ viel Licht herein. Von dort aus erstreckte sich eine Aussicht auf die üppige Vegetati-

14 Heilungsmethoden gegen Hexerei

on; riesige Kochbananen und Yuca-Pflanzen wuchsen um das Haus herum. Einige kleine, hellgrüne papageienähnliche Vögel flogen ein und aus, und im Haus lebte eine Taubenfamilie: der Vater, die Mutter und das Tauben-Baby.

Neben dem großen Raum gab es noch einen kleinen ohne Tür. Dort in einer Ecke lag ein Mann auf dem Boden. Er erzählte uns, dass Don Rafael auf der anderen Flussseite fischen war. Mir fiel auf, dass dieser Mann eine sehr gelbe Hautfarbe hatte und ich war nicht überrascht zu hören, dass er gerade einen schweren Anfall von Malaria hinter sich hatte. Durch die Krankheit sah er sehr blass und blutarm aus.

Während wir auf die Rückkehr von Don Rafael warteten, erzählte uns der kranke Mann eine lange Geschichte über sein Leben als Besitzer einer großen Kokaplantage in San Martin, einer Stadt in Peru. Er berichtete von der Mafia, die kam, um das Kokain zu kaufen, und von den Prostituierten. Die begehrtesten Mädchen waren die Kolumbianerinnen, die zu den Zeiten des Booms bis zu »ein Kilo Kokain pro Fick« verlangten. Er erzählte, wie Banden junger Männer kamen, um Koka-Blätter zu pflücken, und wie ein Mafioso die Koka-Bauern terrorisierte, indem er die Preise kontrollierte. Er zwang sie, zu den von ihm festgelegten Preisen zu verkaufen. Im Endeffekt konnten die Menschen in der Gegend ausschließlich an ihn verkaufen, ansonsten riskierten sie ihr Leben.

Letztendlich beriefen alle Kokabauern eine Versammlung ein und beschlossen, alle zu töten, die der Mafia halfen. Nach Aussage des kranken Mannes kamen dann die peruanischen *Guerillas* und übernahmen die Kontrolle über die Region.

»Was fast noch schlimmer war, zweitausend Männer

kamen ins Dorf und baten um Nahrung: Kochbananen, Yuca, Schweinefleisch. Sie arbeiteten nicht. Sie sagten: ›Wir werden euch vor der Armee beschützen.‹ Aber das war gelogen: Als die Armee kam, verschwanden sie. Einmal gab es eine Konfrontation, bei der zweihundert arme Bauern getötet wurden.«

Der Mann erzählte uns auch von Kämpfen seiner Frau und wie sie sich den »Terroristen« angeschlossen hatte, die dann begannen, ihn zu bedrohen. Als sie versuchten, ihn zu töten, habe er gehen müssen. Ganz ohne Geld kam er nach Kolumbien und suchte nach einem Job. Er arbeitete dann als Tagelöhner in den Kokaplantagen, konnte sich aber nicht an die schlechte Behandlung der Arbeiter durch die Chefs gewöhnen. Jedes zweite Wort war »Hurensohn«. Das gefiel ihm ganz und gar nicht.

»Die anderen Arbeiter schienen sich an der schlechten Behandlung und den Schimpfwörtern nicht zu stören, aber ich schon. Sie bezahlten uns nach den Kilos Kokablättern, die wir an einem Tag sammelten. Für jedes Kilo erhielten wir dreihundert Pesos, was dem Wert eines kleinen Brotes entsprach. Die meisten Arbeiter konnten nicht mehr als fünfzehn bis achtzehn Kilo an einem Tag pflücken. Die Schnellsten schafften manchmal zwanzig Kilo. Alles, was unter zehn Kilo lag, wurde nicht einmal berücksichtigt, das heißt es wurde nicht bezahlt. Der *Patrón* hatte zudem einen Laden, in dem er Kleidung, Kassettenrekorder, Uhren, Zigaretten, Schnaps und mehr verkaufte. Die Arbeiter kauften alles auf Pump und verschuldeten sich natürlich bei dem *Patrón*, sodass sie weiter bei ihm arbeiten mussten. Einige Arbeiter waren schon über fünf Jahre dort und hatten immer noch kein Geld verdient; Das Einzige, was sie hatten, waren Schulden für Dinge, die

14 Heilungsmethoden gegen Hexerei

man ihnen zu sehr hohen Preisen verkauft hatte.

Hier im Putumayo ist die Koka von schlechter Qualität im Vergleich zu der aus meiner Heimatstadt San Martin in Peru. Man braucht dreißig Zentner Kokablätter, um ein Kilo Basispaste herzustellen, während man in meinem Heimatort nur ein Drittel davon für die gleiche Menge benötigt.«

Schließlich kam Don Rafael. Er war ein dünner, alter Mann, strahlte aber aus jeder Pore Lebenskraft aus. Er brachte einige Fische und einen großen Baumstamm mit, warf das Holz auf den Boden und hackte es sofort kein. Drei, vier Axtschläge und schon konnte das Holz verbrannt werden. Nach Einbruch der Dunkelheit blies Don Rafael ein paar Rauchzüge aus seiner *Pielroja*-Zigarette auf meine Wunde und massierte mein Bein. Er hielt kurz an meinem Knie und dem Knöchel an, »um die Kraft der Krankheit zu spüren, *mi Señora*.« Dann sagte er, dass er am nächsten Tag die gekochte Rinde der *Uvos*-Pflanze verwenden würde, um die Wunde zu waschen, und ihre gerösteten und gemahlenen Blätter auf die Wunde zu legen. Die Wunden müssten danach deutlich austrocknen. Dies wäre ein Anzeichen für eine erfolgreiche Behandlung, die man anschließend nur noch einmal wiederholen sollte. »Jetzt können Sie sich ausruhen. Gute Nacht, *mi Señora*.«

In dieser Nacht schlief Miguel im Boot, und ich im großen Raum im Haus von Don Rafael. Die Latten des Bodens, auf dem ich lag, waren aus Holz der Pfirsichpalme und als ich nach oben schaute, konnte ich das Dach aus geflochtenen Palmblättern sehen, genau wie das Dach unseres Kanus.

Als ich am nächsten Morgen aufwachte, spürte ich, dass es meinen Wunden viel besser ging. Don Rafael bereitete Kaffee zu. Zusammen mit Miguel machte er sich dann auf die Suche nach Heilpflanzen auf der anderen Flussseite. Kurz nachdem sie weg waren, tauchte ein Mann auf. Es war der Bruder von Don Rafael.

Er war etwas jünger als Rafael und viel gesprächiger. Die Geschichte, die er erzählte, interessierte mich sehr, weil sie den Stamm der Secoyas etwa dreißig Jahre zuvor beschrieb.

»Vor vielen Jahren war ich einmal sehr krank. Ich hatte hier« – er zeigte auf sein Herz – »schreckliche Schmerzen, die unerträglich geworden waren. Ich dachte, ich würde bald sterben. Tag und Nacht konnte ich keine Linderung finden. Schließlich empfahl mir ein Freund, eine Reise zum Stamm der Secoya-Indianer am Fluss Yubineto zu unternehmen. Als ich an der Mündung des Yubineto ankam, traf ich auf den Chef der Indianer. Wie hieß er nochmal?«

»Mauricio?«, wagte ich es. Wir hatten Geschichten über einen gewissen Mauricio Levi gehört, den Großvater von Nelson Levi, der heute noch an der Mündung des Yaricaya lebt.

»Ja, das ist er, Mauricio Levi. Er lebte dort, an der Flussmündung. Er sagte mir, dass ich bis zum nächsten Tag warten müsse, wenn ich die Secoyas treffen möchte, da sie an diesem Tag vorbeikommen sollten. Also wartete ich. Am nächsten Tag kamen einige Indianer an. Die Frauen hatten oben nichts an« – er zeigte auf seine Brust – »und nur ein kurzes Röckchen aus einer Baumrinde. Die Männer trugen nur eine *Tapa rabo*[1] aus demselben Stoff. Als die Frau des Chefs sie kommen sah, holte sie eine große Tasche mit Armbändern und Halsketten heraus, die alle aus diesen bunten Perlen, den *Chakiras*, bestanden. Die Indianer nahmen

---

[1] *Tapa rabo*: (wörtlich) eine Hinternbedeckung.

14 Heilungsmethoden gegen Hexerei

die Armbänder und Halsketten und legten sie an, ohne ein Wort zu sagen.

Als die Männer sahen, dass ich Zigaretten hatte, kamen sie zu mir und berührten die Schachtel, um eine zu kriegen. Ich gab ihnen eine nach der anderen. Sie rauchten und kamen dann zurück, um mehr zu holen, bis zwei komplette Packungen leer waren. Ich dachte mir, ich sollte sie lieber nicht sehen lassen, dass ich noch mehr hatte, sonst würde das sehr teuer werden. Aber später verriet mir der Chef, dass ich den Indianern eine Menge Zigaretten als Bezahlung geben sollte, wenn ich von ihnen geheilt werden möchte. Die Secoyas mochten Tabak sehr.

Die Indianer übergaben mir eine Menge Tierfelle, vor allem vom *Tigre*« – so nannten die Einheimischen den Jaguar – »und einige Otterfelle, die der Chef als Bezahlung für die bunten Perlen erhielt. Keiner der Indianer fragte nach Kleidung. Sie schienen ganz zufrieden damit zu sein, so herumzulaufen, so nackt. Was sie interessierte, war einzig und alleine ihre Arme und Hälse mit diesen farbigen Perlen zu bedecken. Der Chef rief einen von ihnen und erklärte ihm in ihrer Sprache, dass ich krank sei und dass ich wollte, dass sie mich heilten. Am selben Nachmittag nahmen sie mich in einem ihrer Kanus mit den Yubineto hinauf.

Stundenlang paddelten sie stromaufwärts. Die ganze Zeit über lag ich auf dem Boden des Bootes und die Schmerzen ließen nicht nach. Ganz im Gegenteil, sie wurden immer schlimmer. Es fühlte sich an, als würde man mich mit einem Messer stechen. Gegen drei Uhr morgens hielten wir irgendwo an, stiegen aus dem Kanu und liefen weiter durch den Dschungel. Endlich, bei Tagesanbruch, erreichten wir eine riesige Hütte, die hin bis zum Boden aus geflochtener Palme bestand.

Auch die Eingangstür war aus dem gleichen Palmenblatt gefertigt.

Drinnen herrschte Dunkelheit. Gezwungen von den Indianern, legte ich mich in eine Hängematte, die mit *Achiote*-Beeren rot gefärbt war. Ein Secoya-Indianer kam auf mich zu. Schnüre aus Samen klapperten an seinen Armen und Beinen, sobald er sich bewegte. Eine Welle von Angst überfiel mich: Ich war ganz allein unter diesem Haufen von Menschen und kannte kein einziges Wort in ihrer Sprache.«

Der jüngere Bruder von Rafael erzählte weiter: »Sobald die Sonne herauskam, gingen sie alle weg. Ich war allein. Später erschien eine alte Frau mit einem Stück geräuchertem Fleisch und einigen dieser kartoffelähnlichen Gemüse, *Papa-cum*. Sie legte das Essen direkt vor mich auf den Boden. Ich schälte die »Kartoffeln« und aß sie mit etwas Fleisch. Später kam ein Junge herein, und ich versuchte, ihm klar zu machen, dass ich durstig war – ich brauchte Wasser. Der Junge schien es zu verstehen und ging weg. Aber er kam nicht zurück, also stand ich auf und machte mich auf die Suche nach Wasser. Ich folgte einem Weg, der mich zu einem kristallklaren Teich führte. Dort hatten die Indianer drei separate Bereiche bestimmt, die durch Wände aus geflochtenen Palmenblättern voneinander getrennt waren. Ein Bereich war um Trinkwasser zu holen, in dem zweiten wusch sich eine Frau, und der dritte war für was weiß ich gedacht. Diese Menschen, diese Secoya-Indianer sind sehr sauber! Nicht wie wir, die das Wasser von demselben Ort nehmen, an dem wir baden und Wäsche waschen. Komisch, dass sie nackt herumlaufen und nicht zivilisiert sind und so.

Ich ging zu meiner Hängematte zurück. In der Nacht fragten mich einige Männer in Zeichensprache, wo es

14 Heilungsmethoden gegen Hexerei

weh tut. Dann nahmen sie alle *Yagé*. Unter ihnen gab es zwei, die mehr zu wissen schienen, als die anderen. Sie boten mir *Yagé* an, aber ich hatte Angst, es zu trinken. Die Männer fingen an, einige seltsame Gesänge zu singen und zeigten dann auf die linke Seite meiner Brust, ohne sie zu berühren... Oh, aber ich habe vergessen zu sagen, dass sie vorher um mehr Zigaretten gebeten hatten, und da Mauricio Levi mir geraten hatte, eine ganze Ladung mitzunehmen, gönnte ich es ihnen auch. Nun, sobald sie zu singen begannen und mir mit einem Bündel Blätter Luft zufächelten und meine Brust »berührten«, ohne sie zu berühren, spürte ich sofort eine Schmerzlinderung. Zum ersten Mal seit vielen Tagen konnte ich mich ausruhen. Plötzlich, vielleicht um mich zu erschrecken, ich weiß es nicht, tauchte ein Tiger auf, und es war einer von ihnen: einer der Heiler. Der Tiger – ein riesiges Tier! – sprang auf einen Balken im Dach. Ich spürte, wie mir das Blut in den Adern gefror. Aber plötzlich sprang er wieder auf den Boden und es war der Heiler, der lachte.

Als der Morgen anbrach, zeigten sie mir, dass ich gehen durfte. Einige Männer – andere als die, die mich am Tag zuvor dorthin gebracht hatten – nahmen mich an den Armen und eskortierten mich wie Polizisten zurück zum Kanu. Ich war geheilt!«

Don Rafael kam mit den pflanzlichen Medikamenten zurück: den *Boasacha*-Blättern, die geröstet und zu Pulver zerkrümelt werden sollten, und den *Granadilla*-Blättern, die in den Händen zerdrückt und mit Wasser vermischt werden sollten, »um Ihr Blut zu reinigen«, wie Don Rafael sagte.

Miguel holte sauberes, reines Wasser aus einem kleinen See auf der anderen Seite des Flusses und füllte einen Tontopf mit kristallklarem Wasser. Das war einer der Töpfe, die *Abuela* Martina am Yaricaya angefertigt hatte und die wir vorsichtig mit auf die Reise genommen hatten. Meine Wunden wurden gründlich mit dem Wasser der gekochten *Uvos*-Rinde abgespült und Don Rafael tröpfelte das grüne Pulver aus trockenen *Boasacha*-Blättern in jede Wunde. Den Rest des Tages verbrachte ich in der Hängematte. Miguel sammelte Heuschrecken und Würmer als Köder und ging dann zu dem kleinen See auf der anderen Seite des Flusses, um Fische zu fangen.

Don Rafael war ebenfalls weg. Später blickte ich auf den Fluss hinaus und sah den alten Mann in Richtung Haus paddeln. Der Himmel war nun dunkler, was bedeutete, dass uns Regen bevorstand. Schnell, oder zumindest so schnell, wie meine verletzten Beine es zuließen, humpelte ich zu dem großen Kanu im kleinen Hafen und deckte das Heck mit der Plastikplane ab. Der hintere Teil war bereits abgedeckt; dafür hatte Miguel am Morgen vor seiner Abreise gesorgt.

Der Wind blies auf. Es dauerte nicht lange, bis sich die starken Böen in einen Orkan verwandelten. Überall flogen Blätter, Zweige und sogar Äste herum. Kochtopfdeckel, Kleidung und mein Moskitonetz flogen durch das Haus.

Schockiert schauten wir zu, wie der Wind ein Stück vom Dach abriss. Wir hörten riesige Bäume im Wald fallen und auf dem Fluss bildeten sich gigantische Wellen.

Von meinem Unterschlupf aus konnte ich unser Kanu im Blick behalten. Das Palmblattdach wackelte gefährlich im Wind. Die Plastikplanen wurden sehr schnell nutzlos: Sie lagen auf dem Boden des Kanus, erdrückt von großen Pfützen, die den Wind daran hinderten, die Planen mitzureißen.

Der Sturm dauerte über eine Stunde. Als es sich beruhigte, müsste sich Miguel, wie ich dachte, bald auf den Heimweg über den Fluss machen. Ich schaute auf und sah auf dem Wasser etwas, was ich für einen Mann in einem Kanu hielt. In der Annahme, es sei Miguel, senkte ich den Kopf, um weiter zu schreiben. Eine Weile später schaute ich hoch und erkannte, dass das, was ich für Miguel im Kanu gehalten hatte, in Wirklichkeit eine kleine schwimmende Insel aus Erde und Pflanzen war, abgerissenen irgendwo stromaufwärts vom Ufer. Nein, das war noch nicht Miguel.

Die Sonne ging gerade unter, und da wir uns in den Tropen befanden, bedeutete das, dass es bald dunkel werden würde. Das war nichts im Vergleich zu den langen Sonnenuntergängen, die ich aus England kannte.

Don Rafael und der Kranke machten sich Sorgen um Miguel. Warum war er noch nicht zurück? Ohne zu wissen, zu welcher Stelle auf dem kleinen See er genau gefahren war, fragten sie sich, ob ihm während des schrecklichen Sturms etwas zugestoßen war. Er musste nass und verfroren sein, und die Nacht brach nun schnell ein.

Der abnehmende Mond brauchte einige Zeit, um zu erscheinen. Auch ich war besorgt. Miguel war immer der Meinung, dass das Grübeln und die Besorgnis, dass jemandem schlimme Dinge passiert sind, wenn er nicht rechtzeitig zu Hause ist, böse Energien freisetzt, die sich negativ auf die Person auswirken könnten. Ich bemühte mich, meine Gedanken zu kontrollieren, kam aber nicht umhin zu denken: »Warum ist er nicht zurück?«

Flüsse tragen Geräusche über weite Strecken. Ich rief Miguels Namen, aber es kam keine Antwort. Dann rief ich wieder und wieder – ohne Erfolg. Von meinem Standort aus konnte ich die andere Flussseite nicht mehr sehen. Die Entfernung zwischen den Ufern betrug an dieser Stelle über eineinhalb Kilometer. Noch einmal rief ich und schien dann eine sehr schwache, entfernte Antwort zu hören. Ich wartete eine Weile und rief dann erneut. Die Antwort ließ lange auf sich warten und die Stimme war kaum zu hören, aber sie gab mir Hoffnung. Die Dunkelheit war nun vollkommen. Ich rief noch einmal, und die Antwort war viel näher zu hören. Sie kam nicht direkt von gegenüber, sondern von weiter stromabwärts. Ja, Miguel überquerte gerade den Fluss. Die starke Strömung zog ihn offensichtlich flussabwärts.

Endlich kam Miguel am Ufer an. Er hatte keine Fische gefangen und hatte sich nicht getraut, den Fluss im Regen zu überqueren. Er hatte befürchtet, dass der orkanartige Wind wieder aufflammen und ihn mitten im Fluss erwischen würde.

»Ende gut, alles gut«, dachte ich mir. An diesem Abend aßen wir nichts. Don Rafael hatte mir früher am Nachmittag eine große Tasse Kaffee zubereitet: »Gegen die Kälte, *mi Señora*.« Nachmittags trinke ich nie Kaffee, aber diesmal spürte ich, dass ich dieses freundliche Angebot nicht ablehnen konnte, zudem war der Kaffee köstlich. Ich fragte mich jedoch, ob das Koffein mich diese Nacht schlafen lassen würde.

Ich spielte eine Weile auf der Cuatro und Miguel legte sich ins Boot schlafen, sobald er das Wasser von den Plastikplanen im Kanu abgeschöpft hatte. Wenig später beschloss auch ich, mich zur Ruhe zu begeben und kroch unter mein Moskitonetz auf dem Boden im Hauptraum des Hauses. Trotz des Koffeins schlief ich sofort ein. Dann weckte mich aber ein Geräusch vom

14 Heilungsmethoden gegen Hexerei

Fluss aus. Don Rafael war bereits aufgestanden und ich hörte ihn sagen: »Das Ufer fällt runter!« Er rannte schnell dorthin. Miguel schrie wiederholt: »Es fällt auseinander!« Ich hörte das Geräusch von Erde, die ins Wasser fällt.

»Pass auf dein Boot auf!«, rief der alte Rafael Miguel zu. »Es ist ein Stachelrochen!«

»Der Fluss wird den Steg mitnehmen!« Der schwimmende Steg aus Balsaholz war ein Ort, an dem Don Rafael täglich seine Kleidung wusch, badete und Fische ausnahm.

Ich sah zu, wie der alte Mann den Pfosten, der den Steg hielt, herausriss um ihn weiter landeinwärts in den Boden zu rammen. Miguel war damit beschäftigt, große Erdklumpen aufzusammeln, die in das Kanu gefallen waren, und sie in den Fluss zu werfen. Durch das Gewicht der Erde neigte sich das große Kanu bereits zur Seite und das Flusswasser stand fast am Rand. Das Kanu war kurz davor zu sinken!

In diesem Moment tat Don Rafael etwas sehr Merkwürdiges. Er holte zwei Flaschen aus dem Haus und eilte zum Flussufer hinunter. Dann schmetterte er die Falschen gegeneinander und ließ die Glasscherben ins Wasser fallen. Fast sofort hörten die Erdbrocken auf, vom Flussufer herunterzufallen. Die Aushöhlungen des Rochens wurden gestoppt.

Ich konnte nie herausfinden, welche Wirkung die zerbrochenen Flaschen auf den Stachelrochen hatten. Miguel vermutete, dass der Fisch die mit dem Glas vermischte Erde fraß und starb, aber da die Wirkung fast sofort eintrat, fiel es mir schwer, dieser Erklärung Glauben zu schenken. Ich hätte eher behauptet, dass es das Geräusch der zerbrechenden Flaschen war, dass das Tier verscheuchte. Wer weiß das schon? Von Don

Rafael selbst konnten wir nie eine schlüssige Erklärung bekommen, also ist das Rätsel ungelöst geblieben.

Schließlich entfernte Miguel die restlichen Erdklumpen aus dem großen Kanu und band es zusammen mit dem kleinen an dem Teil des Stegs fest, der am weitesten vom Flussufer entfernt war. Nach diesem Schreck hielt er es für besser, im Haus zu schlafen. Als er bei mir war, hörte ich mir seine Version der Geschichte an.

»Zum Glück war ich noch wach, als ich ein seltsames Geräusch im Wasser um das Boot herum hörte. Das Kanu schwankte von links nach rechts. Ich kroch unter dem Moskitonetz hervor und leuchtete mit der Taschenlampe auf das Wasser. Ich konnte sehen, wie sich ein Strudel bildete. Dann sah ich zwei rote Augen, die im dunklen Wasser leuchteten. Zuerst dachte ich, es könnte eine Boa sein. Das Flussufer begann plötzlich, sich zu senken und ein großer Brocken fiel in das Kanu. Gefährlich! Ich sprang aus dem Kanu, als die Erde nachgab. Schrecklich. Das Kanu wäre fast gesunken! Zum Schluss erklärte mir der alte Mann, dass es ein riesiger Stachelrochen war, der sich auf der Suche nach Nahrung durch das Flussufer wühlte.«

In diesen Teilen des Flusses wächst der Stechrochen zu enormen Größen heran. Er kann einen Durchmesser von drei Metern erreichen. Sein offizieller Name ist Riesenmanta; »Manta« bedeutet »Wolldecke«. Die Existenz dieser Tiere sowie der Delfine und solcher Fische wie *Corvina* und *Mojara* scheint zu beweisen, dass diese Region vor Tausenden Jahren ein Binnenmeer war. Alexander von Humboldt erwähnte eine alte indianische Legende, die besagt: »Während einer großen Überschwemmung, als die *Abuelos*, die Großeltern, in ein Boot stiegen, um der Flut zu entkommen, krachten die Meereswellen gegen die Felsen von Encaramada

14 Heilungsmethoden gegen Hexerei

(im oberen Orinoko).«

Am nächsten Abend blies Don Rafael noch einmal Tabak über meine Beine und meinen Körper. Dann massierte er meine Beine mit festen aber sanften Händen. Ich hatte morgens und abends den *Granadilla*-Tee getrunken, und obwohl die Wunden immer noch schmerzten, sahen sie viel trockener aus.

Ein dicker Mann, der den großen Laden unten am Fluss besaß, kam vorbei, um Medizin zu holen. Es war seltsam, einen dickbäuchigen, wohlgenährten Mann zu sehen, der den dünnen Don Rafael um Medizin bat. Als ich Rafaels Essgewohnheiten beobachtete, verstand ich, dass eines der Geheimnisse guter Gesundheit darin bestand, wenig zu essen. Der alte Mann aß manchmal nur einmal am Tag und nie mehr als zweimal.

Don Rafael fragte uns, ob er das kleine Kielboot ausleihen dürfte. Er wollte ein paar Palmblätter holen, um damit das vom Wind zerstörte Dach zu flicken.

Später beobachtetet ich, wie er die Palme auf dieselbe Weise flocht, wie wir es mit dem Blätterdach unseres Kanus getan hatten. Als er fertig war, legte er die geflochtenen Palmblätter zum Trocknen in die Sonne.

Don Rafaels anderer Patient fragte mich nach unseren Plänen, wenn meine Wunden geheilt würden. Ich sagte ihm, dass wir hofften, weitere Indianer entlang des Flusses Yaguas und noch weiter unten am Fluss Cotue zu besuchen. Er überraschte mich mit den Worten: »Oh, natürlich wäre das gut. So könnt ihr sie dominieren und ihre Chefs werden.«

Ich versuchte zu erklären, dass wir nicht die Absicht hatten, so etwas zu tun, sondern dass wir nur lernen wollten, wie die Indianer in ihrer natürlichen Umgebung lebten.

Viele Leute, die wussten, dass wir mit Indianern lebten, stellten einige, oft makabre Fragen, wie: »Stimmt es, dass die Indianer Menschen essen?« Oder andeutungsweise: »Stimmt es, dass sie alle nackt herumlaufen?« Aber die häufigste Frage war: »Und was bringt ihr den Indianern bei?« Unsere Antwort überraschte alle sehr: »Beibringen? Es gibt nichts, was wir ihnen beibringen können. Wir gehen nur hin, um zu lernen, um von ihnen zu lernen.«

Ja, trotz, oder besser gesagt wegen unserer Schulbildung, waren wir nicht in der Lage, den Indianern etwas wirklich Wertvolles beizubringen. Die Indigenen wissen alles, was sie für ihr Leben brauchen. Sie bauen ihre eigenen Häuser, sie fertigen selber ihre Boote, Hängematten und ihre eigenen Utensilien an: Töpfe, Taschen, Harpunen, Blasrohre. Sie wissen, wie man jagt, fischt und wie man das Land bewirtschaftet. Ein Indianer weiß, wie er mit dem Göttlichen kommunizieren kann, indem er die kraftvollen Pflanzen nutzt, die der Dschungel bereitstellt, sei es das Koka-Blatt oder die *Yagé*-Rebe. Dieselben Pflanzen geben die Kraft zu heilen und zeigen den Weg, wie man richtig lebt.

Immer wenn wir einem Indianer ein Geschenk brachten, gab er uns etwas im Gegenzug. Wir schenkten Gegenstände, die wir mit Geld erworben hatten. Selbst die einfachsten unserer Geschenke – ein Kamm, eine Nadel, ein Spiegel, ein Angelhaken – wurden in einer Fabrik hergestellt. Mit dem Prozess ihrer Herstellung hatten wir nichts zu tun; er lag nicht in unserer Hand. Wir wussten nicht, wie man einen solchen Gegenstand herstellt. Selbst wenn wir etwas Selbstgemachtes verschenkten, kamen die von uns verwendeten Materialien wie die Baumwolle, Wolle, Nylon, Leder oder Metall in den meisten Fällen aus Fabriken. Die Indianer hin-

14 Heilungsmethoden gegen Hexerei

gegen schenkten uns nicht nur etwas, was sie selbst angefertigt hatten, sondern auch noch etwas, was aus der *Materia prima*, dem Rohmaterial, entstand. Das Material sammelten und bereiteten die Indianer selber auf, sei es Stroh, Palme, Ton, Holz, Baumwolle oder Knochen.

Wir haben keinen Kontakt mehr mit dem Rohmaterial oder mit der Herstellung der einfachsten Gegenstände unseres täglichen Gebrauchs. Das Wissen, das unsere Grundbedürfnisse erfüllen lässt: die Nahrung, Kleidung oder Wohnung, haben wir verloren. Das einzige »Wissen«, welches wir noch haben, ist wie man Geld macht. Für Geld erhalten wir alles. Aber wegen des Geldes haben wir echtes Lebenswissen verloren und sind völlig ahnungslos geworden, wie wehrlose Kinder mit teurem, immer teurer werdendem Spielzeug. Nein, wir haben nichts, absolut nichts, was wir einem Indianer beibringen könnten.

An regnerischen Tagen erschien ab und zu ein Regenbogen. Mich freute der Anblick und ich brachte ihn immer mit Glück in Verbindung. Nach Meinung der traditionellen Heiler und der lokalen Landbevölkerung konnte ein Regenbogen jedoch gefährlich sein. Dies war der Fall, wenn er auf einen »fiel«, das heißt wenn der Regenbogen zufällig den Körper berührte, während man auf dem Fluss unterwegs war. Er konnte die Haut schädigen, es konnten Wunden entstehen, schmerzhafte Wunden, die sehr schwer zu heilen waren. Wir erinnerten uns an einen Freund, einen Fischhändler, der seine Tage auf dem Fluss in Sonne und Regen verbrachte. Der Regenbogen »fiel« auf ihn und unzählige Wunden erschienen auf der Haut um seine Taille herum. Im Krankenhaus von Puerto Leguizamo konnte man ihm nicht helfen. Schließlich heilte ein Inga-Heiler namens Valerio Grefa diese schrecklichen Wunden mithilfe von Heilpflanzen.

Don Rafael fischte mit Pfeil und Bogen. Eines Nachmittags präsentierte er mir zwei *Bocachicos*, einen köstlichen Fisch mit Schuppen, den ich bei meiner Diät essen durfte. Diesen Fisch konnte man nicht mit Haken und Köder fangen, weil er sich ausschließlich von Schlamm ernährte. Miguel hatte nie gelernt, mit Pfeil und Bogen zu fischen, und fing nur *Simí* und *Picalón*: beides Fische ohne Schuppen, die auf meinem Speiseplan verboten waren.

Ich schenkte Don Rafael eine kleine Tasche, die ich mitgenommen hatte, gehäkelt von mir aus dem von den Secoya-Indianern gesponnenen Garn. Außerdem schenkte ich ihm zwei dieser Patronen, die Miguel in San Rafael am Fluss Caraparaná gekauft hatte. Don Rafael ging fröhlich davon, die Patronen in seiner neuen Tasche um den Hals hängend. Er hoffte, und wir natürlich auch, dass er irgendein Tier zum Abendessen schießen würde. Später kam er mit einem Hokkohuhn zurück. Es war ein wenig dünn und dürr und das Fleisch war ziemlich zäh – wahrscheinlich ein alter Vogel – aber da ich so hungrig war, schmeckte es mir wunderbar.

Eines Tages füllte sich Rafaels Haus plötzlich mit Menschen. Sie waren mit dem Motorboot aus Bagasan gekommen, einem kleinen Dorf, das von peruanischen Mestizen bewohnt war. Vier Fässer des hausgemachten Feuerwassers *Aguardiente* hatten sie dabei, um es in Flor de Agosto zu verkaufen. Dort fand nämlich ein Fußballspiel statt. Die Gäste brachten geräuchertes Fleisch mit und liehen sich Don Rafaels Herd zum Kochen aus. Sie teilten das Essen mit uns allen im Haus.

Ich verkaufte zwei Geldbörsen, die ich in jenen Tagen gehäkelt hatte, und wir kauften eine Gallone des selbstgemachten *Aguardiente*, um eine Medizin mit *Chuchuhuasa* herzustellen. Don Rafael hatte uns eine große Menge dieser Rinde aus dem nahen Dschungel mitgebracht. Wir rieben die Rinde in den *Aguardiente* und der Trunk färbte sich dunkelrot ein. *Chuchuhuasa* ist ein ausgezeichnetes Stärkungsmittel und besonders gut bei steifen Knochen und Rheuma. Ein Glas davon, gefolgt von einem kalten Bad jeden Morgen vor dem Frühstück, wirkt Wunder. Miguel beschloss, am nächsten Morgen mit der Einnahme zu beginnen. Ich selber musste aber damit warten, denn Alkohol würde meine Wunden reizen.

Ein paar Tage später schrieb ich in mein Tagebuch: »Langsam haben wir hier bei Don Rafael die Nase voll. Miguel konnte nur *Simí* und *Picalón* fangen, und jedes Mal, wenn er zum Fischen hinausfährt, muss er anderthalb Kilometer auf die andere Seite des Flusses paddeln, und weitere anderthalb Kilometer hinunter zu dem kleinen See. Die Wunden an meinen Beinen sind immer noch ziemlich schlimm. Die große Wunde an meinem rechten Bein ist ziemlich gut verheilt, aber zu meinem Entsetzen tauchen immer mehr Wunden an meinem linken Bein auf und diese werden schnell recht tief.«

15 Heilung aus dem Dschungel

on Rafael war nicht in der Lage, meine Wunden zu heilen, obgleich uns Leute versichert hatten, dass er sich tatsächlich mit den Krankheiten auskennen würde, die durch Hexerei verursacht wurden. »Für diese Beschwerden ist er der Meister. Dafür ist er berühmt.«

In Flor de Agosto gingen uns die Watte, der Verbandmull und sogar die Stoffreste aus. Es war schwierig, eine hygienische Behandlung beizubehalten, also verließen wir das Haus von Don Rafael. Wir brauchten zwei Tage, um nach El Estrecho zu gelangen: Miguel paddelte die ganze Zeit am Heck und ich streckte mich unter dem Palmblattdach aus, geschützt vor Sonne und Regen, die Beine auf einem Kissen hochgelegt.

Auf zwei gründliche Waschungen mit destilliertem Wasser und Seife und eine Desinfektion mit Jod im örtlichen Gesundheitszentrum reagierte sogar die große Wunde sehr gut. Ich musste mich mit den Krankenschwestern streiten, da sie mir unbedingt Antibiotika verabreichen wollten. Ich versuchte ihnen zu erklären, dass ich meinen Körper aus eigener Kraft heilen lassen möchte, auch wenn das ohne Hilfe von Penicillin länger dauern würde. Wie schwer es ihnen fiel, das zu verstehen! Sie sagten mir, dass ich mit dem Medikament in drei Tagen gesund werden könnte, und ich antwortete, dass ich es nicht eilig hätte. Als ich sagte, dass ich bereit sei, zu warten, bis sich mein Körper selbst und in eigenem Tempo heilt, sahen sie mich an, als ob ich völlig verrückt wäre. Und wenn ich ihrem Drängen nachgeben würde und mir drei Millionen Ein-

15 Heilung aus dem Dschungel

heiten Penicillin ins Blut spritzen lassen würde: Wie würde sich mein Körper dann fühlen?

Sicherlich würde er spüren, dass ich das Vertrauen in ihn verloren habe. Dass ich in Eile und aus Mangel an Geduld den Einzug von »Helfern« zugelassen habe, die – anstatt die Krieger zu unterstützen, die mein Körper selbst produziert – mit explosiven Waffen alles auf dem Weg bombardieren und zerstören. »Söldner«.

Ich musste mich noch sehr gedulden. Meine Wunden sollten nicht mit diesen »Medikamenten« bombardiert werden, sondern auf einen immer stärkeren Widerstand treffen, egal wie lange es dauern würde. Ja, ich wusste, dass ich Geduld haben musste, die Geduld von Hiob. Aber am Ende würden mein Körper und ich triumphieren. Ich erinnerte mich an die Zeit vor etwa zwei Jahren, als ich eine schlimme Infektion in meiner Niere bekam (ich habe nur eine Niere, die andere wurde mir entfernt, als ich zwölf war). Der Urintest ergab eine große Menge an Bakterien, Eiter und anderen Verunreinigungen. Die Ärzte waren Studenten, die gerade ihr letztes Jahr im Krankenhaus in Puerto Leguizamo, Putumayo, absolvierten. Sie bestanden darauf, dass ich ein Antibiotikum einnahm. Ich schimpfte mit diesen jungen *Mata sanos*, den Mördern der Gesunden, wie man Ärzte in Kolumbien nennt. Ich sagte ihnen ganz offen, dass ich nicht die Absicht hatte, Antibiotika zu nehmen. Dann schlug ich ihnen halb im Scherz vor, sie sollten ernsthaft über eine alternative Heilmethode nachdenken, zum Beispiel über Homöopathie.

Immerhin – und hier mussten sie die Wahrheit anerkennen – ist die Geschichte der Schulmedizin voll von komplizierten Nebenwirkungen, die eben durch chemische Medikamente verursacht werden. Hergestellt zum Großteil in ausländischen Laboren, werden die

Medikamente von »Ärzten« verschrieben – Robotern des Systems – die speziell für ihre Verabreichung programmiert wurden.

Ich wollte keine Chemie einnehmen, aber als der Arzt das Ergebnis meines Urintests in den Händen hielt, fragte er spöttisch: »Und wie wollen Sie geheilt werden? Mit Wasser?« Er machte sich sogar über Medikamente wie »Uropol« lustig; wahrscheinlich, weil man ihm beigebracht hatte, nur die modernen Medikamente zu verschreiben, welche erst kürzlich unter neuen Namen auf den Markt gekommen waren.

Nun, er gab mir ein Rezept für eines dieser neuen Medikamente. »Nehmen Sie zehn Tage lang vier Tabletten pro Tag und kommen Sie dann zu einer weiteren Urinuntersuchung wieder.« Ich ging mit Miguel in die Apotheke. Wir baten um ein Buch, das Informationen über alle verfügbaren Drogen enthält, und schlugen die Bestandteile dieser neuen, in den Vereinigten Staaten hergestellten, Droge nach.

Schockiert sahen wir unter den vielen Nebenwirkungen der chemischen Bestandteile solche Reaktionen wie Erbrechen, Anorexie, Depressionen, besonders in den Wechseljahren (ich war damals vierundfünfzig), und in einigen Fällen sogar Wahnsinn oder Tod. Eine durchaus »wirkungsvolle« Medizin, laut Werbung.

Ich beschloss damals, mithilfe einer älteren Freundin, die ihr ganzes Leben auf dem Land verbracht hatte, mich mit Kräutern zu heilen. Sie wusste, welche Kräuter gut gegen Nierenentzündungen waren. Sie wuchsen in der Vegetation am Rande des Dorfes. Dreimal am Tag trank ich Tee aus diesen Kräutern. Ich verzichtete auf Salz und trank viel reines Wasser. In fünf Tagen sollten wir Leguizamo verlassen, also dachte ich: »Nach fünf Tagen dieser Heimbehandlung werde

15 Heilung aus dem Dschungel

ich im Krankenhaus einen weiteren Urintest machen lassen. Wenn sich der Zustand nicht ändert oder gar verschlimmert, muss ich vielleicht das vom Arzt verschriebene Medikament in Betracht ziehen...«

Was für eine freudige Überraschung, als ich die Ergebnisse des Tests erhielt und feststellte, dass meine Niere vollständig geheilt war und normal funktionierte. Der Arzt selbst war sehr überrascht und gratulierte mir sogar. Es war der 31. Dezember. »Sie können heute Abend sogar etwas trinken, wenn Sie möchten.« In fünf Tagen hatte sich mein Körper mithilfe der Diät und der Hausmittel, ohne das Risiko schädlicher Nebenwirkungen, selbst geheilt.

El Estrecho war eine halb errichtete Stadt. Sie war hauptsächlich durch den Handel mit Koka gewachsen. Angeblich tauschten einige kolumbianische Flusshändler aus Puerto Asis ihre Ware gegen die Kokapaste ein. In der kleinen Stadt trafen wir einen Mann, der früher an der kleinen Schule in Yaricaya Lehrer war. Er bot uns freundlicherweise sein Haus an. Dort konnten wir kochen und somit günstig essen, auch wenn durch das Kokaingeschäft selbst die lokal angebauten Produkte exorbitant teuer waren. Nachts schlief ich im Haus auf einer geliehenen Matratze unter meinem Moskitonetz. Miguel übernachtete in unserem Kanu im Hafen. Das Haus befand sich genau gegenüber vom Gesundheitszentrum. Dorthin ging ich jeden zweiten Tag, um meine Wunde waschen und desinfizieren zu lassen, und einen neuen Verbandmull zu bekommen, der sie vor dem Staub und Schmutz der Straßen schützte.

Einige Tage nach unserer Ankunft kam der Chefarzt des Krankenhauses aus Iquitos zurück. Als er meine Wunden sah, bestand er darauf, dass ich Penicillin bekommen sollte. Zu meiner Überraschung erklärte ihm die Krankenschwester, die mich in Abwesenheit des Arztes betreut hatte, lange und ausführlich, warum ich keine Antibiotika wollte. Die Krankenschwester benutzte genau meine Worte: »Sie möchte, dass ihr Körper sich selbst verteidigt. Sie ist nicht in Eile. Sie wird geduldig sein.« Der Arzt machte ein langes Gesicht und sagte in einem wütenden Ton: »Stimmt, aber so wird sie nie gesund.« Der Arzt ging, und ich bemerkte, dass der Krankenpfleger, der in diesem Moment die Wunden routinemäßig säuberte, Tränen in den Augen hatte. Als ich ihn fragte, warum er weinte, antwortete er schluchzend: »Weil Sie nicht gesund werden würden. Ohne die Antibiotika werden Sie nie geheilt.«

»Seien Sie nicht albern«, sagte ich liebevoll. »Ich bin schon fast gesund.«

Der Arzt wurde in Lima geboren. Er war der einzige professionelle Arzt in El Estrecho. Wie die meisten orthodoxen Ärzte verschrieb er automatisch Penicillin für alle möglichen Infektionen. Eines Tages kam zum Beispiel ein kleines Mädchen mit einer leichten Entzündung der Zunge beim Gesundheitszentrum vorbei. Das Mädchen war erst sieben Jahre alt. Sie war sehr blass und dünn, doch spritzte man ihr sofort Penicillin und sagte, sie solle am nächsten Tag für eine weitere Injektion desselben Mittels wiederkommen.

In der tropischen Region des Amazonas gibt es unzählige Heilpflanzen, von denen viele in die Vereinigten Staaten und nach Europa exportiert werden, wo sie wegen ihrer bekannten heilenden Eigenschaften hochgeschätzt werden. Ironischerweise wusste dieser Arzt nichts über sie. Außerdem schien er nicht das geringste Interesse oder den Wunsch zu haben, von den indigenen Heilern mit ihrem jahrhundertealten Wissen etwas

15 Heilung aus dem Dschungel

über diese Pflanzen zu erfahren.

Einer der örtlichen Heiler erzählte mir, wie er Hepatitis geheilt hatte: »Da die Hepatitis eine ›heiße‹ Krankheit ist, das heißt mit innerem Fieber, vor allem in der Leber, wird sie durch eine salzfreie Ernährung geheilt, mit Früchten und Tees aus Pflanzen wie der wilden Korianderwurzel und Safran, die eine kühlende Wirkung zeigen. Auch das Malvenblatt ist ein ›kühlendes‹ Heilmittel; es wird über Nacht in Wasser eingeweicht und vor dem Frühstück getrunken.

In den Krankenhäusern begeht man bei der Behandlung von Hepatitis einen großer Fehler. Es ist, als ob sie nicht wüssten, dass diese Krankheit ›heiß‹ ist, und sie geben dem Patienten zunächst ein Serum. Anstatt dem Patienten zu helfen, verschlimmert dies seinen Zustand ernsthaft. Sehen Sie, dieses Serum ist ›heiß‹: Es enthält Salz. Salz ist ›heiß‹.«

Und ich stand da und fragte mich, warum sie einen Arzt ins Krankenhaus schickten, der keine Ahnung von den Pflanzen dieser Region hat? Pflanzen, die für die Heilung von Krankheiten, die im Amazonas-Regenwald endemisch sind, unerlässlich sind.

Jahre später fiel mir ein Buch in die Hände, das ironischerweise in Peru herausgegeben und von Dr. Eduardo Estrella geschrieben wurde: »Medizinische Pflanzen des Amazonas: Die Realität und die Perspektiven«:

»Die offizielle Medizin war nicht in der Lage, das Gesundheitsproblem der Amazonasgemeinden zu lösen, und stößt bei der indigenen Bevölkerung auf ein Hindernis: Die Patienten konsultieren weiterhin die traditionellen Heiler und Schamanen, die für ihre Heilung gewohnheitsmäßig auf das große Arsenal an Medikamenten aus dem Dschungel zurückgreifen.

Die offizielle medizinische Praxis muss nach anderen Methoden suchen, welche die soziale Dimension dieser beruflichen Tätigkeit berücksichtigen [...] So können wir von den Jahrtausenden an Erfahrung in der Verwendung von Heilpflanzen profitieren.«

Am 24. Juni wird in ganz Peru der Tag des Heiligen Johannes gefeiert. Die Feierlichkeiten beginnen bereits am Vorabend mit Tanz, Trinken und *Juanes*, einer Art Tamale aus Reis, Huhn, Ei und Oliven, die in ein Palmblatt eingewickelt und gekocht werden. In Peru herrscht ein trockenes Klima, das sich gut für den Olivenanbau eignet, im Gegensatz zu Kolumbien, wo Oliven als Luxusgut gelten. Wir genossen das Fest zusammen mit unserem Gastgeber und seiner Familie.

Wir dachten bereits daran, El Estrecho zu verlassen, um unsere Reise flussabwärts fortzusetzen. Zu meinem großen Ärger wachte ich aber eines Nachts mit einer Zahnfleischentzündung auf. Ich spülte mir den Mund mit heißem Salzwasser aus, in der Hoffnung, dass es abklingen würde, aber am nächsten Morgen war mein Zahnfleisch noch mehr geschwollen. Ich befürchtete, dass es sich um einen Abszess handeln könnte, der sich unter der festsitzenden Brücke auf der rechten Seite meines Mundes bildete. Ich fühlte mich sehr niedergeschlagen. Genau zu dem Zeitpunkt, als wir abreisen wollten, hatte mich eine andere Krankheit befallen.

Am nächsten Abend machte ich eine weitere Mundspülung und legte eine Kühlmaske auf meine rechte Wange. Als ich aufwachte, war mein Gesicht immer noch sehr geschwollen. Es war noch früh, etwa vier Uhr morgens, und im Haus herrschte absolute Stille. Draußen zirpten die Grillen, und aus einem nahe gelegenen Bach ertönte das unaufhörliche Quaken der Frösche. Noch war kein Vogel wach. Ich meditierte:

15 Heilung aus dem Dschungel

Ich ging tief in mich hinein, um dem Grund meiner Beschwerden auf die Spur zu kommen. Ich verstand, dass Krankheit durch Unreinheit verursacht wird – nicht nur die körperliche, sondern vor allem die geistige. Ich erkannte und akzeptierte bescheiden meine geistige Unreinheit, meine »Sünde«: Ich hatte einen tiefliegenden Teil meines Selbst vernachlässigt und war mit allem beschäftigt, was im Leben vor sich ging. Mein Verstand war in einem Strudel von Reaktionen auf all die Bombardierungen von außen gefangen. Ein Überfluss von Gedanken. Ich schmiedete Pläne und plante mein Leben. Auf der Suche nach Lösungen hatte ich mein wahres Wesen völlig vergessen. Dieses Wesen zog mich an diesem Morgen für einen Moment zu sich hin. Seine Nähe brachte mir Frieden und das Verständnis, das tausend Worte nicht erklären könnten.

Ich erkannte, dass die Wartezeit vor der Weiterreise in das Herz des Amazonas notwendig war: Wir mussten »gereinigt« werden, bevor wir eine so reine Region betreten konnten. Ich verstand, dass es im Wesentlichen eine spirituelle Reise war. Es war keine eilige Bewegung von A nach B, sondern eine langsame Reise nach innen.

El Estrecho war ein Treffpunkt vieler Händler. Von denen, die hier herkamen, reisten nur sehr wenige weiter flussabwärts. Die Stadt befand sich an einer Engstelle des Putumayo-Flusses, daher der Name »Estrecho«. Die meisten Handelsboote fuhren von Puerto Asis in Kolumbien nach El Estrecho in Peru und umgekehrt. Erst ab El Estrecho begann der echte Amazonas. Vor dem Betreten des großen Amazonas-Dschungels war eine Reinigung erforderlich gewesen.

Wie durch ein Wunder ließ die Schwellung im Laufe des Morgens nach. Durch die Feststellung eigener

Fehler und durch die Wiederfindung meines Wesens entdeckte ich anscheinend das Wesentliche. Vielleicht Gott? Und genau in diesem Moment konnte ich mich selbst heilen.

Einige Jahre später, als ich in die Reiki[1]-Heilung eingeweiht worden war und im Einklang mit der Energie der Lebenskraft lebte, stellte ich fest, dass ich mit meinen Händen nicht nur mich selbst heilen konnte, sondern auch Mitglieder meiner Familie und Freunde sowie Fremde. Nachdem ich meinen Meistertitel erhielt, wurde mir schließlich das Privileg zuteil, viele Menschen in diese wunderbare natürliche Heilungsmethode einzuweihen.

Am nächsten Tag waren wir abfahrtbereit.

---

[1] Reiki: ein japanisches Wort, das »universelle Lebensenergie« bedeutet; eine uralte Heilmethode, die ihren Ursprung in Indien hat. Nachdem sie verloren gegangen war, wurde sie Mitte des neunzehnten Jahrhunderts von Dr. Mikao Usui wiederentdeckt.

16 Ein Wundermittel!

ir näherten uns einem großen Strudel, der flussabwärts zwischen El Porvenir und Nuevo Peru lag. Unser Freund Gerardo »der Einarmige« aus Puerto Alegria hatte uns geraten, jemanden zu suchen, der uns hilft, ihn zu passieren. Starke Winde kündigten einen Sturm an, und wir beschlossen, das Kanu am Gebüsch am Flussufer festzubinden und zu warten, bis der Wind und der Regen aufhörten. Danach würden wir weiterziehen und uns dem furchtbaren Strudel stellen.

Der Strudel klang wütend; wir konnten ihn von weitem hören. Als das riesige Hochufer auf der kolumbianischen Seite des Flusses vor uns auftauchte, wussten wir, dass die Überfahrt hart werden würde. Wir hatten bereits beschlossen, es allein zu tun und niemanden um Hilfe zu bitten, und nun gab es keine Möglichkeit mehr, diese Entscheidung rückgängig zu machen.

Ungeachtet der Ratschläge, in der Flussmitte zu bleiben, wo die Strömung nicht so stark sein sollte, beschlossen wir, den Strudel in Ufernähe auf der peruanischen Seite zu passieren. Diese Entscheidung, in der Nähe vom Festland zu bleiben, wurde vermutlich von Angst geprägt: Unser Selbsterhaltungstrieb deutete uns an, dass wir am Ufer sicherer wären, falls das Kanu kentern sollte. Zu spät entdeckten wir, dass die Leute recht hatten. In Ufernähe war die Strömung erschreckend stark – so stark, dass Miguel es nicht verhindern konnte, dass sich das Heck beim Passieren einer Buschgruppe in einige der Äste verfing. Ich musste am Bug mit aller Kraft paddeln, um das Kanu zu befreien.

Mit viel Schnaufen, Pusten und angestrengtem Stöhnen gelang es uns, das Kanu aufzurichten. Nach einem wilden Kampf mit der Strömung schafften wir es endlich, ihrem Aufwärtssog zu entkommen. Wir bewegten uns nun außerhalb der Gefahrenzone. Als wir am Ufer anlegten, entbrannte ein kleiner Streit zwischen uns. Miguel beklagte sich, dass ich ziemlich schwach gepaddelt hatte, wahrscheinlich weil ich damals außer Übung war. Ich dagegen beharrte darauf, dass er noch nicht gelernt hätte, wie man das Boot vom Heck aus steuert, und sich aufgrund dessen mit dem Heck festgefahren hatte. Wahrscheinlich hatten wir beide bis zu einem gewissen Grad recht. Jedenfalls feierten wir das Passieren dieses Strudels mit einer *Pielroja*-Zigarette und einer Tasse *Aguardiente*, die wir von unseren Freunden im Haus von Don Rafael Macario stromaufwärts gekauft hatten.

Nach einer ruhigen Nacht an einer kleinen Bucht waren wir am nächsten Morgen von einem dichten Nebel umgeben. Das Gegenufer war schwer zu erkennen. Als wir in einen kleinen Nebenfluss einfuhren, sahen wir Dutzende von Affen, die uns einen Moment lang begleiteten und neben unserem Kanu von Ast zu Ast sprangen.

Rote und gelbe Aras flogen über unsere Köpfe hinweg und schrien sich gegenseitig zu. Vor unserem Kanu sprang plötzlich ein grauer Delfin.

Zurück im Hauptstrom des großen Flusses hörten wir auf, zu paddeln und frühstückten Papaya-Früchte und tranken *Canangucho*-Saft. Währenddessen ließen wir das Kanu mit der Strömung gleiten. Dann paddelten wir weiter und befanden uns gegen Mittag in der Nähe von ein paar Häusern auf der peruanischen Seite.

16 Ein Wundermittel!

Dort am Flussufer entdeckten wir einige reife Kochbananen. Wir stoppten, um welche zu kaufen, und hielten es für eine gute Idee, nach dem Verbleib von Don Roberto Gonzalez, dem Freund von Gerardo El Mocho, zu fragen. Wir wussten, dass er irgendwo in der Nähe wohnte. Zu unserem Erstaunen erfuhren wir, dass wir genau richtig waren: Der kleine Hafen, wo unser Boot parkte, war der Eingang zu Don Robertos Haus und die Kochbananen, die wir gesehen hatten, gehörten ihm.

Don Roberto und seine Frau Doña Catalina waren ein sehr freundliches Paar. Sie begrüßten uns mit einem Geschenk, einer großen Kochbananentraube. Sie schenkten uns auch etwas *Mil peso*, eine Palmnuss, die manchmal auch Dschungelmilch genannt wird. Daraus bereitete ich einen Saft, gab grobkörniges Yuka-Mehl *Fariña* dazu und erhielt auf diese Weise einen dicken, cremigen Milchshake. Später lud uns das Ehepaar zu einer Suppe ein, und wir plauderten bis zur Schlafenszeit.

Don Roberto war ein weiterer Mensch mit der Gabe zum Heilen. Als wir ihm von meinen Wunden erzählten, verschrieb er mir Schneckenschalen, um die Heilung der Haut zu fördern. Doña Catalina bereitete die Medizin zu: Sie verbrannte das Schneckenhaus und zermahlte es mit einem runden Stein zu Pulver. Im Putumayo gab es keine Steine, also war der Stein von Doña Catalina sehr wertvoll. Das zerkleinerte Schneckenhaus wurde dann durch ein mullartiges Tuch gesiebt. Das Ergebnis war ein feines, fast weißes Pulver.

Nach dem Waschen der Wunde trug Doña Catalina das Pulver auf und befestigte es mit einem Stück Stoff als Verband. Dann erzählten sie uns eine Geschichte. Vor einigen Jahren kam eine Frau, die regelmäßig ihren

Mann auf einem Flusshändlerboot begleitete, zufällig bei ihnen vorbei und bot Waren zum Tausch an. Als die Frau sich näherte, bemerkten Doña Catalina, dass sie stark hinkte. Die Fremde hatte ein Beingeschwür, das trotz jeglicher Bemühungen, es mit allen möglichen Mitteln zu behandeln, schon seit über acht Jahren nicht heilte. Die Frau hatte sich mit dem Gedanken abgefunden, dass sie es für den Rest ihres Lebens haben würde. Don Roberto verschrieb die Schneckenschalen und als die Frau einige Monate später wiederkam, war das Geschwür verschwunden. »*Santo remedio!* Heiliges Heilmittel!«

Bei Einbruch der Dunkelheit, nach einer Mahlzeit aus *Canangucho* und *Masato de Yuca*, wurde ich gebeten, etwas auf der Cuatro zu spielen und zu singen. Später zog sich Miguel auf das Boot zurück, und ich ließ mich in einer Ecke des Zimmers auf dem Boden nieder, neben Doña Catalina, Don Roberto und einem Mann, der aus der gleichen Region in Peru wie Roberto stammte und sich mithilfe des befreundeten Heilers von einer Blutarmut erholte.

Don Roberto erzählte uns, dass er vor einigen Jahren ein *Cocal* hatte – ein Kokafeld – dieses aber aus Angst vor dem Gefängnis aufgab. Er unterhielt uns mit einer fantastischen Geschichte darüber, wie er einigen kolumbianischen Mafiosi half. Er hatte sie vor vielen Jahren am Fluss Putumayo getroffen. Dann traf er sie in Iquitos zufällig wieder. Sie wollten *Cocoroco*[1] kaufen. Don Roberto kannte einen Mann, der damit handelte, und brachte die Kolumbianer zu ihm. Sie kauften schließlich zweihundert Kilo Basispaste und Don Roberto, der mit einem Polizisten befreundet war,

---

[1] *Cocoroco*: aus dem Spanischen, umgangssprachlich »Kokain«.

16 Ein Wundermittel!

half ihnen, die »Ware« zum Motorboot im Hafen zu bringen. Die Mafiosi zahlten dem Polizisten und Don Roberto jeweils fünfhundert Dollar für ihre Hilfe.

Später erzählte er uns eine andere Geschichte über die Jugendlichen, die auf Kokafeldern arbeiteten:

»Ihre Situation ist schrecklich: Während sie auf ihren Lohn warten, fangen sie an, alles Mögliche auf Rechnung zu kaufen: Kleidung, Schnaps, Radios, Kassettenrekorder, alles zu einem dreifach höheren Preis, als in den Häfen. Sie verschulden sich und werden zu »Gefangenen« des Patróns. Das ist sehr traurig. Sie glauben, sie werden ein Vermögen machen.«

Wir erkundigten uns nach den Yaguas, einem Indianerstamm, den wir unbedingt kennenlernen wollten und der entlang des Flusses Yaguas, einem Nebenfluss des Putumayo, lebte. Don Roberto informierte uns, dass diese Indianer heutzutage praktisch Sklaven eines reichen Peruaners namens Carlos Escudero waren:

»Dieser Mann lässt die Indianer Bäume fällen. Auch sie sind verschuldet. Für ein Hemd oder eine Machete wird der arme Indianer zum Sklaven, genau wie die Jugendlichen, die in den *Cocales* arbeiten. Das Gleiche geschieht am Fluss Algodon mit den Orejones, den Großohr-Indianern.«

Es tat uns leid, all dies zu hören, denn wir hatten vor, den Yaguas stromaufwärts zu paddeln, um den Stamm zu treffen. Wir waren davon ausgegangen, dass die Yagua-Indianer sehr naturverbunden leben würden, noch unberührt von der Zivilisation. Aber nein, die »Bestie« hatte auch sie im Griff; sie ist bis in die hintersten Winkel der Erde vorgedrungen. Die wahnsinnige Gier nach Geld zerstört die letzten verbliebenen natürlichen Ressourcen. Carlos Escudero trug zur Verwüstung und zum Tod der letzten natürlichen Wälder unseres armen Planeten bei.

Wir erinnerten uns an unser Leben mit den Secoyas und waren dankbar dafür, dass wir sie kennenlernen und mit ihnen leben durften, dass wir an ihren täglichen Aktivitäten teilgenommen hatten: dem Einpflanzen, Ernten und der Essenszubereitung. Jetzt schien es, als müssten wir noch viel weiter reisen, um Indianer zu finden, die noch frei nach ihren Traditionen in einer unberührten, natürlichen Umgebung lebten.

Wir wurden eingeladen, einen weiteren Tag zu bleiben. An diesem Morgen paddelten Don Roberto und Miguel zu einer sumpfigen Stelle im Dschungel, wo das *Canangucho* in Hülle und Fülle vorkam. Sie brachten einen großen Korb voll mit dieser köstlich nahrhaften Palmnuss mit. Angeblich enthielt das *Canangucho* jede Menge weibliche Hormone. Die Nuss schmeckte nach reifem Käse. Aus ihrem cremigen Fruchtfleisch, vermischt mit süßer, reifer Kochbanane, bereitete man *Chucula* zu, die mit Sicherheit das Getränk der Götter war: Ambrosia!

Ich schenkte Catalina eine der von mir gehäkelten bunten Geldbörsen und fertigte einige Makramee-Armbänder für sie, ihre Tochter und ihre Schwiegertochter an.

Zudem bastelten Miguel und ich für sie noch eine Halskette und Ohrringe aus Keramikperlen. Wir hatten während unseres Aufenthalts in Yaricaya von den Secoyas gelernt, solche Perlen zu machen. Catalina war begeistert. Sie machte sich auf den Weg zu ihrem Feld und kam später mit einer Kochbananenstaude zurück: ihr Geschenk an uns für unsere Reise.

Unser nächstes Ziel war La Esperanza, ein kleiner Weiler, in dem Freunde von Don Roberto, Daniel und

16 Ein Wundermittel!

Alexander lebten. Wir verabschiedeten uns von Don Roberto und Doña Catalina und fuhren von ihrem kleinen Hafen weg. Es fing an, zu nieseln. Da vorne konnten wir einen Regenbogen sehen. »Könnte das Glück oder Gefahr bedeuten?« fragten wir uns.

Als wir kurz vor Einbruch der Dunkelheit in La Esperanza ankamen, trieb uns die starke Strömung an Daniels Haus vorbei. Wir schafften es gerade noch, in der nächsten Bucht anzuhalten. Hier befand sich ein Haus, das Daniels Stiefschwester gehörte. Wir konnten Wasser abkochen, um meine Wunde zu waschen, und als wir sie freilegten, entdeckten wir, dass sich mithilfe des Schneckenpulvers ein Schorf gebildet hatte und die Wunde fast verheilt war.

Der Herr des Hauses entpuppte sich als Gesundheitsförderer des Dorfes. Er erzählte uns, dass es in La Esperanza drei Fälle von Cholera gab und dass eine der erkrankten Personen Daniels Mutter war. Offenbar hatte das Schicksal die starke Flussströmung genutzt, um sicherzustellen, dass wir nicht in deren Hafen anlegten. Die Cholera ist eine Infektionskrankheit, die, nachdem sie viele Jahre zuvor ausgerottet worden war, dieses Jahr vor allem in den tropischen Regenwaldregionen Perus wieder weit verbreitet war. Ihre Symptome sind Durchfall und Erbrechen mit schmerzhaften Krämpfen und rascher Austrocknung. Wenn sie nicht schnell behandelt wird, kann sie zum Tod führen.

Noch vor der Morgendämmerung, im Halbdunkeln, badeten wir und machten uns wieder auf den Weg stromabwärts, wobei wir in Siete de Agosto, einer winzigen nahegelegenen Siedlung anhielten, um zu frühstücken. In der ersten Hütte bot uns eine Frau ihre Feuerstelle an, um den Fisch zu kochen, den Don Roberto uns früher gegeben hatte und den ich mit Salz für die Reise konserviert hatte. Das Holz flammte auf, und schon bald war der Fisch fertig. Wir fragten, ob es Ananas zu kaufen gäbe, aber die meisten waren noch grün; sie hatten noch keine Saison.

Dann aber paddelte ein kleiner Junge mit zwei fast reifen Ananas auf uns zu und verkaufte sie uns für hundert Pesos. Dazu gab er uns drei tropische Früchte namens *Caimos*.

Als wir Siete De Agosto verließen, brannte die Sonne bereits, und ich verkroch mich wieder einmal in den Schatten unseres Daches. Miguel paddelte weiter. Etwa zwei oder drei Stunden später blies ein starker Wind auf. Da wir uns zu diesem Zeitpunkt in der Mitte des Flusses befanden, kam ich heraus und half, das Kanu ans Ufer zu bringen. Wir paddelten mit aller Kraft, um in Sicherheit zu gelangen. Die Windböen wurden so stark, dass der Fluss, der kurz zuvor fast so ruhig wie ein See gewesen war, nun eher wie ein wütendes Meer aussah. Die Wellen schlugen gegen die Seiten unserer Kanus. Einige kamen mit solcher Wucht, dass sie über die Bordwände brachen und ins Kanu gelangten. Unsere Angst wuchs als wir sahen, wie der Wind an unserem Palmblattdach rüttelte und das Kanu mit jeder furchtbaren Böe hin und her warf. Wir erinnerten uns an Geschichten von Booten, die mitten im Fluss gekentert und gesunken waren.

Mit dem Adrenalinpegel paddelten wir in erstaunlich schnellem Tempo und erreichten das Flussufer ohne größere Schäden. Die Kanus waren halb mit Wasser gefüllt. Sobald der Sturm sich endlich legte, schöpften wir das Wasser aus den beiden Kanus und paddelten weiter zu unserem nächsten Ziel: Arica.

Bei Sonnenuntergang erkannten wir in der Ferne

16 Ein Wundermittel!

gerade noch die Umrisse des Dorfes. Wir würden es jedoch nicht mehr schaffen, dort rechtzeitig anzukommen, und mussten uns in der Nähe einen Platz zum Übernachten suchen. Wir fanden den idealen Ort: ein flaches Stück Land auf einer Anhöhe. Wir schauten es uns näher an und stellten fest, dass hier einst ein Haus gestanden hatte. Daneben stand ein Baum voller Zitronen, ein Schatz für Reisende wie uns. Zitronen sind ein gutes Magenmittel (adstringierend bei Durchfall) und können in die Haut gerieben werden, um Mückenstiche zu desinfizieren. Zudem ist Limonade ein hervorragender Durstlöscher. Es gab auch reichlich trockenes Holz: alte Pfosten und Balken aus der zerstörten Hütte.

Ich erhitzte die *Chucula*, die wir mit viel *Canangucho* aßen. Dann kochte ich Wasser, um meine Wunden zu reinigen. Immer wieder trug ich das Pulver aus Schneckenschalen auf und die Ergebnisse waren sehr ermutigend: Die Wunde wurde jeden Tag kleiner.

17 Anibal Morales »El Paisa«

Wir frühstückten noch mehr *Chucula* und *Canangucho*. Beim Essen bemerkten wir ein Kanu, das sich uns näherte. In dem kleinen Hafen legte ein Mann an und wir teilten unser Frühstück mit ihm.

Anibal Morales »El Paisa« (Landsmann), geboren im Departement Antioquia in Kolumbien, erzählte uns, dass er etwas hinter Arica neben der Militärgarnison wohnte. Er war gerade unterwegs, um Fische zu fangen und hoffte, dass wir ihn am Abend bei einer Fischmahlzeit Gesellschaft leisten würden.

Als wir in Arica ankamen, mussten wir uns dem dortigen Amtmann und anschließend der Polizei vorstellen. Wir erkundigten uns zudem, ob wir meine Kinder über die neu installierte Telefonanlage anrufen könnten. Diese funktionierte aber noch nicht. Ich war sehr enttäuscht, zumal ich meinen Kindern versprochen hatte, dass ich sie bald wieder anrufen würde. Man sagte uns, dass es in Tarapacá, etwa sieben Paddeltage entfernt, ein funktionierendes Telefon gäbe.

Die Polizei kontrollierte unsere Ausweise und schickte uns zum Leutnant in die Garnison. Dieser Armeeposten war neu eingerichtet und mit etwa dreißig Mann besetzt. Wir kamen an, als das Mittagessen serviert wurde, und bekamen einen Teller mit Bohnen, Reis und Sardinen. Das Essen nahmen wir dankend an, denn wir hatten einen sehr anstrengenden Paddeltag hinter uns. Auf dem Weg nach Arica hatten wir den Fluss an einer Stelle überquert, wo die Strömung viel stärker gewesen war, als ursprünglich angenommen.

17 Anibal Morales »El Paisa«

Obwohl wir mit einer enormen Anstrengung gepaddelt waren, hatte uns die Strömung weit hinter den Dorfhafen gebracht. Auf der richtigen Flussseite angekommen, mussten wir letztendlich erneut kämpfen, um die Kanus stromaufwärts zurückzubringen.

Das Haus von Anibal befand sich weiter flussabwärts von dem Armeeposten. Anibals Frau, eine Bora-Indianerin, hieß uns willkommen und bot uns Kaffee an, während wir auf Anibals Rückkehr vom Fischfang warteten.

Am Abend, nach einer köstlichen Mahlzeit, die aus frischem Fisch bestand, erzählte uns Anibal von sich:

»Ich verließ mein Zuhause im Alter von vierzehn Jahren. Meine Mutter war gestorben und meine ältere Schwester behandelte uns sehr schlecht: immer wieder Prügel für nichts. Eines Tages verprügelte mich mein Vater fürchterlich, weil ich zur Messe gegangen war. Wisst ihr, meine Cousine hatte mich gefragt, ob wir zur Messe gehen sollten. ›Okay‹, sagte ich. Und so stand ich am nächsten Tag sehr früh auf. Mein Vater schlief noch. Natürlich war es damals üblich, um Erlaubnis zu fragen, wenn man irgendwo hingehen wollte, aber da er immer noch vor sich hin schnarchte...«

»Um für meine Cousine und mich eine Kleinigkeit Essen kaufen zu können, nahm ich ein Kilo Kaffee aus dem Lager meines Vaters mit. Damit konnte ich drei *Centavos*[1] bekommen. Zwei reichten, um uns nach der Messe ein Frühstück zu kaufen, und natürlich musste ich auch etwas für meinen Vater kaufen. Wenn man in die Stadt ging, musste man immer etwas für den alten Herren mitnehmen. Also kaufte ich von dem anderen *Centavo* ein bisschen Salami und Blutwurst für ihn.

---

[1] *Centavos*: Münzen, die heute in Kolumbien keinen Wert mehr haben.

Als ich nach Hause kam, war mein Vater schon wach. Er nahm das Essen, das ich ihm gebracht hatte, stellte es auf den Tisch und sagte: ›Bück dich!‹ Und schon verpasste er mir eine furchtbare Tracht Prügel: achtzehn Schläge – neun auf die eine Seite meines Rückens und neun auf die andere. Das Blut floss überall hin. Dann saß er da und aß die Salami und die Blutwurst.

Für mich war das zu viel. Das Beste, was ich tun konnte, war zu verschwinden. So beschloss ich, noch in derselben Nacht zu fliehen.

Es wurde Nacht. Es war Vollmond. Alle im Haus gingen ins Bett. Ich blieb wach und wartete ab, bis ich den alten Mann schnarchen hören konnte. Ich packte ein paar Wechselklamotten ein, nahm die Tasche meiner Schwester und füllte sie mit Kaffee. Drei Kilo passten da rein. Ich verließ das Haus und ging die ganze Nacht zu Fuß, bis ich am Fluss Río Sucio ankam.

Die Morgendämmerung brach an, als ich endlich das Haus meines Onkels, des Bruders meiner Mutter, erreichte. Ich ging hinein, kniete vor ihm nieder und bat um seinen Segen, wie es damals üblich war. Ich erzählte ihm, was passiert war. Dann verpasste mir mein Onkel noch eine weitere furchtbare Tracht Prügel und befahl mir, nach Hause zu gehen. Ich konnte es nicht mehr ertragen. Ich sagte, ich würde zurückgehen, aber stattdessen ging ich zum Bahnhof und kaufte eine Fahrkarte nach Medellin. Dort fand ich einen Job und von diesem Tag an bin ich nie wieder nach Hause zurückgekehrt.

Ich bin jetzt sechzig Jahre alt und habe das ganze Land bereist. Vor achtzehn Jahren heiratete ich diese Indianerin. Sie ist achtundsechzig. Was haltet ihr davon?«

Die Frau von Anibal hatte mehrere Kinder: einige

17 Anibal Morales »El Paisa«

von einem Siedler, der in Leticia lebte, andere von einem Peruaner, und noch einen Sohn von Anibal, den sie wohl im Alter von dreiundfünfzig Jahren bekommen haben muss. Der Junge war vierzehn.

Am nächsten Morgen machten wir uns auf den Weg nach Bufeo. Wir folgten Anibals Anweisungen. »Nehmt eine Abkürzung über den Nebenfluss auf der linken Seite, an einer Bananenplantage.« Ohne diesen Ratschlag hätten wir es verpasst; die Stelle war gut versteckt.

Danach folgten wir sehr lange einem weiteren schmalen Fluss, bis wir gegen drei Uhr nachmittags in Bobona ankamen. Bufeo, unser Tagesziel, war noch zwei Stunden entfernt. Um unseren Hunger zu stillen, erfand ich ein neues Gericht: eine in Wasser eingeweichte *Fariña* mit *Aji Negro*. Zum Nachtisch gab es Ananas.

Wie in den meisten kleinen Weilern, lebten die Menschen in Bufeo wie ein Stamm, eine Gemeinschaft von einer Familie, von den Großeltern bis zu den Urenkeln. Bufeo unterschied sich jedoch von den anderen Ansiedlungen dadurch, dass es nur aus drei Wohnstätten bestand. Diese Konstruktionen waren keine kleinen Hütten, sondern große Häuser aus feinem Hartholz mit hohen Decken und vielen geräumigen Zimmern. Im Haupthaus, dem Haus der Großeltern, befand sich eine riesige Küche. Dort trafen wir eine der Enkeltöchter und ihren Mann mit ihrer kleinen Tochter.

Es war ein sehr seltsames Gefühl, sich in so einem großen, leeren Haus aufzuhalten. Der Rest der Familie war gerade nicht da. Einige fischten kilometerweit flussaufwärts an einem Nebenfluss, andere machten *Fariña* auf dem weit entfernten Feld, einige Stunden Fußmarsch in den Dschungel. »Sie werden dort etwa zehn Tage verbringen und fünfzig Kilo *Fariña*-Mehl herstellen«, sagte man uns.

Yuca-Plantagen lagen manchmal mehrere Kilometer von den Häusern entfernt. Zur Herstellung von *Fariña* wird die Yuca ausgegraben, geschält, und in großen Trögen gelassen, bis sie sich zersetzt. Dann wird sie in großen Metallschalen über offenem Feuer mühsam geröstet.

Das so gewonnene »Mehl« wird in Körbe verpackt, die oft an Ort und Stelle hergestellt werden. Diese Körbe haben starke Griffe aus Dschungelreben und sind mit großen Kochbananenblättern ausgelegt. Die Körbe mit dem Mehl werden jeweils an den Köpfen aller Familienmitglieder aufgehängt, die sich an der Arbeit beteiligt haben, und dann nach Hause transportiert.

Als Gegenleistung für einige meiner Armbänder bekamen wir ein Stück Wels sowie Kochbananen. Da wir noch einige Tafeln Trinkschokolade und die *Panela* (Süßstoff) übrig hatten, bereitete ich eine große Kanne mit heißer Schokolade für uns alle zu.

An diesem Abend hörten wir viele Geschichten über die Misshandlung von Landbewohnern durch die Polizei. Einige Menschen wurden von Polizisten ausgeraubt und sogar verprügelt. Die *Guerilla*-Partisanen wurden dagegen als freundlich und hilfsbereit den Einheimischen gegenüber dargestellt: Sie boten Lösungen für allerlei Probleme an, halfen bei der Bewältigung des Drogenmissbrauchs und der Diebstähle. Zudem schützten sie die Landbewohner vor den betrügerischen Bossen und halfen sogar gelegentlich finanziell aus.

Wir schliefen in unserem Boot auf einem kleinen Nebenfluss, der neben dem Haus verlief. Am nächsten Morgen brachen wir im Morgengrauen auf.

18 *Canangucho* ernten

»Genieße den Weg, der ewig ist,
nicht das Ziel, das vergänglich ist.«
Gonzalo Arango

as Wetter war mild, ein angenehmer Regenschauer. Ich paddelte den ganzen Vormittag oben ohne. Wie verlassen dieser Abschnitt des Flusses war! Die winzigen Siedlungen lagen weit auseinander und den ganzen Tag lang kamen wir an keiner einzigen vorbei.

Immer wenn uns die Hitze bedrückte, konnten wir der Versuchung nicht widerstehen, uns auszuziehen und mitten im Fluss in das kühle Wasser zu springen. Das war immer mit einem gewissen Risiko verbunden, denn in diesen tropischen Gewässern wohnten viele gefährliche Fischarten. Eine davon war der gefürchtete Zitteraal, dessen elektrischer Schlag ausreichen würde, um uns zu lähmen und zu ertränken. Auch der winzige *Candiru*-Fisch hatte einen beängstigenden Ruf. Mit seiner langen, knochigen Schnauze, den messerscharfen Zähnen und der Haut, die mit feinen, nach hinten gebürsteten Widerhaken bedeckt war, war er dafür berüchtigt, in die kleinsten Körperöffnungen eindringen zu können. Einmal drinnen, war es durch die Widerhaken beinahe unmöglich, den Fisch aus der Körperöffnung herauszuziehen, ohne sein eigenes Fleisch zu zerreißen. Eine schnelle Erfrischung war also alles, was wir wagten. Danach war eine zügige Rückkehr ins Kanu angesagt. Wir griffen am Rand des Kanus und zogen uns hoch in die Sicherheit herein.

Wir fuhren in einen schmalen Nebenfluss ein und konnten sofort die Nähe der tropischen Vegetation, des Dschungels, spüren. Die Geräusche von Tausenden Insekten, die ihre räumlichen Botschaften mit klaren, präzisen Signalen aussendeten, manche stoßweise, andere kontinuierlich; Mantras der Natur, die uns entspannten und zur Meditation anregten. Frösche sangen aus Dankbarkeit für die Fülle des Wassers. Vögel zwitscherten, pfiffen und schrien. Während wir unser Kanu sanft flussab steuerten, konnten wir das ganze Konzert genießen.

Wie anders wäre es gewesen, wenn ein Motor gelaufen wäre: Der Lärm hätte nicht nur die Geräusche des Dschungels übertönt, sondern auch alle verängstigten Tiere in die Verstecke des Waldes getrieben.

Plötzlich umgaben uns rosa Delfine. Sie hoben ihre Köpfe, bliesen und schnauften, um unsere Aufmerksamkeit zu erregen und uns zu zeigen, dass sie in der Nähe waren. Dann verschwanden sie im tiefen Wasser und wir warteten gespannt darauf, dass sie wieder auftauchen und dem Kanu näherkommen würden. Ein Rudel Kapuzineräffchen folgte uns in der nahen Vegetation, sprang von Ast zu Ast und stieß dabei quietschende Schreie aus. Im Hintergrund hörten wir das löwenartige Brüllen der Brüllaffen, das uns an den frühen Morgen in Yaricaya erinnerte. Dort hatte eine Gruppe dieser Affen neben unserer Hütte gelebt, und wir waren Zeugen ihres Geplauders, ihrer Fröhlichkeit, ihres Schreckens und ihrer Trauer gewesen, wenn einer ihres »Stammes« erlegt worden war.

Immer wenn wir vorsichtig paddelten oder das Kanu mit der Strömung flussabwärts gleiten ließen, konnten wir die üppige Vegetation genießen. In den schmalen Nebenflüssen, die durch den Wald führten, waren

18 Canangucho ernten

wir im Gegensatz zu den großen Flüssen näher an den Bäumen und Sträuchern. Zwischen tausend Grüntönen konnten wir rosa, rote, violette, blaue und gelbe Blätter und Blüten erkennen.

Die Düfte waren sehr intensiv. Unser Kanu rückte noch näher an die Vegetation am Ufer heran. Blätter in allen Formen und Größen kamen zum Vorschein. Einige kletterten nach oben: Sie suchten das Licht der Sonne. Andere beugten sich über das Wasser und streckten sich uns entgegen, bis sie unser Kanu erreichten. Einen Augenblick lang verschränkten sie sich mit unserem Paddel wie in einer sinnlichen Geste der Begrüßung.

»Macht einen Motor an das Boot. Das bringt euch schneller ans Ziel«, sagten die Leute zu uns.

»Aber wir haben es nicht eilig, Señor.«

»Dann besorgt euch zumindest einen kleinen Motor, damit ihr nicht paddeln müsst. Das wird viel einfacher sein.«

»Aber wir paddeln gerne. Es ist uns ein Vergnügen, unsere Energie für die Fortbewegung einzusetzen. Und dafür sind unsere Arme da, oder?«

Der *Canangucho* hatte gerade Saison. Es gab jede Menge sumpfige Stellen, an denen diese Nuss wild im Dschungel wuchs. Schon von Weitem sahen wir große, reife Trauben von *Canangucho*, die in Büscheln von den hohen Palmen hingen. Wir suchten nach einer zugänglichen Palme auf unserem Weg, die nicht zu weit in den Wald hineinragte und nicht von Sumpf umgeben war. Wir entdeckten eine Palme am Flussufer, aber als wir näher kamen, bemerkten wir, dass sie gefährlich über unserem Boot geneigt war, also ließen wir es sein und hofften darauf, weiter flussabwärts eine andere, besser gelegene zu finden.

Wir paddelten noch ein paar Stunden weiter und befanden uns dann wieder auf dem offenen Fluss. Donner erschallte. Das Wasser wurde unruhig, also hielten wir an, bis der Sturm vorüber war. Es wütete noch eine ganze Weile mit heftigem Regen. Zu dieser Jahreszeit waren die starken Winde der Trockenzeit keine Seltenheit, und es wäre äußerst gefährlich gewesen, von solchen Windböen mitten auf dem Fluss erwischt zu werden.

Es war schon ziemlich spät, als der Sturm endlich nachließ und wir uns nach einem Platz zum Übernachten umsahen. Wir befanden uns in der Nähe eines überschwemmten Gebietes, das durch den Überlauf des angeschwollenen Flusses entstanden war. Dort wuchsen viele hohe *Yarumo*-Bäume, die bei starkem Wind sehr leicht umstürzten, vor allem in überschwemmten Gebieten. Wir wussten, dass wir einen Ort finden mussten, der frei von diesen Bäumen war, um das Kanu festzubinden. Schließlich fanden wir einige Büsche, die zwischen hohem Gras und Binsen wuchsen. Alles war von seichtem Wasser umgeben. Dort vertäuten wir das Kanu und krochen unter unser Palmdach in das Moskitonetz. Tausend tropische Stimmen wiegten uns in einen tiefen Schlaf: Tiere, Frösche, Kröten, Nachtvögel, Moskitos und sogar Fische stimmten in das Konzert ein.

Am nächsten Tag suchten wir wieder nach der *Canangucho*-Palme, die uns mit ihren köstlichen und nahrhaften Nüssen versorgen würde. Wir paddelten weiter in Ufernähe und fanden schließlich eine Palme, die zugänglich schien. Als wir das Kanu an einem Baum festmachen wollten, verhedderte sich das Palmendach unseres Kanus in einem riesigen Ameisennest, das an einem Ast hing. Miguel schnitt es schnell ab, aber die

18 Canangucho ernten

beiden Kanus waren bereits von Tausenden großer, schwarzer Ameisen überfallen worden. Wir verbrachten über eine Stunde damit, diese kriegerischen kleinen Tiere aus den Kanus zu entfernen. Diese Ameisen bissen nicht wirklich, sie wehrten sich aber mit einem lästigen Zwicken. Schließlich gewannen wir den Kampf und Miguel konnte in den Dschungel gehen, auf der Suchen nach der *Canangucho*-Palme.

Mit seiner Machete hackte sich Miguel durch den Dschungel. An einer Stelle, mitten im Wald, stieß er auf ein großes Wespennest und musste ausweichen. Schließlich kam er an der Palme an, die wir vom Fluss aus gesehen hatten. Der Baumstamm war dick. Nach langem Hacken gelang es Miguel schließlich, die Palme zu fällen, und ein riesiger Haufen *Canangucho*-Nüsse fiel schwer herunter, auf die Blätter, Äste und Stacheln des verfilzten Unterholzes. Um den schweren Ast mit den Nüssen zu heben, mussten wir an dem umgestürzten Palmenstamm entlanggehen, uns bücken und unsere Hände in die stachelige Masse stecken. Ein oder zwei große Spinnen krochen aus der Dunkelheit, gefolgt von einigen haarigen Raupen, die in manchen Teilen Kolumbiens *Hipas* genannt werden. Selbst eine leichte Berührung verursachte einen sehr schmerzhaften Stich, der anschwoll. Danach kam eine Ameisenarmee. Wir hatten Angst, dass sich dort in der dunklen, verfilzten Vegetation die gefürchtete 24-Stunden-Ameise mit ihrem giftigen, schmerzhaften Stachel befinden könnte, oder ein Skorpion mit seinem giftigen Schwanz, der uns angreifen und infizieren würde. Es hätte auch Schlangen geben können: die Lanzenotter *Talla X*, oder eine Boa! Wir unterdrückten unsere Angst und griffen mit den Händen ins Unterholz, um die Äste mit den riesigen Nussbüscheln herauszuziehen. Wir schnitten eine Nuss nach der anderen mit unseren Macheten ab, bis wir unsere Taschen und Körbe gefüllt hatten.

Es war harte Arbeit, die schweren Körbe durch das verworrene Gestrüpp von Miguels frisch gehacktem Weg zu tragen. Wir kippten die Nüsse auf den Boden des kleinen Kanus und kehrten dann zurück, um weitere zu holen. Daran verbrachten wir den ganzen Vormittag. Als die Nüsse den Boden des Kanus vollständig bedeckten, schütteten wir Wasser darauf. Ganz unter Wasser und in der Wärme der Sonne würden die Nüsse voll ausreifen und länger haltbar bleiben. Was für ein Gewinn! Mit einer so nahrhaften Nuss und dem frischen Fisch aus dem Fluss brauchten wir nie zu hungern.

Die Nüsse, die tief im Unterholz lagen, konnten wir nicht sammeln. Sie würden dort liegenbleiben und im feuchten Sumpfboden schnell keimen. Auf diese Weise, weit weg vom selbstsüchtigen Ausbeuter und seiner plündernden Hand, sorgt die weise Mutter Natur mit ihren eigenen Mitteln dafür, dass diese Palmen niemals aussterben werden.

»Die Palme ist ein Synonym für Überfluss und der tropische Dschungel ist das Reich der Palme.

Ihr Fruchtfleisch und ihre Früchte sind für alle Arten von Verbrauchern bestimmt, seien es die Tapire, die Papageien, die Insekten oder die Menschen, die gleichzeitig zu ihrer Verbreitung beitragen. Es gibt kaum ein Bedürfnis der Menschen im Dschungel, das nicht durch ein Produkt der Palme befriedigt wird: Nahrung, Kleidung, Körbe, Hängematten, Häuser (Böden, Wände und Dächer), Waffen, Werkzeuge und sogar Schnaps und Musikinstrumente für ihre Feste.«[1]

---

[1] Auszug aus einem ökologischen Tarot.

18 Canangucho ernten

Wir paddelten weiter flussabwärts und kamen in ein Dorf namens Betania. Dort empfingen uns einige Frauen mit Kochbananen und einem Stück gesalzenen *Pirarucú* (ein großer tropischer Fisch mit großen Schuppen, die manchmal im Kunsthandwerk zur Herstellung von Ohrringen, Schlüsselanhängern oder dekorativen Wandbehängen verwendet wird). Ich kochte Suppe und dann *Chucula*, wofür ich einige Kochbananen verwendete, die bei uns an Bord in den letzten Tagen reif geworden waren. Später kamen die Eltern der Frauen an. Der Señor Don Juan und seine Frau waren sehr gastfreundlich und luden uns ein, in ihrer Hütte zu übernachten.

In der Nacht konnten wir die Nachbarn, die Bora- und Uitoto-Indianer, schreien und singen hören. Don Juan erklärte uns, dass sie jeden Abend, sobald die Sonne unterging, mit dem *Mambeo*, dem Kauen von Kokablättern, begannen. Die Männer verbrachten die Nächte in der *Maloca*, einer großen zeremoniellen Hütte, wo sie redeten, Geschichten erzählten und sangen. Die Frauen nahmen normalerweise nicht an diesen Versammlungen teil. Am nächsten Tag bereiteten die Frauen *Casabe*-Pfannkuchen und Fisch zu, die man mit *Ají negro* aß. Nicht fehlen durfte ebenfalls ein Getränk aus Yuca-Stärke.

»Und so verbringen sie den Tag, die armen Dinger«, klagte Don Juan. Die Siedler wie Don Juan machten sich über diese Diät lustig und glaubten, dass diejenigen, die keinen Reis, kein Schmalz und keinen Zucker aßen, sich nicht gut ernähren würden.

Die Siedler verstehen zudem das Kauen von Kokablättern nicht: Sie halten es nur für ein obszönes Laster, während das Kokablatt in Wirklichkeit viele wichtige Mineralien und sogar einige Proteine enthält.

Außerdem, laut der Indianer der Sierra Nevada, »ist der *Mambeo* unsere Art, mit dem Göttlichen – dem Gott – in Kontakt zu bleiben.« In der *Maloca* werden stundenlang Gespräche geführt, Probleme gelöst oder Streitigkeiten beigelegt. Vor allem aber werden hier immer wieder die Mythen und Geschichten der Vorfahren gehört. Auf diese Weise halten die Indianer den Kontakt zu ihren Ursprüngen, zum Gesetz und zur gesamten Gemeinschaft. Der Kazike, das Oberhaupt des Stammes, ist der spirituelle und soziale Führer der Gemeinschaft.

Ich säe Koka

Ich, Lehrling des Wortes – des Blattes des Vaters,
ich säe meine Koka
Sie wird die Kraft haben:
Die Kraft, die durch das Wort – die Tat – wirkt.
Ich habe den Dschungel gerodet
Ich habe das Land geräumt
Dasselbe habe ich mit meinem Geist getan:
Ich habe ihn mit Worten – der Luft des Ursprungs –
durchlüftet,
Ich habe den Boden für die Aussaat aufgeweicht,
Ich habe die Erdklumpen zerkleinert

Der Großvater hat mir geschenkt
den alten Busch aus seiner uralten *Chagra*.
Mit seinen alten, schon müden Worten,
werde ich die neuen Worte der Taten verflechten
Und mit ihnen werde ich mein Leben weben

Mein Land ist schon bereit
Die Samen der verblühten Pflanze, in meiner Obhut

18 Canangucho ernten

> Werden neue Blätter sprießen, mit neuer Kraft
> Eines Tages, mein Wort – das Blatt
> wird seine Kraft unter meinen Nachkommen entfalten.[1]

Jede Nacht vor dem Schlafengehen hatte ich meine geistigen Führer gebeten, mir im Traum etwas über meine Kinder weit weg in Bogotá mitzuteilen. Ich erhielt selten Botschaften durch Träume.

Die Indianer sind oft in der Lage, sich mit der Traumwelt zu verbinden und so mit ihren weit entfernten Lieben und Ahnen zu kommunizieren. Sie »wissen« von deinem Besuch bei ihnen bevor du dort tatsächlich ankommst. Im Gegensatz dazu haben anscheinend viele von uns aus der westlichen »zivilisierten« Welt die Kraft des Träumens schon vor langer Zeit verloren. Ich war jedoch fest entschlossen, nicht aufzugeben, und fuhr in den folgenden Monaten damit fort, jede Nacht meine Bitten vorzutragen. Ich brauchte Rat in der Frage, was ich im nächsten Jahr mit meinen beiden jüngsten Kindern, der fünfzehnjährigen Clare und dem zwölfjährigen Diego, machen sollte. Die Frage war, ob ich der Versuchung erliegen sollte, weiter in den Dschungel vorzudringen, um andere Indianerstämme zu treffen, wie es Miguel vorhatte. Darauf bekam ich durch Träume nie eine Antwort. Schließlich erhielt ich jedoch über einen anderen Kanal eine Mitteilung, die mir keine Zweifel darüber ließ, wo meine Pflicht lag.

Eines Morgens stand ich vor Sonnenaufgang auf und beschloss, das I Ging zu befragen, jenes uralte und höchst heilige Buch der Orakel, das seit über dreißig Jahren mein ständiger Begleiter, Ratgeber und Führer gewesen war.

---

[1] Ein Gedicht von Fernando Urbina aus dem Buch »Das Blatt der Macht«.

Ich nahm die fünfzig Schafgarbenstöcke, legte einen davon beiseite und teilte den Rest in zwei Stapel auf. Den einen Stapel nahm ich in die linke Hand und begann zu zählen. Stöckchen für Stöckchen reichte ich sie an meine rechte Hand weiter: eins, zwei, drei, vier... Nach und nach enthüllte sich mir durch »die heilige Geometrie des Zufalls«[1] das Leitorakel. Die Antwort, die ich an jenem Morgen erhielt, war so genau, so zutreffend, dass sie mir einen Schauer über den Rücken jagte. Das Hexagramm 39, die Zeile neun an dritter Stelle, sagt: »Gehen führt zu Hindernissen, daher kommt er zurück.«

»Diese Zeile zeigt den Mann, der als Familienvater oder als Familienoberhaupt handeln muss. Würde er sich leichtsinnig in die Gefahr stürzen, wäre das eine sinnlose Handlung, denn die ihm Anvertrauten kommen nicht allein zurecht. Wenn er sich aber zurückzieht und zu den Seinen zurückkehrt, werden sie ihn mit großer Freude empfangen.«

Von da an wusste ich, dass ich meine Kinder im nächsten Jahr dorthin begleiten würde, wo sie ihre Schulausbildung fortsetzen könnten. Alles, was ich noch tun musste, war Miguel die Nachricht zu überbringen.

Nach einer *Chuchuhuasa* und einem Bad im Fluss kehrte ich ins Haus zurück und brachte den Frauen bei, wie man Makramee-Armbänder herstellt. Sie waren sehr begeisterte Schülerinnen und lernten sehr schnell.

Vor unserer Abreise aus Betania erzählte uns Don Juan, dass er von Chamos-Indianern wusste. »Diese Indianer«, sagte er, »spinnen große Baumwollknäuel, aus denen sie wunderschöne Hängematten fertigen.

---

[1] »Die heilige Geometrie des Zufalls«: aus dem Lied »The Shape of My Heart« von Sting.

18 Canangucho ernten

Sie weben auch ihre eigene Kleidung. Die Männer tragen lange Tuniken, die auf einem Webstuhl hergestellt werden.«

»Wo kann man diese Indianer finden?«, fragte ich.

»Am Fluss Ukayali« – ein Nebenfluss des Amazonas. Es kam mir in den Sinn, zu fragen, wie lange es her war. Die Antwort war eine große Enttäuschung.

»Vor fünfunddreißig Jahren. Ich habe elf Jahre lang mit den Holzfällern gearbeitet.«

»Natürlich«, dachten wir, »vor fünfunddreißig Jahren lebten die Indianer so, aber wie leben sie jetzt, nach vierzig Jahren Kontakt mit dem ›zivilisierten‹ Menschen und der Ausbeutung des Dschungels?«

Bei der Abreise reichte uns Juan einen Brief, den wir seiner Tochter in Tres Esquinas überbringen sollten, und gab uns ein Hinweise zu unserer möglichen Route an diesem Tag. Er sagte, wir könnten Corbata erreichen. Die *Canangucho*-Nüsse, die wir geerntet hatten, begannen gerade zu reifen, also boten wir Don Juan und seiner Familie etwas davon an, bevor wir den Hafen verließen.

Die Sonne war zu diesem Zeitpunkt bereits sehr stark; ich war unter dem Palmendach vor ihr geschützt. Einige Zeit später bewölkte sich der Himmel und ein starker Wind kam auf. Wir suchten Schutz in einem Gebüsch. Die Wellen schlugen gegen die Seiten der Kanus. Der Fluss Putumayo, der in dieser Region riesig war, färbte sich von gelbgrün zu grau. Er sah aus wie ein Meer von Wellen, die jetzt so stark waren, dass sie die Kanus wild hin und her schaukelten.

Der Wind und der Regen hielten mehr als eine Stunde an. Von unserem Standort aus konnten wir die wenigen Hütten von Corbata sehen, aber um dorthin zu gelangen, mussten wir über eine Stunde paddeln, denn eine große Flussbiegung lag vor uns.

Als wir in Corbata ankamen, kehrte ein Bewohner des kleinen Dorfes vom Fischfang nach Hause zurück. Er hatte zwei große *Paco*-Fische dabei, von denen er einen an ein paar Leute verkaufte, deren Boot auf einem kleinen Nebenfluss ankerte. Wir boten dem Mann an, ein Stück vom zweiten Fisch zu kaufen. Zunächst sagte er uns, dass das Stück fünfhundert Pesos (zehn Cent) kostete, dann änderte er seine Meinung und bestand darauf, dass wir den Fisch als Geschenk annahmen. In Wirklichkeit hatten wir gedacht, dass der aufgerufene Preis zu niedrig war. Außerdem lud uns seine Frau ein, den Fisch über der heißen Glut des Feuers in ihrer Küche zu braten, und sie schenkte uns auch etwas Yuca, die beim Kochen herrlich weich wurde. Wie freundlich diese Leute waren!

Wir schliefen in unserem Kanu. Das Wetter war kalt geworden und die Lufttemperatur war eisig. Dieses Phänomen tritt auf, wenn südliche Winde aus der Antarktis über Patagonien nach Brasilien ziehen.

Viele Fische sterben währenddessen im Fluss. Ein Biologe gab eine wissenschaftliche Erklärung für dieses Phänomen. Winde, die vom Südpol her wehen, bringen die eisige Temperatur mit sich. Diese verringert die Luftfeuchtigkeit in der Atmosphäre. Dadurch erhöht sich gleichzeitig die Wassertemperatur und die Menge des gelösten Sauerstoffs sinkt. Dadurch verlieren Tausende Fische ihr Leben. Tote Fische treiben an der Wasseroberfläche und es gibt reichlich Nahrung.

Am nächsten Morgen kamen wir am Haus des Fischers vorbei. Die Bewohner riefen uns herein und boten uns ein leckeres Frühstück mit Fischeintopf an. Ich verbrachte den Vormittag damit, den Kindern und den Frauen aus der Gemeinschaft beizubringen, wie

18 Canangucho ernten

man Makramee Armbänder herstellt. Sie versammelten sich alle in der Küche der Frau des Fischers.

Der starke Wind und der Regen hielten an diesem Tag an. Am Nachmittag war es so kalt, dass wir uns in die Wärme unter unsere Decke im Kanu zurückzogen. Dort lasen wir das Kapitel Hiob aus der Bibel, die wir in Campuya bekommen hatten. Seitdem meine Wunden aufgetreten waren, mussten wir immer wieder an den alten Hiob denken. Das half mir, geduldig zu bleiben.

Es ist unglaublich, wie sich das Klima so plötzlich und so radikal ändern kann, von fast unerträglicher Hitze zu winterlicher Kälte. In dieser Nacht war es sehr kalt. Unser Kanu lag neben dem großen Boot, das im Nebenfluss verankert war. Wir begaben uns früh zu Bett, wurden aber von Gewehrschüssen geweckt, die vom Fluss herkamen. Am nächsten Tag erfuhren wir, dass kolumbianische Soldaten vorbeigekommen waren und ihre Gewehre abgefeuert hatten. Offenbar hatten sie betrunken Schüsse abgegeben, um die Landbevölkerung zu erschrecken. Man erzählte uns zudem, dass sich die kolumbianischen Soldaten aus den »Piranhas« häufig in die Angelegenheiten der peruanischen Zivilbevölkerung einmischten und dass dies zu Spannungen zwischen den beiden Ländern führte.

Beim Aufwachen hörten wir zufällig die Nachrichten aus dem Radio in dem großen Boot neben uns. Es ging um den Krieg, der in Kuwait erneut ausgebrochen war. Paradoxerweise hörten wir zur gleichen Zeit aus einer Hütte im Dorf das Lied »Imagine« von John Lennon:

Stell dir vor, es gibt keine Länder
Es ist nicht schwer zu tun
Nichts, wofür man töten oder sterben müsste
Und auch keine Religion
Stell dir vor, alle Menschen leben in Frieden

19 Wer wenig braucht

ir verließen Corbata und paddelten langsam hinunter nach Curinga. Wieder einmal trafen wir sehr freundliche Menschen auf unserem Weg. Ein Gedanke ging mir immer wieder durch den Kopf: »sehr arm, aber sehr großzügig«. Alle Menschen, die wir entlang des Flusses getroffen hatten, waren so. Und uns wurde klar, wie relativ das Wort »arm« sei, denn als wir diese Dorfbewohner mit den meisten Menschen in den Städten verglichen, merkten wir, dass die letzteren die ärmeren waren. Die Menschen in diesen kleinen Dörfern besaßen ihre Häuser, auch wenn es nur bescheidene Hütten waren, die sie aus den dem Dschungel entnommenen Materialien selbst gebaut hatten. Sie hatten ihre Felder im Dschungel, *Chagras*, voller Lebensmittel. Sie hatten den Fluss, die Bäche und die Seen für ihr Wassergebrauch und zum Fischen, und sie hatten den Dschungel. Der Dschungel versorgte sie mit Fleisch, mit Früchten und Nüssen, Honig, Medikamenten, mit Holz für ihre Feuerstellen sowie dem Bauholz für ihre Kanus und Häuser. Kanus waren ihr gratis Transportmittel.

Also, im Großen und Ganzen fehlte es diesen guten Menschen nur an Geld. Aber da »derjenige, der viel hat, nie so reich ist, wie derjenige, der wenig braucht«, waren diese Menschen zufrieden und entspannt, da sie nicht von den vielen Verlockungen unserer so genannten Zivilisation umgeben waren.

Curinga war ein sehr hübsches Dorf. Die Häuser waren stabil gebaut und gut erhalten. Wie in den meisten solcher Siedlungen entlang des Flusses waren alle Einwohner miteinander verwandt. Die meisten waren Mestizen, also Mischlinge, und lebten wie ein Stamm. Unter ihnen herrschte Harmonie. Wenn es in der Gemeinschaft etwas zu tun gab, packten alle mit an, sei es gemeinsames Arbeiten auf den Anbaufeldern oder die Verschönerung des Dorfes selbst. In Curinga hatte die Gemeinde zum Beispiel einen Park am Flussufer angelegt. Die Rasenflächen waren gut gepflegt. Auf ihnen standen Holzbänke, auf denen man sitzen und die Schönheit des Flusses betrachten konnte.

Die Familie, die uns empfing, schenkte uns ein köstliches, frisch geröstetes *Fariña*. Am Abend wurden wir zum Fischessen eingeladen, gefolgt von dem traditionellen Getränk aus Kochbananen *Chicula*. Wir schenkten jedem ein selbst gebasteltes Armband und eine unserer Tonperlenketten. Wir teilten mit ihnen das selbst geerntete *Canangucho*, das inzwischen ganz reif war.

Bevor wir am nächsten Tag abreisten, bekamen wir eine junge Boa als Abschiedsgeschenk. Es war ein wirklich schönes Exemplar mit deutlich gezeichneten braunen Mustern auf seinem cremefarbenen Körper. Menschen zähmten diese Schlangen oft und hielten sie im Haus, um Mäuse und Ratten zu fangen, so wie eine Katze es tun würde. Wir hatten vor, diese Boa freizulassen, sobald wir aus dem Weiler heraus waren. Glücklicherweise war sie noch nicht lange gefangen, nur zwei oder drei Tage, sodass wir wussten, dass sie ohne Weiteres zu ihrer natürlichen Lebensweise in der Dschungelvegetation zurückkehren würde.

Auf dem Weg stromabwärts fanden wir auf der kolumbianischen Flussseite einen idealen Platz, um die Boa freizulassen. Miguel nahm sie aus der Kiste, die am Boden des Kanus lag, und ließ die Schlange im

19 Wer wenig braucht

Unterholz frei. Sie fand ihren Weg ins Gebüsch und verschwand langsam zwischen den Blättern und Ästen.

Wir paddelten ohne Eile flussabwärts und suchten nach dem Haus von Miguel Gomez, dem Bruder von Anibals Frau aus Arica. Wir sollten Miguel von ihr grüßen. Bei einem sehr großen, einsamen Haus auf der kolumbianischen Seite fragten wir nach dem richtigen Weg und erfuhren, dass Miguel weiter flussabwärts wohnte. Der Hausherr schenkte uns im Vorbeigehen zwei große Trauben der Kochbananen.

Wir paddelten weiter. Bei Sonnenuntergang erreichten wir ein Haus, von dem wir annahmen, dass es Miguel gehören könnte, aber es war niemand darin. Auf einem flachen Stück Land am Fluss machten wir ein Feuer und wärmten unsere *Chicula* auf. Der Sonnenuntergang war spektakulär. Wir saßen am Flussufer und bewunderten den Himmel mit seinen tierförmigen Wolken. Die Farben änderten sich, als die Sonne hinter dem Horizont verschwand: Gelbe Tiger und Drachen verwandelten sich in orangene, rote und violette, bis sie schließlich mit dem dunkelblauen Himmel verschmolzen. In der Ferne zogen ein paar Frauen in einem kleinen Kanu vorbei, als ob sie das Bild vervollständigen wollten. Wir betrachteten ihre klaren Silhouetten vor dem orangefarbenen Hintergrund der letzten Sonnenstrahlen, die wie sterbende Glut aussahen. Sie riefen uns zu, dass sie uns morgen im Haus von Miguel Gomez weiter stromabwärts erwarten würden.

Am nächsten Morgen beim Frühstück wurden wir von den unsichtbaren Sandfliegen überfallen. Ein quälender Juckreiz am ganzen Körper trieb uns fast in den Wahnsinn. Nicht einmal der Sombrero konnte uns vor ihnen schützen: Irgendwie schafften es diese winzigen Moskitos, durch die eng geflochtene Palmblätter zu gelangen und uns in die Köpfe zu stechen. Die Attacke war so heftig, dass wir die Teller und Töpfe zusammenpackten und mit dem Kanu so schnell wie möglich zur Flussmitte paddelten, wo die Brise die Sandfliegen in Schach hielt.

Wir erinnerten uns an ein paar Passagen aus Humboldts »Vom Orinoko zum Amazonas«:

»Von 6.30 Uhr morgens bis 5 Uhr abends schwirrt die Luft von Moskitos [...] Ihr Stich hinterlässt einen bräunlich-roten Punkt, weil an der Stelle, wo der Rüssel die Haut durchbohrt hat, Blut austritt und gerinnt.« Meine Beine, besonders um die Knöchel herum, waren »bräunlich rot« gesprenkelt. »Eine Stunde vor Sonnenuntergang werden die Mücken von einer anderen, kleineren Art abgelöst, die *Tempranera* heißt, weil sie ebenfalls zeitgleich mit dem Sonnenaufgang erscheint. Sie bleiben nur eineinhalb Stunden zwischen sechs und sieben Uhr abends in der Luft. Nach einigen Minuten Ruhe kommt es dann zum Stich [...] einer anderen Mückenart mit langen Beinen.

[...] Heutzutage sind es nicht die Gefahren der Navigation in den kleinen Booten, die wilden Indianer oder die Schlangen, die Kaimane oder die Jaguare, welche die Spanier davon abhalten, den Orinoko [und den Putumayo] zu befahren, sondern ›der Schweiß und die Mücken‹ [...] Wir haben gesehen, wie geflügelte, gesellig lebende Insekten, in deren Saugrüssel eine für die Haut reizende Flüssigkeit eingeschlossen ist, weite Landstriche fast unbewohnbar machen.«

»Doch«, so Humboldt an anderer Stelle des Buches, »mit frohem Herzen, gegenseitiger Herzlichkeit und den Sinnen offen für die Größe der Natur in diesen

19 Wer wenig braucht

weiten Flusstälern, erträgt der Reisende bereitwillig die Qualen, an die er sich schließlich gewöhnt.«

Die Tatsache, dass es entlang des Putumayo-Flusses zahlreiche verlassene Häuser gab, bewies möglicherweise, dass sich viele Siedler an diese »Qualen« nicht gewöhnen konnten – an diese äußerst lästigen Insektenplagen, die vor allem an den schlammigen, mäandernden Flüssen wie dem Putumayo vorkommen.

Wir befanden uns in der Flussmitte, als wir am Haus von Miguel Gomez vorbeikamen, und beschlossen, nach Puerto Toro, dem nächsten Weiler, weiterzufahren. In diesem Moment kamen uns aber zwei Frauen in einem kleinen Kanu entgegen. Eine von ihnen war die Frau von Miguel. Sie gab uns einen Brief für Lucho in Puerto Toro. Außerdem schenkten sie uns zwei geräucherte *Barbudos*, den Fisch mit Bart. Dort, mitten auf dem Fluss, aßen wir einen davon; er war köstlich. Den anderen behielten wir für das Mittagessen.

20 Symbol des Amazonas

»Wer es vorzieht, abseits der ausgetretenen Pfade zu reisen, holt sich das Recht zurück, sich zu verlaufen. [...] Es gibt markierte, absolut sichere Straßen, überfüllt mit Wegweisern, die für die Bequemlichkeit der eilenden Reisende [...] gedacht sind. Auf solchen Straßen gibt es keine Überraschungen mehr.«
»Für diejenigen, die unterwegs mitten in der Landschaft verweilen, hat das ›Ankommen‹ keine Bedeutung. Das Spannende ist: Das Leben selbst ist der Weg, der Tod – das Ziel; er wird immer am Ende aller Wege sein.
Es ist wichtig, zu verweilen.«
Fernando Urbina

er Tag war sehr sonnig, keine einzige Wolke erschien am Himmel. Zwei kleine Seitenflüsse auf der linken Seite ließen wir hinter uns bevor wir eine enorme Biegung des Putumayo nach rechts sahen. Wir überquerten die Endlosigkeit des Flusses, um in einen weiteren Nebenfluss, der durch den Dschungel floss, einzufahren. Dabei nahmen wir an, dass es eine Abkürzung sei. Diese Abkürzung erwies sich als unglaublich lang. An einer Stelle kamen wir zu einer Abzweigung nach rechts.

Daneben befand sich eine kleine Hütte, aber obwohl wir eine kleine Rauchfahne aus dem Dach aufsteigen sahen, antwortete niemand auf unsere Grußrufe. Wir betraten die Hütte und entdeckten die Überreste eines Feuers, aber es war kein Mensch zu sehen. Wir schlossen daraus, dass es sich um die Hütte eines Fischers handelte, der sie nur zum Räuchern von Fisch nutzte.

Unsicher, in welche Richtung wir uns von dort aus weiter bewegen sollten, paddelten wir versuchsweise in die rechte Abzweigung. Wir bemerkten, dass sich die

20 Symbol des Amazonas

Symbol des Amazonas: die Victoria Regia.

Farbe des Wassers veränderte; es war nun dunkel und transparent. Die Strömung ließ nach und wir stellten fest, dass wir uns nicht mehr auf einem Fluss befanden, sondern auf einem kleinen See. Wir paddelten weiter und waren begeistert, von so schönem Wasser umgeben zu sein: klar, durchsichtig, ruhig, fast still. So leise wie möglich bewegten wir die Paddel, um die Ruhe des Wassers nicht zu stören.

Beim Wenden auf dem See stießen wir gegen einige Büsche am Ufer. Dadurch eröffnete sich eine herrliche Landschaft vor unseren Augen. Die Schönheit dieses Ortes wurde durch eine prächtige Ansammlung von riesigen Lotusblumen vervollständigt: die Victoria Regia, die Wasserpflanze, das Symbol des Amazonas.

Wir brachten das Kanu zum Stehen und betrachteten lange verzückt das Bild vor uns. Der Himmel, die Blätter der Bäume und Sträucher am Ufer zeichneten sich wahrheitsgetreu im schwarzen Spiegel des Wassers ab. Die Reflexion hätte auch die Wirklichkeit sein können, wenn es nicht für die großen runden flachen Blätter und die prächtigen weißen Blüten einer der exotischsten Pflanzen der Welt gewesen wäre.

Die Indianer schreiben allen Pflanzen einen Besitzer zu, oder in diesem Fall eine Besitzerin, und die Besitzerin von der Victoria Regia ist die Boa. Wir dachten an die Erklärung der Secoya-Indianer, laut welcher diese runden, flachen Blätter, die sich an den Rändern wie Teller nach oben bogen, in Wirklichkeit Pfannen waren, die zum Braten des *Casabe*-Pfannkuchens verwendet wurden. »Darin macht die Boa *Casabe*«, sagte *Abuelo* Lucas.

Wir kehrten zurück, um unsere Reise fortzusetzen, und überquerten den kleinen Fluss, um die Biegung zu unserer Linken zu nehmen. Wir paddelten und paddelten den Rest des Tages. Es schien, als ob wir nie wieder auf den Hauptstrom zurückkehren würden. Wir kamen an vielen kleinen Seen vorbei, aber wir sahen kein einziges Haus und auch keine Menschen. Diese »Abkürzung« über den Nebenfluss trug die Gefahr mit sich, dass wir uns im Labyrinth der Seen und kleineren Flüsse verirren würden, aber sie gab uns auch die Gelegenheit, das Werk der Natur mit Staunen zu betrachten. *Naturaleza virgen*, unberührte, ursprüngliche Natur, weit entfernt von der plündernden Hand des Menschen.

Kurz vor Einbruch der Dunkelheit tauchte die Mündung des Flusses auf. Wir beschlossen, das Kanu an einen dicken Ast zu binden und dort auf dem Nebenfluss zu übernachten. Wir aßen den geräucherten Fisch und einige *Canangucho*-Nüsse, bevor wir uns zum Schlafen niederließen.

20 Symbol des Amazonas

Als wir am nächsten Morgen baden wollten, kam ein Fischer auf uns zu. Er kam aus San Martin, einem Dorf in der Nähe auf der peruanischen Seite des Flusses. Sein Name war Anibal und er war der Kazike, der Indianerhäuptling, von San Martin. Wie er uns erzählte, gab es in der Gegend, durch die wir an diesem Tag gepaddelt hatten, mindestens sechzig Seen. Wir waren froh, dass wir die Möglichkeit hatten, wenigstens einen davon zu entdecken. Und dazu noch einen derart schönen!

Durch den langen Weg über den Nebenfluss, hatten wir Puerto Toro verpasst, wo wir den Brief an Lucho hätten abgeben sollen. Anibal erklärte uns, dass wir den Brief bei ihm zu Hause in San Martin abgeben könnten, da Luchos Mutter oft vorbeikomme und er die Verantwortung übernehmen würde, ihr den Brief zu übergeben.

Er sagte uns auch, dass seine beiden kleinen Töchter krank waren und wahrscheinlich an Malaria litten. Wir versprachen, seiner Frau ein paar Tabletten gegen diese Krankheit zu hinterlassen. »Ich werde nicht lange zum Fischen wegbleiben. Ich hoffe, wir sehen uns heute Nachmittag wieder«, sagte der Kazike zum Abschied.

Als wir in der Wohnsiedlung San Martin ankamen, bemerkten wir, dass sich die Häuser um einen Tümpel mit stehendem Wasser drängten, in dem eine Menge *Gramalote* wuchs. *Gramalote* ist ein hohes Gras, das normalerweise am Rande des Wassers wächst. Wenn es in der Nähe einer Gemeinde wächst, wird der Müll, den die Menschen wegwerfen, von ihm aufgefangen, was zu beklagenswerten hygienischen Bedingungen führt. Aus diesem Grund hatten wir gelernt, die Pflanze zu verachten. Doch Jahre später stießen wir auf diese wissenschaftliche Beschreibung der *Gramalote* in einem

Auszug aus dem ökologischen Tarot:
»*Gramalote* ist ein Gras, das selbst der stärksten Flussströmung entgegenwirkt. Es hat Schwellungen an seinen Knüpfstellen, die ihm ermöglichen, auf der Oberfläche zu schwimmen und so in die Flussränder einzudringen. Es bildet Teppiche, die die Geschwindigkeit des Wassers verlangsamen. Auf diese Weise lagern sich die Schwebstoffe (Schlamm und Sand) ab und verdicken den Uferbereich. In dem angesammelten Material beginnen Bäume wie der *Yarumo* zu wachsen. Das Abholzen der *Gramalote* könnte der Beginn einer Erosion sein, die das Flussufer jedes Jahr um mehrere Meter zurückdrängen würde.«

In dem kleinen Hafen des Dorfes hatte sich eine Menge Müll angesammelt, darunter gebrauchte Plastiktüten, Flaschen und Dosen. Vieles davon wurde vom Fluss selbst mitgebracht, da die Menschen auf den vorbeifahrenden Schiffen Müll über Bord warfen. Wir sahen eine Frau, die Wäsche wusch, eine andere, die badete, und wieder eine weitere, die einen Topf mit Wasser füllte, um es zum Kochen und Trinken zu verwenden. Es war nicht verwunderlich, dass es viele kranke Menschen gab. Früher waren alle Behältnisse und Verpackungen aus natürlichen Materialien wie die Kalebasse, die geflochtenen Palmen- und Bananenschalen, die alle biologisch abbaubar waren. In Regionen, in denen Plastik und andere synthetische Materialien erst kürzlich eingeführt wurden, traten Krankheiten scheinbar immer häufiger auf. Die Menschen waren es nicht gewohnt, solche Abfälle zu entsorgen, und konnten mit den Müllbergen nicht umgehen.

Wir trafen die Frau von Anibal, eine hübsche Mestizin, und ihre neun Kinder. Die kleinen Mädchen des Kazike hatten keine Malariasymptome, es schien eher

20 Symbol des Amazonas

eine Hepatitis zu sein. Ich empfahl ihnen eine Diät, die sie bei dieser Krankheit einhalten sollten.

Wir erhielten Fisch, diesmal im Tausch gegen kleine bunte Perlen, *Chakiras*. Ein Mann bot sogar zwei »Tiger«-Zähne zum Tausch an. Wir hatten viele Päckchen von diesen Perlen dabei, die nicht nur bei den Indianern, sondern auch bei den Mestizen überall sehr beliebt waren. Diese Perlen waren fast praktischer als Geld in den abgelegten Regionen, in denen Tauschhandel die gängige Zahlungsart war.

Auf unserer Weiterfahrt von San Martin aus tauchte plötzliche der Kazike auf, als wir gerade die Flussmitte erreichten. Da er vom Fischen zurückkehrte, überreichte er uns einen großen Wels mit schwarzen Markierungen auf der Haut. Ich habe ihn sofort gesalzen und zum späteren Kochen aufbewahrt.

Wir paddelten einen Nebenfluss entlang, der uns zum nächsten Weiler bringen sollte. Dort wollten wir den Brief von Don Juan an seine Tochter Daisy überbringen.

Auf unserem Weg hatten wir schon oft als »Briefträger« gedient, und hier in Tres Esquinas durften wir wieder diese angenehme Pflicht erfüllen. Daisy und ihr Mann Juan luden uns ein, über Nacht zu bleiben. Das Thema Amazonas kam in unserem Gespräch am Abend auf, und Juan erzählte uns, dass der Fluss Putumayo fast unberührt sei, im Gegensatz zu dem Amazonas, wo große Teile des Urwalds abgeholzt worden waren. »Sogar die Ceiba-Bäume«, beschwerte sich Juan, »um Triplex herzustellen, das sie in die Vereinigten Staaten und nach Europa exportieren.«

Die Ceiba gilt in alten Kulturen als heiliger Baum. Er hat eine sehr starke Urkraft und die Indianer sind sich dessen bewusst. Aber an den Ufern des Amazonas verschwindet die Ceiba. »Das Fällen dieser Bäume durch die Siedler wird von den Indianern als Sakrileg betrachtet, und sie prophezeien, dass dies vom Geist des Schamanen ordentlich bestraft werden wird«, beklagte Juan.

Wir erinnerten uns daran, dass nach dem Glauben der Secoya-Indianer der Geist des Schamanen nach seinem Tod in der Ceiba wohnt.

Am nächsten Tag, nachdem wir einen wunderschönen Seitenfluss verließen, entdeckten wir auf der kolumbianischen Seite Hausruinen. Dort legten wir für die Nacht an. Wir entdeckten mehrere *Caimito*-Bäume und drei große Zitronenbäume, also sammelten wir die Früchte in unseren Korb. Außerdem fanden wir wilden Koriander, ein Kraut, das nicht nur ein köstliches Suppen- und Soßengewürz ist, sondern auch medizinische Eigenschaften hat. Die Wurzel der Pflanze kocht man zunächst in Wasser und nimmt den Sud dreimal täglich ein, was gut für die Leber ist, insbesondere bei Hepatitis. Wir gruben einige von diesen Pflanzen aus, um sie als Geschenk und zum Eigenbedarf mitzunehmen.

Wir hatten die Idee, eine Stelle zu finden, an der wir hoffentlich für ein paar Tage rasten könnten. Meine Intuition sagte mir, dass wir bald einen Ort finden würden und dass die Pflanzen, die ich ausgegraben hatte, dort für unseren Gebrauch wieder angepflanzt werden könnten.

Nach einem sehr erholsamen Schlaf im Hafen des verlassenen Hauses und einem Frühstück aus *Caimitos* und *Cananguchos* paddelten wir noch einmal los. Wir hatten von einem Ort namens Gaudenzio gehört, wo sich eine Farm befand, die in der Gegend für die Vielfalt und den Reichtum der dort angebauten Früchte bekannt war. Wir paddelten langsam und aufmerksam, um die Farm nicht zu verpassen. Der Besitzer war bei unserer Ankunft nicht da, trotzdem bedienten wir uns an den großen schwarzen *Caimarona*-Trauben, die im Tropenwald beheimatet waren und in Stauden von hohen Bäumen hingen. Andere Früchte waren noch nicht reif.

Wir hatten uns darauf gefreut, *Copoasu* zu probieren, eine exotische Frucht, die wir noch nicht kannten, aber der Baum stand in der Blüte und trug daher noch keine reifen Früchte.

Wir verbrachten die Nacht im Hafen von Gaudenzio und frühstückten am nächsten Morgen wieder mit Obst. Nur Obst. Wir paddelten den ganzen Tag, ohne jemanden zu sehen. Als wir an einem Haus ankamen, hofften wir, dort jemanden anzutreffen und Essen kaufen zu können, jedoch waren die Hausbewohner nirgends zu finden. Im nächsten Haus, einige Paddelstunden weiter, war ebenfalls niemand zu Hause. Dort kochten wir Wasser, in das wir *Fariña* und *Ají negro* sowie Korianderblätter und -wurzeln gaben. Wir krönten diese einfache Mahlzeit mit *Chucula* und einer Menge *Canangucho*. Wir vermuteten, dass die Leute aus den letzten beiden Häusern irgendwo im Wald Bäume fällten. Diese Mestizen gingen mit ihren Familien in den Dschungel um wochenlang mit ihren Kettensägen Holz zu schneiden, meist die Zeder. Ein weiterer Tag verging, ohne eine Menschenseele getroffen zu haben.

Die Nacht war unangenehm, da mich ein faules Gefühl im Magen nicht schlafen ließ. Am nächsten Morgen spürte ich Schmerzen und hatte schlimmen Durchfall. Ich wurde immer schwächer und schwächer. Auch nach der Einnahme von Tabak ließ der Durchfall nicht nach, und der Zitronensaft, der ebenfalls ein gutes Heilmittel war, ging einfach durch mich hindurch.

Endlich kamen wir an einem Haus auf der kolumbianischen Seite an, das uns Hoffnung auf Nahrung machte, aber auch dieses Haus war unbewohnt. Weiter fuhren wir an zwei verlassenen Hütten vorbei. Dort hing ein altes Schild, das gerade noch lesbar war und darauf hinwies, dass sich hier einmal eine Polizeistation befunden hatte. Wir mussten weiterziehen.

Wir befanden uns nun in jenem riesigen Teil des Flusses, der beidseitig von dichtem Dschungel umgeben war. Tagelang hatten wir keinen anderen Menschen gesehen. Ich begann, eine tiefe Traurigkeit zu empfinden, zum Teil wegen der Schwäche, aber mehr wegen des allmählichen Bewusstseins, allein zu sein, von der Menschheit isoliert zu sein. In der Vergangenheit hatte ich die Einsamkeit immer geschätzt und mich oft danach gesehnt, aber jetzt war es, als ob ich zum ersten Mal meinen menschlichen Zustand verstanden hätte. Ich verstand, dass ich unbestreitbar ein soziales Tier war.

Ich erinnerte mich an eine Unterhaltung mit meinen Freunden vor einigen Jahren. Es war kein Plaudern, sondern Reden, richtiges Reden. Wir fragten uns gegenseitig, was wohl die ersten Worte gewesen sein könnten, die je von einem Menschen ausgesprochen wurden.

»Reich mir das Salz«, scherzte jemand.

Aber dann hatte ich eine Vision. Ich war ein primitiver Mensch, allein auf der Welt, und das Wort schrie aus mir heraus. Es war ein verzweifelter Ruf aus meinem Inneren, der sich nach außen richtete und um ein Echo, eine Antwort von einem anderen Menschen bat. Zur gleichen Zeit und in der gleichen Vision spürte ich, wie ich aus dem warmen Wesen, das ich für mich selbst gehalten hatte, ausgestoßen wurde. Als ich in die Welt gestoßen wurde, plötzlich getrennt und bewusst, ein Individuum zu sein, schrie ich das Wort: »Aiee!«

Nun, die anderen nahmen das überhaupt nicht ernst. Sie waren keineswegs überzeugt und versicherten mir, dass alle Tiere bei der Geburt schreien würden. »Das konnte nicht das erste Wort sein, das der Mensch aussprach«, meinten sie.

Ich widersprach nicht, da ich keinen Zweifel daran hatte, dass meine Vision, meine Erfahrung eine echte, eine wahre Erfahrung gewesen war. Einige Wochen später sah ich »zufällig« einen Dokumentarfilm, der bestätigte, dass das einzige Tier, das bei der Geburt schreit, das menschliche Tier ist.

»Aiee!«

An einer großen Flusskurve sahen wir in der Ferne ein peruanisches Dorf. Es stellte sich heraus, dass es Primavera war. Bei unserer Ankunft kamen alle Einwohner heraus, um uns zu empfangen. Plötzlich waren wir von freundlichen Menschen umgeben, die uns mit Essen begrüßten. Eine Frau bot uns gebratenen Bläuel an, einen sehr schmackhaften Plattfisch. Sie nahm mich mit nach Hause und gab mir zwei von diesen in Bananenblätter gewickelten Fischen. Als ich dafür bezahlen wollte, sagte die Frau: »Sie kosten nichts.« Ich nahm ein Armband heraus, das ich unterwegs gebastelt hatte, und schenkte es ihr. Dann näherten sich mir zwei weitere Frauen mit Schüsseln voller *Fariña*-Mehl, und ich gab auch ihnen je ein Armband.

Danach lud uns eine andere Frau in ihr Haus ein und servierte uns eine köstliche Fischsuppe mit *Fariña*. Ich spürte, wie meine Kräfte zurückkehrten. Ich hängte meine Hängematte in der Wohnküche auf, und die Frauen und Kinder standen Schlange, um mir Schüsseln mit *Fariña* im Tausch gegen Armbänder zu geben. Da ich keine fertigen mehr hatte, fing ich mit dem Basteln an. Den ganzen Tag lang stellte ich ein Armband nach dem anderen her.

Die meisten Dorfbewohner waren Evangelisten. Am Fluss entlang hatten wir bereits ganz viele von ihnen getroffen. In diesem Haus war der Ehemann ein Pastor.

Eine der kleinen Töchter schaukelte den ganzen Tag in ihrer Hängematte und sang mit ihrem kleinen Bruder im Arm Lieder: »Jesus Christus hat mich nie verlassen, Jesus Christus hat mich nie verlassen.« Die evangelistischen Gemeinschaften, die wir am Fluss antrafen, waren zweifellos die am besten organisierten. Ihr Verzicht auf Alkohol schien ihnen sicherlich zum Vorteil zu gereichen.

Ich schuldete so viele Armbänder für all das Mehl, das wir bekommen hatten, dass ich in den nächsten drei Tagen nichts anderes als Makramee machte.

Ich fertigte insgesamt dreißig Armbänder an. Miguel machte drei. Es gelang mir auch, der Frau des Hauses Makramee beizubringen, und im Gegenzug brachte sie mir einen neuen Häkelstich bei und schenkte mir eine Tasche aus Fasern, die aus Palmblättern hergestellt wurden. Selbst als wir uns auf die Abreise vorbereiteten, brachten die Leute weitere Lebensmittel zum Tausch: Wildschweine, Fische, Papayas und reife Kochbananen.

Von Primavera aus fuhren wir zu einem kleinen Haus auf der kolumbianischen Seite, etwa eine Paddelstunde flussabwärts. Die Leute aus dem Dorf hatten uns versichert: »Dort könnt ihr ein paar Tage bleiben, denn die Besitzer sind im Dschungel unterwegs, um

20 Symbol des Amazonas

Bäume zu fällen, und werden frühestens in einem Monat zurückkehren. Es sind Verwandte von uns, sehr nette Leute, die dankbar sein werden, wenn ihr in ihrem Haus bleibt und helft, es zu pflegen.«

Das war genau das, wovon wir träumten: ein Ort, an dem wir ein paar Tage bleiben dürften, um uns auszuruhen. Wo wir handwerklich arbeiten, malen und schreiben würden, mit einem kleinen Fluss in der Nähe, in dem Miguel fischen könnte.

21 Katzenaugen

as Haus erwies sich als noch schöner, als wir es uns erhofft hatten. Es befand sich in einiger Entfernung vom Fluss auf einer Anhöhe und war von vielen Pfirsichpalmen umgeben. In der Nähe floss ein kristallklarer Bach vorbei.

Nachdem wir die Nacht im Kanu verbracht hatten, kam am Morgen ein Nachbar – ein Brasilianer namens Raymundo – zu Besuch. Er kümmerte sich um ein Haus ein Stück weiter flussaufwärts auf der gleichen Seite. Die Besitzer waren im Dschungel und fällten Bäume. Raymundo begrüßte uns und versprach, in ein paar Tagen, wenn er in den Dschungel ginge, die Besitzer »unseres« Hauses über unsere Anwesenheit zu informieren, sowie darüber, dass wir einige Tage bleiben würden, um nach dem Haus zu sehen.

Raymundo war der erste Brasilianer, dem wir entlang des Flusses begegneten. Er war ein Mann um die fünfzig, fröhlich und sehr freundlich, mit jener menschlichen Wärme, die typisch für alle Brasilianer war, die ich in meinem Leben getroffen hatte. Das erinnerte mich daran, dass wir bald in Brasilien ankommen würden. Wir waren nur noch vier Paddeltage von der Grenzstadt Tarapacá entfernt, der letzten Stadt Kolumbiens.

Da wir wussten, dass Raymundo den Besitzer über unsere Anwesenheit informieren würde, richteten wir uns in aller Ruhe in dem Haus ein. Unsere Hoffnung war es, dort zwei oder drei Wochen zu bleiben. Es war schön, wieder in einem Haus zu sein, in dem wir kochen und arbeiten konnten. Miguel freute sich, in der Nähe dieses schönen kleinen Flusses namens Alegria

21 Katzenaugen

zu sein, wo er angeln konnte.

In der ersten Nacht saßen wir nach dem Abendessen auf dem Balkon und lauschten den tausend Stimmen der Nacht. Die Stille der Nächte in der Stadt ist eine Stille der Abwesenheit; sie füllt die schlaflosen Nächte mit unruhigen Gedanken. Die Nächte im Dschungel sind von Klängen erfüllt, die zur Ruhe bringen. So war im Hintergrund das ewige Mantra der Grillen zu hören, die ihre nächtlichen Botschaften in einem ununterbrochenen Rhythmus aussendeten – ein Gesang, der an das geheime und großzügige Atmen der Pflanzenwelt erinnerte. Die Frösche und Kröten kommunizierten mit elektrokosmischen Signalen, die Nachtvögel pfiffen kurze, scharfe, freudige Töne oder beklagten sich betrübt. Ab und zu ertönte in der Ferne ein wilder Tierschrei. Das nächtliche Konzert füllte den dunklen Dschungel mit Leben.

Später, als wir schon im Bett lagen, lullten uns die nächtlichen Geräusche des Dschungel ein. Mein Geist war frei von Gedanken und Erinnerungen. Nur darauf bedacht, dem Mantra zu folgen, gaben wir uns dem Schlaf hin. Am nächsten Morgen wurden wir durch das Brüllen der Brüllaffen geweckt.

Gut eingerichtet in diesem schönen Haus konnten wir nicht anders, als für unser unglaubliches Glück dankbar zu sein. Zu wissen, dass wir versorgt waren und unsere Bedürfnisse erfüllt wurden, fühlte sich wunderbar an. War das vielleicht die Belohnung für unser bedingungsloses Vertrauen, für die Überzeugung, dass wir niemals enttäuscht wären, wenn wir uns auf die Gefahren einer Reise ins Unbekannte einlassen würden? Dieser Ort wurde uns genau dann geschenkt, als wir ihn brauchten! Er hatte alles, was wir uns an Annehmlichkeiten wünschen konnten, um in den kom-

Ein glasklarer Fluss verlief neben dem Haus.

menden Tagen überleben zu können. Auf dem Feld gab es gute, reife Kochbananen, große, herrlich süße Ananas, Papayas und Zuckerrohr. Alles würde zu Boden fallen und verfaulen, wenn wir nicht da gewesen wären, um es zu ernten. Natürlich gab es auch jede Menge trockenes Brennholz.

Miguel verbrachte jeden zweiten Tag mit Angeln am Alegria-Fluss, einem Nebenfluss des Putumayo zweihundert Meter flussaufwärts. Er brachte immer Schnüre von Palometa mit, einem Fisch, der sowohl von den Indianern als auch von den Kolonisten sehr geschätzt wurde, und einmal fing er sogar einen großmäuligen Fisch namens Bocón.

An den Tagen, an denen Miguel nicht fischte, malte er. Schon in Yaricaya hatte er ein Stück Leinwand vorbereitet, das er nun an zwei aus Holz der Pfirsichpalme selbst geschnitzten Stöcken aufhängte. Nach und nach tauchten viele Tiere in der üppigen Dschungelvegetation auf der Leinwand auf.

Das Wetter änderte sich plötzlich drastisch und wurde unglaublich kalt. Eines Nachts mussten wir sogar mit zwei Decken und bei geschlossener Tür schlafen. Es war diese *Helaje*, die Eiseskälte. Sie hielt die Moskitos fern. Nachts waren im Dschungel nur wenige Stimmen zu hören; die Vögel hielten sich sicherlich in ihren Nestern auf, um sich zu wärmen.

Ich verbrachte die meiste Zeit mit Weben, und weil ich mich an den Geburtstag meines Sohnes Diego im September erinnerte, war ich damit beschäftigt, eine Tasche aus *Chambira*-Fasern für ihn anzufertigen, in der Hoffnung, sie aus Tarapacá verschicken zu können.

Eines Tages saß ich allein auf dem erhöhten Teil hinter dem Haus in der Nähe des Waldes und hörte plötzlich ein dumpfes Geräusch von Schritten auf den abgefallenen Blättern und dem trockenen Gras. Ich konnte eine Bewegung im nahen Unterholz erkennen und verstand, dass sich ein Tier näherte. Die Schritte kamen immer näher zu mir. Ich blieb ganz still. Innerlich spürte ich jedoch erwartungsvolle Unruhe. Was für ein Tier konnte das sein? Die Möglichkeit, in der Gegenwart eines wilden Tieres zu sein, das sich frei in seiner eigenen Umgebung bewegte, erfüllte mich mit Aufgeregtheit. Ich erinnerte mich daran, dass mir der Anblick eines solchen Tieres (einer mir unbekannten Spezies) in der Sierra Nevada von Santa Marta eine große Freude bereitet hatte. Ich konnte nie vergessen, wie gesund es ausgesehen hatte: sein Fell so glänzend, seine Bewegungen so geschmeidig. Jetzt kam eines aus dem Dschungel näher und näher zu mir.

Ich beobachtete es aufmerksam. Ein Paar zuckender Ohren erschien: feinfühlige, wachsame Ohren, die bereit waren, jedes seltsame Geräusch wahrzunehmen. Ich blieb ganz still. Angespannt. Ich hielt den Atem an. Eine gelbliche Stirn wurde sichtbar und schwarzbraune Streifen kamen kurz zum Vorschein. Als es aus dem schattigen Unterholz hervortrat, spiegelten zwei Augen das Funkeln des Sonnenlichts wider. Gelbe Augen, die in der Mitte durch eine senkrechte schwarze Linie geteilt waren: Katzenaugen! Dann erschien die große majestätische Katze in ihrer ganzen Pracht, und ich wusste, dass ich mich in der Gegenwart des schönsten Tieres des Dschungels befand. Da stand er, etwa zehn Meter von mir entfernt. Ein Jaguar! *El Tigre*, wie er hier genannt wird.

Diese respekteinflößende Anwesenheit löste in mir weniger ein Gefühl von Angst ein, sondern eher Ehrfurcht – eine solche, die man in der Gegenwart eines allmächtigen Wesens empfindet. In diesem Moment sah ich den »Tiger« als das Symbol der wilden Freiheit. Ich war voller Bewunderung und Respekt. In Wirklichkeit war ich nicht in Gefahr: Ich befand mich hoch oben im Haus. Als der »Tiger« in meine Richtung blickte, zeigte er keine Anzeichen von Aggression. Ganz im Gegenteil: Sein Blick ging von mir weg, um in den Himmel zu schauen. Dort kreisten Geier. Ich nahm an, dass dies ein Zeichen dafür war, dass der »Tiger« vor kurzem Beute gemacht hatte.

Die majestätische Katze ging langsam zum Bach hinunter, trank ein wenig Wasser und verschwand im Unterholz genau auf die gleiche Weise, wie sie gekommen war. Ich konnte es kaum erwarten, Miguel von diesem wunderbaren Ereignis zu erzählen, nachdem er vom Angeln zurückkehren würde.

Eines Morgens, nach einer Portion *Chuchuhuasa* und einem Bad im Fluss, kochte ich gerade *Chucula*, als ein Mann erschien. Er erzählte mir, dass er mit seiner Frau und seiner kleinen zweijährigen Tochter die Nacht am Flussufer verbracht hatte. Es hatte die ganze Nacht geregnet und sie waren durchnässt. Beißende Ameisen hatten ihren Schlafplatz überfallen und sie angegriffen. »*Una noche de perros*. Eine Hundenacht«, klagte er.

Er bat um Erlaubnis, ihre Decken und Kleider zu uns zum Trocknen zu bringen. Unsere Wäscheleine hing im sonnigen Innenhof neben dem Haus. Wir luden Carlos und Leidi zum Frühstück ein, und als wir *Chucula* aßen, erzählten sie uns, dass sie den ganzen Weg von Tarapacá flussaufwärts gepaddelt hatten.

Wir waren voller Bewunderung für die Energie und den Mut dieses abenteuerlustigen Paares, das in dem winzigen Kanu mit deren Tochter und all ihren Habseligkeiten unterwegs war und die ganze Zeit gegen die

Strömung paddelte. Leidi konnte nicht einmal schwimmen und wusste kaum, wie man ein Paddel benutzt. Sie erzählten uns eine Geschichte, die uns, gelinde gesagt, ein wenig nervös machte.

»Da drüben an einem Ort namens Itu lebt ein Mörder, ein gefährlicher Kerl. Er ist ein schwarzer Brasilianer namens Vicente. Einmal fing ein Kolumbianer einen Streit mit ihm an und griff ihn mit einer Machete an. Die von der Machete hinterlassenen Schnittwunden ließen ihn fast sterben. Danach schwor der Brasilianer, dass er jeden Kolumbianer töten würde, der an seinem Haus vorbeikäme. Tatsächlich hat dieser Mann schon viele Reisende auf dem Fluss getötet. Alle Leute in der Umgebung kennen ihn und wissen, was er tut, aber das Gesetz hat nichts getan, um ihn zu bestrafen.«

Carlos erzählte weiter, dass sie in der Nacht am Haus des Mörders vorbeifahren mussten. Sie paddelten so gut sie konnten und machten dabei so wenig Lärm wie möglich, damit die Hunde sie nicht hörten und den alten Mörder nicht weckten. Carlos riet uns, das Gleiche zu tun.

»Wenn ihr das nicht tut, könnte der Mörder euch bei lebendigem Leib häuten... Da war der arme alte Mann – einer, der den Fluss hinauf und hinunter fuhr, Schuhe flickte und Angelhaken, Nadeln und Baumwolle verkaufte, den sie »El Huevon« nannten, weil er einen Bruch in den Eiern hatte. Dieser Schwarze hat ihn umgebracht. Er erschoss ihn mit einem Gewehr.« Wir hatten von »Huevon« gehört, und die Leute am Fluss erzählten, dass ihn lange niemand gesehen hatte. Alle vermissten ihn. Der Gedanke, dass der alte Mann so gewaltsam zu Tode gekommen war, machte uns sehr traurig.

Carlos zeigte Miguel eine Beere, die er in den Bü-

21 Katzenaugen

schen am Flussufer gefunden hatte und die sich sehr gut als Köder zum Angeln eignete. Sie wollten am nächsten Tag gemeinsam fischen, doch dann hörten wir ein Motorgeräusch, das sich den Putumayo hinauf bewegte: Ein Motorboot! Carlos und Leidi packten in aller Eile ihre Habseligkeiten zusammen und brachten sie ins Kanu. Dann paddelten sie auf die andere Seite des Flusses, in der Hoffnung, eine Mitfahrgelegenheit nach Puerto Asis zu bekommen. Selbst mit einem Motorboot würde die Reise dorthin drei Wochen dauern.

Eines Morgens hörten wir Stimmen aus dem Nachbarhaus flussaufwärts. Später kam Raymundo in Begleitung des Besitzers unseres Hauses und seines Schwagers vorbei. Alirio war ein freundlicher Indianer, dessen Vater vom Stamm der Yaguas war, und die Mutter von den Ticunas. Er sagte, wir dürften so lange in seinem Haus bleiben, wie wir wollten. Mindestens einen weiteren Monat lang würde er im Dschungel Holz fällen, zwei Paddeltage stromabwärts. Er kam her, um nach Lebensmitteln zu suchen: Yuca, Kochbananen, Ananas und Rohrzucker, denn die Vorräte, die sie drei Monate zuvor mitgenommen hatten, waren aufgebraucht.

Alirio gab uns Rohrzucker und Yuca aus seinem Feld, sowie eine Traube kleiner Kochbananen, die er *Chiro* nannte. Miguel schnitt einen dicken Stock ab, um eine gebrochene Stange an der Zuckerrohrpresse zu ersetzen. Es handelte sich um eine selbstgebaute Presse, die im Volksmund als *La vieja*, die Alte, bezeichnet wurde. Sie funktionierte ähnlich wie eine altmodische Wringmaschine. Wir wrangen zwei Zuckerrohre aus und gewannen genug Saft, um unsere heiße Schokolade sowie den Maismehlbrei zu süßen. Roher Rohrzucker war wirklich köstlich und voller Nährstoffe, aber die Menschen, die auf ihren eigenen Feldern Zuckerrohr anbauten, zogen es oft vor, weißen, raffinierten Zucker von den Flusshändlern zu kaufen. Der größte Teil des Zuckerrohrs wurde daher an Schweine und Hühner verfüttert.

Alirio ging mit seinem Schwager fischen und brachte nachher siebzehn *Palometas* mit. Ich bereitete ein köstliches Abendessen für uns alle zu. Alirio half mir beim Ausnehmen der Fische und wir bewahrten einige gekochte Fische für die Männer auf, die sie am nächsten Tag als Proviant für die Rückreise zu ihrem Arbeitsplatz im Dschungel, den Fluss hinauf, mitnehmen würden. Alirios Frau und Kinder warteten dort auf ihn.

Es war ein früher Start für Alirio und seinen Schwager, die sich bereits um zwei Uhr morgens für die Abfahrt vorbereiteten. Sie würden den ganzen Tag paddeln und erst gegen elf oder zwölf Uhr nachts an ihrem Arbeitsplatz im Dschungel ankommen.

Die Menschen in Kolumbien halten ihre Innenhöfe aus Angst vor Schlangen sauber. Mit der Machete entfernte ich das Unkraut, das im Innenhof wuchs, und pflanzte dort den wilden Koriander ein, den wir aus dem verlassenen Haus flussaufwärts mitgebracht hatten. In einer Ecke des Innenhofs fand ich einen zerknitterten Zettel mit der Aufschrift: »Widme dem Lachen Zeit. Es ist die Musik der Seele.« Ich fühlte, dass die Botschaft an mich gerichtet war, da ich in letzter Zeit ab und zu traurig gewesen war – nicht nur aufgrund der Entfernung und der schwierigen Kommunikation mit meinen Kindern. Inzwischen hatte ich Miguel von meiner Entscheidung erzählt, im nächsten Jahr bei den Kindern zu sein, anstatt mit ihm weiter in den Dschun-

21 Katzenaugen

gel zu ziehen. Wir hatten beschlossen, nach dem Ende der Reise getrennte Wege zu gehen. Von da an machte unsere bevorstehende Trennung jeden gemeinsamen Augenblick zu einem kostbaren, aber auch wehmütigen Moment.

Drei Wochen später kehrte Alirio mit seiner Frau und seinen drei Kindern zurück. Er hatte drei Monate lang im Dschungel Holz geschlagen. Sie brachten drei Faultiere mit, die sie im Dschungel gejagt hatten und das Fleisch reichte aus, um die Familie in den nächsten Tagen zu ernähren. Sie gaben uns die Hälfte davon ab im Tausch gegen zwei Patronen.

Schon wieder war es Zeit für uns, weiterzuziehen.

22 Ankunft in Tarapacá

»Was als Erde voller unerschöpflicher Schätze glänzt, wird langsam zu einem geplünderten Planeten.«
Richard St. Barbe Baker

»Allein in Kolumbien werden jedes Jahr 700.000 Hektar Wald zerstört.«
(Statistikbericht)

Wir paddelten an einem Dorf der Ticuna-Indianer vorbei zum Haus von Alirios Vater, Don Marco. Als wir dort ankamen, stellten wir jedoch fest, dass da seit längerer Zeit niemand lebte. Die Hütte war in perfektem Zustand: Das Palmendach sah neu aus. Es gab einen Korb aus Yaré-Rebe, der scheinbar nie benutzt wurde. Die Feuerstelle war sehr sauber; nur ein paar Stücke trockenes Holz lagen daneben. Sonst gab es in dem Haus nichts: keine Töpfe, kein Bett, keine Kleidung, nicht einmal Salz. In Kolumbien gibt es den Aberglauben, dass es Unglück bringt, keinen Salzvorrat im Haus zu haben.

Die einzigen Lebenszeichen waren zwei wunderschöne Vogelspinnen, die geduldig im Palmblattdach auf Fliegen, Mücken und Kakerlaken warteten und uns das Gefühl gaben, ganz zu Hause zu sein. Wir erinnerten uns an die Spinne, die mit uns in unserer Hütte in Yaricaya gelebt hatte. Entgegen der Meinung der meisten zivilisierten Menschen sind diese Spinnen nicht aggressiv. Wenn man sie nicht stört, sind sogar sehr nützlich, da sie Moskitos, Sandfliegen und Zecken in Schach halten.

Das Gelände, auf dem die Hütte gebaut wurde, war

22 Ankunft in Tarapacá

sehr schön, genauso wie das Haus selbst. Es bestand aus einem einzigen großen Raum ohne Wände und bot einen herrlichen Blick auf den Fluss. Die Vegetation rundherum lud mit solcher Frische ein, dass wir beschlossen, den ganzen Tag dort zu bleiben.

Als Miguel am Nachmittag zum Fluss hinunterging, entdeckte er schockiert eine Giftschlange, die in unser großes Kanu glitt. Trotz unserer Bemühungen, sie mit einem langen Stock abzuschrecken, verschwand sie vollständig unter den Brettern am Boden des Bootes. Wir hielten es für besser, in dieser Nacht im Haus zu schlafen, und waren gerade dabei, alles aus dem Kanu zu holen, als Miguel bemerkte, dass sich die Schlange im Moskitonetz verfangen hatte. Sie hatte sich ihren Weg ins Dach gebahnt. Mit einem sehr langen Stock gelang es ihm, das Netz zu entwirren und die Schlange zu vertreiben. Wir sahen zu, wie das ängstliche Reptil am Flussufer entlang glitt und im dichten Unterholz verschwand. Am nächsten Tag paddelten wir los, ohne Don Marco getroffen zu haben, und konnten daher Alirios Grüße nicht weitergeben.

In Puerto Huila hielten wir für eine Weile an, um Kochbananen und Fisch zu kaufen. Die Frau des Fischers bot uns im Tausch gegen Armbänder ein Frühstück an. Zwei joviale Kolumbianer, von denen einer den Spitznamen El Guajiro[1] trug, begrüßten uns. El Guajiro entpuppte sich als der Besitzer des verlassenen Hauses flussaufwärts, in dem wir Zitronen, *Kaimos* und wilden Koriander geerntet hatten. Er lebte jetzt in Tarapacá. Der andere Kolumbianer war ein ehemaliger Polizeibeamter. Er erzählte, dass er während seiner Arbeit bei der Polizei genug Geld gespart hatte, um in Santa Clara, zwei Stunden flussabwärts, eine große

---

[1] Guajiro: eine indigene Ethnie Südamerikas.

Farm kaufen zu können. Er lud uns ein, auf unserem Weg dorthin vorbeizukommen und zusammen zu Mittag zu essen.

Wir legten ab und paddelten einen breiten Seitenfluss entlang, als wir bemerkten, dass sich der Himmel grau färbte und das Donnern immer lauter wurde. Gleichzeitig kamen die beiden Kolumbianer in ihrem Boot erneut auf uns zu. El Guajiro bat uns um ein Stück Plastikplane, die sie vor dem aufkommenden Sturm schützen würde, und erzählte uns hastig eine amüsante Geschichte auf Portugiesisch:
Amigo (Freund): »Lass uns den Fluss überqueren!«
Canoero (Bootsmann): »Aber es gibt einen Sturm!«
Amigo: »Lass uns trotzdem hinübergehen, Gott ist sehr groß.«
Canoero: »Ja, Gott ist sehr groß, aber mein Kanu ist klein.«

Wir paddelten weiter und erreichten gegen drei Uhr nachmittags die Farm des Ex-Polizisten in Santa Clara. Nach einem guten Mittagessen mit Fisch, Bohnen und Reis führte uns unser Gastgeber durch das Sägewerk, das er vor einigen Jahren zusammen mit dem Haus und dem Land gekauft hatte. Er erklärte: »Das meiste Holz kommt aus dem Fluss Cotué. Es ist fast ausschließlich weißes Holz, das nicht für den Export geeignet ist. Grundsätzlich wird es für lokale Bauten entlang des Flusses und in Tarapacá verwendet.«

Wir fragten nach dem Holz, das entlang des Flusses Yaguas geschlagen wurde. Offenbar würde sich ein Peruaner namens Escudero dort das Zedernholz – ein feines, sehr kommerzielles Holz – holen und alles nach Puerto Asis schicken. Von dort aus wurde es ins Innere Kolumbiens transportiert.

22 Ankunft in Tarapacá

Ein kolumbianischer Holzfäller, der in Tarapacá lebte, erzählte mir, dass man eine Steuer an den Großmagnaten Escudero zahlen musste, um Holz aus dem Cotué in Peru entnehmen zu dürfen. Escudero bestach die peruanische Polizei und die Armee, um überall, wo er wollte, Hartholz entnehmen zu können.

»Escudero hat die Yagua-Indianer versklavt. Er lässt die Indianer zwei Tage für ein Kleidungsstück arbeiten. Sie verschulden sich bei ihm für alle möglichen Waren.« Das erinnerte uns an die gehörten Geschichten über die Sklaverei auf den Gummiplantagen in Afrika und Südamerika zu Beginn des zwanzigsten Jahrhunderts. Das Gefühl der Hilflosigkeit überfiel uns erneut angesichts der schrecklichen Statistiken, die das Verschwinden des Urwaldes in Amazonien bis zur Mitte des 21. Jahrhunderts vorhersagen. Allein in Kolumbien werden jedes Jahr 700.000 Hektar verwüstet.«

In Tarapacá konnte ich mit meinen Kindern in Bogotá telefonieren und die Tasche, die ich für Diego gehäkelt hatte, mit dem Postdienst des örtlichen Klosters verschicken. Ich hatte auch die Gelegenheit, eine Zeitung zu lesen – die erste seit Monaten – und stieß auf einen Artikel über die Goldgräber in Brasilien:

»Eine neue Gräueltat hat die brasilianische Öffentlichkeit schockiert: die Ermordung von dreißig Yanomami-Indianern durch eine Gruppe von Goldgräbern am vergangenen Sonntag in dem abgelegenen Dorf Hoximu nahe der Grenze zu Venezuela. Zwei Indianer, die den Morden entkommen konnten, sagten, dass die Goldgräber die Erwachsenen erschossen hätten, dann die Kinder getrennt und sie mit ihren Arbeitsmessern erstochen haben. Die nationale indianische Stiftung hat die Armee um Hilfe gebeten. Die mit der Frage der

Sicherheit an den Grenzen zu Venezuela beauftragten Militärs schauen diesmal jedoch mit freundlichen Augen und begrüßen die Anwesenheit der Goldgräber.«

In Tarapacá befand sich ein Militärstützpunkt, dessen »Pflichten« die Zeugung von Kindern für alle gut gesinnten Frauen umfasste. Es gab zudem einen Polizeiposten mit etwa zehn Polizisten, von denen die meisten Junggesellen waren. Gefährlich! Die Tochter des Guajiro war erst elf Jahre alt, und in der ganzen Stadt wurde er bereits als *Suegro*, Schwiegervater, angesprochen. »Sogar der dickbäuchige Florez, der selbst erwachsene Kinder hat, nennt mich *Suegro*, beschwerte sich der Guajiro.

Der Guajiro verdiente seinen Lebensunterhalt zum Teil mit der Herstellung eines starken *Guarapo*. Das Getränk verkaufte er an die Indianer, die für Don Flórez arbeiteten, den Flussinspektor, der das gesamte Holz aus dem Fluss Cotué kontrollierte. Das Büro von Don Flórez befand sich in seinem eigenen Haus, aber er verlangte von den Flussbehörden Miete, als ob es jemand anderem gehört hätte. »Don Flórez ist ein netter Mensch«, sagten die einen, aber andere meinten, er sei ein sehr strenger Chef: Er hatte eine sehr enge Kontrolle über alle seine Arbeiter, zu denen die Mehrheit der Bevölkerung von Tarapacá gehörte.

Guajiro mit seinem verführerischen *Guarapo* wohnte gleich nebenan und konnte als »Teufel« im Leben von Don Flórez und seinen überarbeiteten Angestellten gelten. Die Indianer betranken sich oft, *»Para aliviarse del duro peso de la vida.* um die schwere Last des Lebens zu lindern.«

»Sie sind nur Menschen wie wir alle«, sagte Don Flórez mit gespielter Humanität, doch er bestrafte seine Arbeiter, indem er sie zwang, sich schuldig zu beken-

22 Ankunft in Tarapacá

nen. Der »Schuldige« musste dann zu ihm kommen, ihn um Verzeihung bitten und anflehen, wie ein Bettler um Almosen betteln würde, um wieder aufgenommen zu werden. Denn Don Flórez, der große Patriarch der Stadt, bot die einzige Arbeitsstelle in der Gegend an.

Man gab uns ein Empfehlungsschreiben für die Behörden in Ipiranga, Brasilien. Wir sollten am nächsten Tag dort eintreffen. Die brasilianischen Beamten verlangten einen Namen für unser Kanu, also tauften wir es *La Secoyita*, also: »Kleine Secoya-Indianerin«. Man warnte uns zudem, dass man auch eine sehr gründliche Durchsuchung unserer Ladung vornehmen würde. Glücklicherweise hatten wir nichts Illegales dabei.

23 Wir betreten Brasilien

Zum Frühstück gab es *Tamales*. Wir besorgten einige auf Vorrat für unser Mittagessen. Dann verließen wir Tarapacá, die letzte Stadt Kolumbiens, um nach Ipiranga, der ersten Stadt Brasiliens, weiterzupaddeln. Dort kamen wir gegen zwei Uhr nachmittags auf dem Militärstützpunkt an.

Die Durchsuchung in Ipiranga war nicht so akribisch, wie wir es erwartet hatten. Die Soldaten waren sehr freundlich, und wir wurden in das Haus eines Arztes auf dem Stützpunkt eingeladen, um uns zu erfrischen. Dort lernten wir die ersten Sätze Portugiesisch, obwohl der Sprachunterschied kein Hindernis für die Kommunikation darstellte: Wir verstanden viel Portugiesisch und sie verstanden unser Spanisch.

Die gesamte Familie des Arztes sowie einige Nachbarn waren im Haus versammelt, und um drei Uhr waren alle Augen auf einen riesigen Fernsehbildschirm gerichtet. Es war an der Zeit, das Fußballspiel zwischen Brasilien und Bolivien im Ausscheidungsverfahren der Weltmeisterschaft zu sehen. Auf dem Bildschirm erschien das Stadion überfüllt mit Tausenden begeisterter Fans des Spiels, das Menschen auf der ganzen Welt unterhielt: das wahre Opium des Volkes.

Ein anderer Mann lud uns in sein Haus ein, wo wir eine Mahlzeit kochen konnten. Ich begann, den Fisch und die Yuca zuzubereiten, während Miguel etwas vom Boot holte. Währenddessen machte mir der Mann, der mir seltsam nervös vorkam, einen kuriosen Vorschlag. Er gab mir zu verstehen, dass er mich gerne mit auf den Fluss nehmen würde. Er meinte, Geld und

23 Wir betreten Brasilien

ein Motorboot zu haben und bestand darauf, dass ich mit ihm fahren würde. Dann näherte er sich mir und versuchte, mich zu fassen und zu umarmen. Ich war erschrocken. Zum Glück kam Miguel in diesem Moment zurück.

Während ich das Essen kochte, sprach dieser Mann im anderen Zimmer mit Miguel. Später erfuhr ich, dass der Mann sehr eindringlich nach »Crack« gefragt hatte. Miguel erklärte, dass wir nichts dergleichen hätten, aber der Mann war hartnäckig, regte sich auf und wurde sogar etwas aggressiv. Wir fühlten uns verständlicherweise beunruhigt von dieser ersten Begegnung auf brasilianischem Gebiet. Sobald das Essen gekocht war, nahmen wir es mit zum Kanu und aßen dort.

Am nächsten Tag legten wir früh ab. Noch bevor die Sonne aufging, hatten wir eine Portion *Chuchuhuasa* genommen und gebadet. Wir paddelten flussabwärts, als uns ein Mann grüßte, der gerade angelte. Er eilte in seinem Kielboot auf uns zu und sprach uns auf Spanisch an. Dann teilte er Kaffee aus seiner Thermoskanne mit uns und erzählte seine Geschichte:

»Ich bin der Wächter in diesem Dorf. Vor einigen Jahren hatten wir hier auf dem Fluss viele Probleme. Damals hielten die brasilianischen Flusshändlerboote nie an, um uns Lebensmittel oder andere Waren zu verkaufen. Nein, diese Boote fuhren an uns vorbei, direkt nach Kolumbien. Dort tauschten sie ihre Waren gegen *Cocoroco*, Kokain. Wenn die Menschen, die hier am Fluss lebten, Medikamente, Lebensmittel oder Kleidung brauchten, mussten sie bis nach Ipiringa paddeln. Ich beschloss, mich bei dem Leutnant im Stützpunkt zu beschweren. Wir hielten eine Versammlung mit allen Dorfbewohnern ab, und von da an untersagten sie allen brasilianischen Booten die Einfahrt nach Kolumbien. Und das Geschäft war zu Ende.«

Der Wächter erzählte uns von Vincente, dem »schwarzen Mörder«, der flussabwärts in Itú lebte. Er bestätigte, dass Vicente in der Vergangenheit Menschen getötet hatte, aber im Alter ruhiger geworden war. Er erklärte uns, dass Vicentes neue Nachbarn, allesamt Evangelisten, ihn für seine Gewalttaten zurechtgewiesen hätten und ihn nun unter Kontrolle hätten. Wir waren überrascht von der Gleichgültigkeit in seiner Stimme, als er nonchalant sagte: »Er hat jetzt aufgehört, Menschen zu töten.«

Noch am selben Tag erfuhren wir mehr über den »schwarzen Mörder«, und zwar von einer Brasilianerin, die uns davor warnte, an seinem Haus vorbeizufahren. Anscheinend wäre es weiterhin gefährlich, sein Haus zu passieren. Sie riet uns, diese Nacht in einem Weiler namens Memorial zu verbringen und von dort aus gleich am nächsten Morgen aufzubrechen, um ganz früh an dem besagten Haus vorbeizupaddeln. Wir sollten auf der Seite passieren, die am weitesten von seinem Haus entfernt war. »Wenn ihr auf Gott vertraut, wird euch nichts passieren«, sagte sie zum Schluss.

Die glühende Sonne der Trockenzeit ließ mich unter dem Schatten unseres Palmblattdaches bleiben. Der Fluss wurde von Tag zu Tag kleiner. Man hatte uns erzählt, dass bald Schildkröteneier an den Sandstränden zu finden sein würden. Ein rosafarbener Delfin gesellte sich zu uns an die Seite des Kanus. Er tauchte ins Wasser ein und aus und blies kräftig Luftblasen. Er war so sehr auf das Fischen konzentriert, dass er ab und an ganz nah an unserem Boot auftauchte. Wir befürchteten, dass er versehentlich versuchen würde,

23 Wir betreten Brasilien

unter unserem Kanu aufzutauchen, und so unser Boot umkippen könnte. Einige Klammeraffen folgten uns am Ufer und schwangen sich geschickt von Ast zu Ast, bis sie einen *Juansoco*-Baum fanden und dort blieben, um diese leckere Dschungelfrucht zu genießen.

Seit einigen Tagen herrschte ruhiges Wetter. Wir fragten uns, was der kommende Vollmond wohl bringen würde. Von den Einheimischen wussten wir, dass stürmisches Wetter bevorstünde. Später erfuhren wir, dass die Menschen nicht wegen des Mondwechsels mit Stürmen gerechnet hatten, sondern weil der Aberglaube besagte, dass es am 30. und 31. August, den Tagen der Heiligen Rose und Raymundo, immer stürmisch war. An diesen beiden Tagen kam es jedoch zu keinem Sturm, und erst bei abnehmendem Mond änderte sich das Wetter.

Die Sonne verschwand gerade hinter dem Horizont, als wir uns einem Stück Dschungel näherten, das als Vorbereitung für einen Anbauplatz abgeholzt worden war. Ein Mann mit zwei kleinen Jungen wollte gerade gehen, als wir ankamen. Unsere Begrüßung wurde zunächst etwas misstrauisch aufgenommen. Wir stellten uns also vor und erklären, woher wir kamen und wohin wir wollten. Erst dann änderte der Mann, Don Luis, seine Meinung und bot uns freundlicherweise die Hütte auf seinem Feld zum Übernachten an. Bevor wir uns verabschiedeten, bestand er darauf, dass wir am nächsten Morgen bei seinem Haus in Memorial vorbeikommen sollten.

Wir sahen zu, wie Don Luis sein Kanu flussabwärts paddelte; seine beiden kleinen Enkelkinder saßen dicht beieinander in der Mitte, aufrecht und mit geradem Rücken. Als der Vollmond am Horizont auftauchte, zeichnete sich das Kanu mit seinen drei Insassen als schwarze Silhouette gegen den großen weißen Mond ab. Das rhythmische Schlagen des Paddels von Don Luis auf dem Wasser wurde immer leiser, während wir dastanden und zusahen, wie das Kanu hinter der Flussbiegung verschwand.

Wir brachten unsere Decke und das Moskitonetz in die Hütte. Sie war neu gebaut und wunderschön, aus Holz mit einem dicht geflochtenen Palmblattdach. Ich stellte die Töpfe mit der Pirarucú-Fischsuppe und der *Chucula* auf die Glut des Feuers, das Don Luis in der Feuerstelle hinterlassen hatte. An trockenem Brennholz mangelte es nicht, und bald wärmten die heißen Flammen unser Abendessen auf. Wir schliefen gut.

24 Vicente »der Mörder« und Lucas der Affe

»Wenn sie Waffen bringen, werden sie mich nicht verletzen
Wenn sie Füße haben, werden sie mich nicht erreichen«
– das Gebet des Einarmigen

ir standen im Morgengrauen auf, um das Haus von Don Luis in Memorial früh zu erreichen. Beim Frühstück bestätigten uns Luis und seine Tochter, dass Vicente schon so manchen Touristen getötet hatte, der in einem Kanu vorbeizog. Einmal beleidigte er ein paar vorbeifahrende ecuadorianische Studenten, weil er sie vermutlich für Kolumbianer hielt. Dann verletzte er einen von ihnen mit seiner Harpune, bevor er die beiden mit einem Gewehr erschoss und ihr gesamtes Eigentum stahl.

»Einen Koffer und eine schöne Decke«, beklagte sich die Tochter von Luis. Ich entdeckte einen gewissen Neid und eine eindeutige Missachtung der Opfer des Mörders selbst.

All diese Geschichten verdarben mir den Appetit. Ich dachte daran, dass wir diesen Teil des Flusses bald passieren mussten. Natürlich hatte man uns vor unserer Reise zum Amazonas vor allen möglichen Gefahren gewarnt. Das Risiko war bereits eingegangen worden. Es gab jetzt kein Zurück mehr. Es gab keine Möglichkeit, der Gefahr zu entgehen. Der Fluss führte uns in diese Richtung, und wie der Fluss selbst, mussten auch wir seinem Lauf folgen. Sobald wir jedoch wieder in das Kanu stiegen, sprachen wir das Gebet, das Gerardo der Einarmige, unser Freund aus Puerto Alegria, uns beigebracht hatte:

> Wenn sie Waffen bringen, werden sie mich nicht verletzen
> Wenn sie Füße haben, werden sie mich nicht erreichen
> Keine Wolken werden mich umgeben
> Kein Hund wird mich anbellen
> Noch ein Löwe angreifen
> Keine Schlange wird mich beißen
> Noch ein Wolf mich jagen
> Keine Katze schleicht sich an mich heran

Wir sagten das ganze Gebet zweimal auf und paddelten dann so schnell wir konnten. Wir wollten so rasch wie möglich an Vicentes Haus vorbeikommen. Da wir nicht wussten, auf welcher Flussseite der Mann zu dieser Tageszeit zu finden war, beschlossen wir, uns in der Mitte zu halten. Wir paddelten möglichst geräuschlos mit unseren Paddeln und ohne ein Wort zu sprechen, denn wir wussten, dass dieser Mörder vor allem spanischsprachige Ausländer hasste. Irgendwann rief uns eine wütende Männerstimme etwas zu. Mein Herz machte einen Sprung, und wir paddelten schneller.

Etwa zehn Minuten später sahen wir das Haus hinter uns verschwinden. Wir befanden uns in Sicherheit!

Noch eine halbe Stunde waren wir unter der furchtbar heißen Sonne unterwegs, dann suchten wir uns ein schattiges Plätzchen am Flussufer und hielten an, um das Vorbeifahren mit einer *Pielroja*-Zigarette und einer Tasse *Aguardiente* zu feiern, wobei wir uns an die Abschiedsworte von Don Luis erinnerten, einem glühenden Anhänger der Cruzado-Religion: »Wenn Gott will, dass du weiterlebst, wird er dich nicht sterben lassen.«

24 Vicente »der Mörder« und der Affe

Ich verbrachte den Rest des Tages unter unserem Dach, während Miguel das Boot steuerte. Ich weiß nicht, ob es am Schreck oder an der glühenden Sonne lag (oder vielleicht an beidem), aber plötzlich begann mein Herz sehr schnell zu schlagen und raste bis zum Einbruch der Nacht.

Seit unserer Ankunft in Brasilien sahen wir immer mehr Kohlpalmen mit ihren Acai-Beeren. Die Brasilianer bauten diesen Baum in großen Mengen an und stellten aus seinen Beeren ein nahrhaftes Getränk her.

Auch den robusten Brotfruchtbaum gab es in Hülle und Fülle. Seine großen smaragdgrünen Blätter, die sich wie große Hände ausbreiteten, spendeten Schatten vor der tropischen Sonne. Die nahrhafte Nuss würde im Inneren einer Frucht reifen, die mit einer stacheligen grünen Schale bedeckten war. Die reife Frucht fällt dann zu Boden und die Nüsse platzen heraus. Diese mussten gekocht werden, ähnlich wie Kastanien, und schmeckten wie Brot.

Wir wurden wieder von Affen verfolgt, diesmal von Kapuzineraffen. Eine Zeit lang hatten wir sogar einen dieser Affen besessen, als wir in Ricaurte im Departement Nariño in Kolumbien lebten. Wir hatten ihn auf dem Markt in Pasto (der Hauptstadt des Departements) gekauft, mit der Idee, ihn zu befreien. Wir brachten ihn in den Regenwald am Pazifik zwischen Guayacan und Tumaco, in der naiven Annahme, dass er sich dort wieder mit seinem Stamm vereinigen würde. Leider mussten wir feststellen, dass es in dieser Region keine Affen dieser Art gab. Außerdem teilte man uns mit, dass ein Tier, das in Gefangenschaft gewesen war, nie wieder in die Gruppe aufgenommen werden würde.

Monate später hörten wir jedoch eine wahre Geschichte, die dies widerlegte. Zwei Biologen, die zu dieser Zeit im Amacayacu-Nationalpark arbeiteten – etwa fünf Stunden mit dem Motorboot auf dem Amazonas von Leticia entfernt – waren direkt für die »Auswilderung« von Lucas, einem Braunen Wollaffen, verantwortlich. Durch sie erfuhr ich die ganze Geschichte:

Lucas war von einer reichen Familie in Leticia erworben worden, aber als diese Familie beschloss, nach Bogotá zu ziehen, wurde der Affe von den Behörden am Flughafen beschlagnahmt: Nach dem Gesetz durfte kein Wildtier aus den Dschungelgebieten mitgenommen werden. Diese Familie war sehr wohlhabend und versuchte daher, ihre finanzielle Macht zu nutzen, um das Gesetz zu brechen und den Affen mitzunehmen.

Lucas wurde zunächst in das Inderena-Institut in Leticia gebracht, wo die Familie ihn jeden Tag in Begleitung des Dienstmädchen besuchte, das sich um die Toilette des Affen kümmerte und ihm Seife, Shampoo und sogar Deo mitbrachte. Als der Affe in den Amacayacu-Park gebracht wurde, besuchten sie ihn weiterhin und versuchten, die Biologen zu bestechen. Eines Tages kamen sie sogar mit einem Polizisten, aber die Biologen sagten, sie würden Lucas nur gegen eine schriftliche Anordnung der Polizei herausgeben, wohl wissend, dass niemand es wagen würde, mit einer solchen Anordnung gegen das Gesetz zu verstoßen. In der Zwischenzeit fühlte sich Lucas allmählich im Dschungelgebiet rund um die Anlagen des Parks zu Hause. Er lernte, Spinnen, Ameisen und Kakerlaken zu essen, aber auch Bananen, andere Früchte und Nüsse. Als Haustier hatte er sich ganz anders ernährt, mit viel gekochtem Essen und raffinierten Getreidesorten wie Cornflakes, Reis-Crispies und Mais-Chips. Lucas war sogar süchtig nach Coca Cola gewesen, ganz zu schweigen von all den Arten von Süßigkeiten. Die Familie hatte ihn in Hosen, Weste und Mütze gekleidet; sie hatten sogar eine Fliege für ihn besorgt, damit er bei besonderen Besuchen oder Festen »elegant« aussehen würde. Nun lief Lucas »nackt« herum, und nach und nach wurde er – erneut – zu einem richtigen Affen.

Eines Tages beschlossen die Biologen, dass Lucas freigelassen werden könnte, und brachten ihn in einen entfernten Teil des Dschungels. Der Braune Wollaffe war nun unabhängig und endlich völlig frei an seinem Geburtsort: dem Amazonas-Dschungel.

Lucas hatte seit seiner Domestizierung bei der Familie eine seltsame Angewohnheit entwickelt: Wenn jemand seinen Namen rief, bedeckte er seine Augen mit seinem rechten Arm. So kam es eines Tages, dass ein Anthropologe, ein Freund der Biologen, bei einem Waldspaziergang in der Nähe der Stelle, an der Lucas freigelassen worden war, auf eine Gruppe von Braunen Wollaffen stieß und »Lucas« rief. Zu seiner Überraschung und Freude hob einer der Affen seinen rechten Arm und bedeckte seine Augen. Der Freund überbrachte den Biologen diese großartige Nachricht: Lucas war wieder in die Gruppe aufgenommen worden.

Zurück im »Stamm« lebte Lucas wie jeder andere Affe. Wer weiß, ob er aufgrund seiner »Verunreinigung« durch das Zusammenleben mit den »Denkenden« nicht einige Zeit in Quarantäne verbringen müsste? Immer wenn die Tunebo-Indianer nach dem Kontakt mit der Zivilisation wieder in ihren Stamm zurückkehrten, mussten sie sich einige Zeit lang »reinigen«, um sich an das natürliche Leben zu gewöhnen und erneut in den Stamm aufgenommen zu werden. Vielleicht war das auch bei Lucas der Fall.

Wieder zurück auf dem offenen Fluss, gab Miguel plötzlich vom Bug aus ein Zeichen, das auf etwas in der Ferne hinwies. Dort sah ich fünf Vögel auf einem Brett stehen, welches mit der Strömung sanft flussabwärts trieb. Es waren eine Art Schwalben, und als sie dort auf ihrem »Kahn« standen, machten wir im Gedächtnis ein Foto, das sich vor unserem geistigen Auge einprägen sollte, zusammen mit tausend weiteren Bildern von unserer Reise auf diesem wunderbaren Fluss. Ich hatte einmal gehört, dass die höheren Geister die Fähigkeit hätten, sich in Schwalben am Fluss zu verwandeln. Wir genossen das Gefühl, von diesen lieblichen Fabelwesen begleitet zu werden.

25 Die letzten Tage

Die untergehende Sonne schickte bereits goldene Pfeile durch die *Yarumo*-Bäume, als mein Paddel auf einmal den Grund des Flusses berührte und wir feststellten, dass wir uns in einem sehr flachen Teil befanden. Einen Augenblick später kamen wir zum Stehen und blieben auf dem schlammigen Grund stecken. Miguel stieg aus, um das Boot zu befreien. Das Wasser stand ihm bis zu den Knien. Der Fluss war an dieser Stelle sehr breit, sodass wir gefühlte Stunden brauchten, um auf die andere Seite zu gelangen und einen Lagerplatz finden. Wir sahen hohe Ufer, die allen Anzeichen nach vor Kurzem weggebrochen waren. Dieser Anblick erinnerte uns an die lauten Knalle der großen Erdbrocken, die in den Fluss stürzten und an die mitgerissenen riesigen Bäume. In der Trockenzeit, wenn der Fluss flacher wurde, kam es häufiger zu Uferabbrüchen. Es wäre nicht klug gewesen, an einem solchen Hochufer über Nacht zu bleiben.

Es war schon dunkel, als wir einen sicheren Platz fanden. Bei Fackelschein gelang es uns, das Boot an einem stabilen Busch festzubinden und am niedrigen Ufer ein Feuer zu entzünden. Die Moskitos griffen von allen Seiten an. Wir mussten uns fast auf das rauchige Feuer setzen, um uns zu schützen, während wir den Dormilón-Fisch mit *Fariña* aßen. Als wir zu Bett gingen, hörten wir ein seltsames Geräusch, das von einem Tier im Fluss kommen musste. Wir dachten, es könnte eine Boa sein. Oder könnte es ein schwarzer Kaiman sein? Die Leute hatten uns vor der Gefahr gewarnt, im Schlaf vom schwarzen Kaiman angegriffen zu werden. »Lasst ein Licht brennen«, hatten sie gesagt. »Dann greift der Kaiman nicht an.« Wir stellten eine Petroleumlampe auf den Sitz am Bug und zündeten sie an, aber mit dem ersten böigen Wind ging sie aus. Wir stellten die Lampe auf den Boden des Bootes und zündeten sie erneut an, aber auch dort gelang es dem Wind, sie auszublasen. »Ach, was soll's! Wir müssen es riskieren«, sagten wir, »Hoffentlich besteht unser Schicksal nicht darin, am unteren Putumayo von einem schwarzen Kaiman gefressen zu werden.« Miguel nahm die Machete und legte sie neben sich, nur für den Fall.

Als wir am nächsten Morgen erwachten, regnete es. Sobald es schließlich aufhörte, wusch Miguel einige Kleidungsstücke, während ich ein Armband fertigstellte und ein wenig schrieb. Wir fuhren wieder los, aber es dauerte nicht lange, bis es wieder zu regnen begann. Ein Stück weiter trafen wir auf ein Flusshändlerboot, das in einer kleinen Bucht vor Anker lag. Jetzt regnete es so stark, dass wir direkt neben dem Händlerboot anhalten mussten. Wir suchten Schutz unter unserem Palmenblatt. Was für ein schönes Dach das war! Es hatte uns den ganzen Weg über geschützt, und jetzt stellten wir fest, dass es immer noch in sehr gutem Zustand war: Kein einziger Regentropfen war durchgesickert.

Als der Regen nachließ, traten wir an das schlammige Ufer und kletterten auf die Planke, die am Eingang des kleinen Flusshändlerboots angebracht war. Wir baten um Erlaubnis, den Petroleumkocher zu benutzen, um unsere Dormilón-Fischsuppe zu erhitzen. Die Besatzung bestand aus drei starken, aber plump aussehenden Männern und einer müden, energielosen, ungepflegten Frau um die dreißig, mit stumpfen Au-

25 Die letzten Tage

gen und einem Hauch von Bitterkeit in ihrem Blick. Ein Gespräch mit diesen Leuten war kaum möglich. Während ich darauf wartete, dass unsere Suppe kochte, kam ein großer, dünner, alter Mann ins Boot. Seine Erscheinung erinnerte mich an Don Quijote. Innerhalb von Sekunden begann er ein angenehmes Gespräch mit mir. Ich dachte mir: »So ist das eben, die Älteren sind immer freundlicher, nicht unbedingt, weil sie alt sind, sondern vielleicht, weil sie aus einer anderen Epoche stammen, in der die Dinge lockerer waren und die Beziehungen wärmer und entspannter.«

Der alte Mann erzählte mir, dass die Lebenshaltungskosten in Brasilien gerade sehr hoch und die Löhne extrem niedrig waren. Mir ging durch den Kopf, dass sich die Bitterkeit dieser Situation vielleicht im Gesicht dieser Frau widerspiegelte. Wir schenkten dem alten Mann eine große Nylonspule zum Angeln und er gab uns dafür einen gesalzenen Wels. Wir trennten uns als gute Freunde. Schöner Mann, Don Sebastian!

Miguel paddelte die meiste Zeit des Tages. Ich wurde sehr schnell müde und bei der Hitze der Sonne suchte ich Schutz unter unserem Dach. Wir fanden einen Platz zum Bleiben, machten ein Feuer und aßen gut. Es gab überhaupt keine Moskitos; seltsam, wie sehr das von Ort zu Ort variierte. Es schien, je natürlicher die Vegetation, je dschungelartiger die Umgebung, desto weniger Mücken gab es. Wir schliefen tief und fest.

Als wir uns nach unserem morgendlichen Bad am nächsten Tag abtrockneten, sprang ein winziger Fisch ins Kanu. Ich schlug Miguel vor, ihn als Köder zu verwenden, aber er hielt ihn für zu klein. Ich bestand darauf, dass wir mit ihm vielleicht einen etwas größeren Köder fangen könnten und damit einen größeren Fisch zum Fressen bringen. Und, siehe da! Mit diesem winzigen Fisch fing Miguel einen *Perro*, einen Fisch namens »Hund«, der sich als sehr guter Köder erwies. Nachdem ein wenig davon im Maul eines großen Piranhas verschwand, der mit dem Haken und dem Nylon entkam, verwendete Miguel ein langes, extra starkes Nylon mit einer »Spur«, einem Stück Stahldraht, das direkt über dem Haken angebracht war, damit die Piranhas es nicht durchbeißen konnten. Damit hat er einen großen *Bocón* gefangen.

Wir frühstückten diesen köstlichen frischen Fisch, und es blieb sogar genug für das spätere Abendessen übrig. Während wir aßen, fuhren ein Mann und eine Frau in ihrem Kanu neben uns her. Die Frau trug eine lange Tunika. Beide hatten Holzkreuze um den Hals hängen. Der Mann, der Sohn eines Peruaners, sprach Spanisch. Er sagte, er sei Pastor in einer Gemeinde von Cruzados. Er erzählte eine seltsame Geschichte über Schmetterlinge. In einem Dorf irgendwo am Amazonas, unterhalb von Santo Antonio Do Iça, so der Mann, »zahlen die *Gringos*[1] dreißig Millionen Cruzeiros für jeden weißen Schmetterling mit einer Nummer auf den Flügeln. Aber wir, die Cruzados, dürfen sie weder jagen noch verkaufen. Wir dürfen auf diese Weise kein Geld verdienen«, sagte er etwas mutlos.

Nach dem Frühstück gingen wir noch eine längere Zeit angeln. Ich fing einen Piranha mit einem Grashüpfer als Köder. Auf diese Weise fischten wir noch zwei weitere Piranhas. Ich hatte immer etwas Angst davor, Piranhas zu angeln, weil ihre Zähne extrem scharf waren. Passte man nicht auf, wenn man ihnen den Haken aus dem Maul nahm, konnen sie einen böse

---

[1] *Gringo* (meistens abwertend): so wird in Südamerika eine Person genannt, die nicht romanischer Herkunft ist; ein weißhäutiger Ausländer.

25 Die letzten Tage

und blutig beißen. Einmal wollte Miguel einen gerade von ihm gefangenen und angeblich getöteten Piranha aufschneiden, um ihn zu säubern, und sah plötzlich, wie ein Strom von Blut von seinem Finger tropfte. Der »tote« Piranha hatte seinen Finger fast abgebissen.

Im Westen zogen schwarze Wolken auf. Regen war im Anmarsch. Wir beschlossen, uns einen Platz zum Übernachten zu suchen. Auf der anderen Seite des Flusses konnten wir etwas sehen, das wie eine Baumgruppe aussah. Als wir schließlich dort ankamen, stellten wir jedoch fest, dass das, was wir für viele Bäume gehalten hatten, in Wirklichkeit nur einer war. Es war ein einziger riesiger Mangrovenbaum. Der Hauptstamm war sehr dick und erstreckte sich horizontal am Ufer entlang zum Fluss hin. Dünne Äste schlängelten sich um die dickeren, die sich rund um den Baum wanden um sich schließlich hin zur Erde zu neigen. Viele der Äste waren tatsächlich im Boden des Ufers verwurzelt; aus der Ferne hatten wir sie für hängende Reben gehalten. Wenn der Fluss in der Trockenzeit abflaut, werden sie freigelegt. Als Miguel das Feuer anzündete, entdeckten wir auf einigen der Äste baumfarbene Frösche. Sie waren so gut getarnt, dass wir sie erst bemerkten, als sie sich bewegten. Ein weiteres Foto für unser Erinnerungsalbum.
Ich setzte die Suppe auf und kochte *Aguapanela*, ein traditionelles kolumbianisches Getränk aus Wasser und Rohrzucker. In der Zwischenzeit fischte Miguel, wobei er ein Stückchen Piranha als Köder benutzte. Bevor die Suppe fertig war, hatte er bereits einen großen *Simí* gefangen, einen glitschigen Fisch ohne Schuppen. Bei den Indianern hatten wir gelernt, diesen Fisch nicht zu essen. Die Secoyas hatten einen sehr feinen Geschmack,

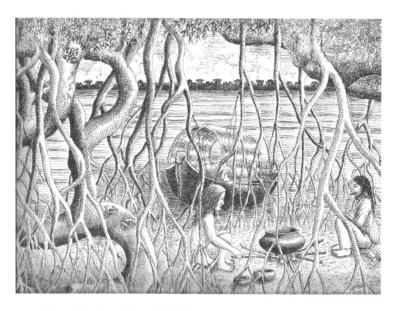

Was wir für einen kleinen Wald hielten, war ein riesiger Mangrovenbaum.

was verschiedene Fischarten anging; manche aßen sie nie und dazu gehörte auch der *Simí*. Grundsätzlich aßen sie keinen Fisch ohne Schuppen. Selbst einige Fische mit Schuppen waren nicht nach ihrem Geschmack. Mit dem *Simí* als Köder fing Miguel drei sehr große Piranhas. Der Piranha war zwar kein besonders schmackhafter Fisch, aber trotzdem eine gute Mahlzeit.

Das Angeln hatte uns unabhängig gemacht. Wir hatten es nicht nötig, an einem Haus anzuhalten, um Fisch zu kaufen. Ich beobachtete einen Eisvogel, *Martín pescador* – aus dem Spanischen »Schwalbenfischer«. Ich sah die blitzschnelle Bewegung seines Kopfes, als er ihn ins Wasser tauchte und einen Wels herausholte, den er mit einem gierigen Schluck verschlang. Da kam mir ein Bild von *Abuela* Martina in den Sinn. Ich hatte sie Martina Pescadora, Fischerin, getauft. Diese Großmutter,

25 Die letzten Tage

Urgroßmutter, eine alterslose Frau[1], war als die beste Fischerin des Stammes bekannt. Wenn der Fluss angeschwollen war und das Wasser in die Dschungelvegetation floss, versteckten sich die Fische zwischen den Bäumen und waren schwer zu fangen. Die Männer des Stammes kehrten dann trostlos nach Hause zurück und hatten ihren hungrigen Familien nichts zu bieten. Selbst dann kam Martina Pescadora nie mit leeren Händen nach Hause. Mit ihrem bewundernswerten Wissen und Können, ihrer unermüdlichen Geduld und einem Hauch von unheimlichem Glück kehrte sie stolz mit einer Schnur voller *Singo*, *Lisa* oder einem köstlichen *Sábalo* zurück. Wir werden nie vergessen, wie wir an einem regnerischen Tag beim Hochwasser Martina in ihrem Versteck im Dschungel erspähten; dort saß sie ganz still mit ihrem Rock über die Schultern hochgezogen, um sich vor den Moskitos zu schützen. Martina war immer oben ohne unterwegs, und unter ihrem Rock trug sie nichts, sodass ihr Hintern frei lag und für unsere spähenden Augen gut sichtbar war. Sie hielt die Angelrute in der Hand und achtete auf das kleinste Anzeichen einer Bewegung am Haken.

---

[1] Die Secoya-Indianer feiern keine Geburtstage, sie registrieren nicht, wie die Jahre vergehen, und ihre Einstellung zum Alter basiert definitiv auf »Man ist so alt, wie man sich fühlt«.

26 Nach 1.500 Kilometern

Wir paddelten bis etwa drei Uhr nachmittags, als wir eine kleine, verlassene Hütte auf der linken Seite des Flusses entdeckten. Es war noch früh und wir wollten noch ein wenig weiterfahren, bevor wir uns einen Übernachtungsplatz suchen würden. Doch dann hörten wir in der Ferne ein Donnern und nahmen das als ein Zeichen, genau hier anzuhalten.

Wir mussten wirklich hart stromaufwärts paddeln, da die Strömung uns bereits ein ganzes Stück in die falsche Richtung gezogen hatte. Als wir die Hütte betraten, entfachte Miguel ein Feuer. Aus ein paar zusammengeknoteten grünen Stöcken bastelte er ein Regal und hängte es an die Dachsparren, um die zuvor gefangenen Piranhas zu räuchern. Während ich die Fische säuberte, nahm ich ein gewisses Gefühl der Lustlosigkeit und eine leichte Übelkeit wahr, was mich etwas beunruhigte.

Es war schon recht spät, als wir mit der Zubereitung des Fisches und der restlichen Mahlzeit fertig waren. Auf den Bodenlatten bauten wir uns aus dem Holz der Pfirsichpalme ein Bett. Es regnete in Strömen und der Regen wiegte uns in den Schlaf.

Zum Frühstück aß ich nur ein wenig *Chucula*. In Anbetracht meines Gesundheitszustands und des Alkoholgehalts in der *Chuchuhuasa* hielt ich es für sinnvoll, sie an diesem Morgen ausfallen zu lassen. Mein Körper fühlte sich sehr schmerzhaft an. Ich hatte Schmerzen in allen Gelenken und ein gewisses Unbehagen in der Nähe meiner Niere. Die rötliche Farbe meines Urins ließ mich vermuten, dass ich Hepatitis haben könnte. Da ich wusste, dass das einzige Heilmittel für diese Krankheit die Ernährung war, hörte ich sofort auf, Salz zu benutzen. Während Miguel paddelte, verbrachte ich den ganzen Tag unter dem Palmenblatt unseres Bootes.

Bei Sonnenuntergang hielten wir an einem anderen verlassenen Haus. Hier gab es viele Palmen mit Acai-Beeren. Das Palmherz der *Asahí* und ihre Wurzeln sind besonders gut bei der Behandlung von Hepatitis geeignet. Zusammen mit wildem Koriander und gemahlener Safranwurzel, die mir die Frau flussaufwärts zu Beginn unserer Reise gegeben hatte, sollte dies von nun an meine Diät sein.

Am nächsten Morgen fällte Miguel eine *Asahí*-Palme. Er schnitt das Palmherz heraus und ich aß etwas davon roh. Den Rest kochte ich mit wilden Korianderblättern und -wurzeln auf und aß diese Mischung, gefolgt von einer Tasse *Aguapanela*. Miguel verschlang große Portionen Piranha. Er würde viel Energie brauchen, um den ganzen Tag allein zu paddeln. Ich fühlte mich nicht in der Lage, das Paddel in die Hand zu nehmen, geschweige denn mitzupaddeln.

Auf einem Nebenfluss trafen wir einige freundliche Brasilianer, die uns sagten, dass wir Santo Antonio noch am selben Tag erreichen könnten, wenn wir hart paddelten. Ich bezweifelte, dass Miguel es schaffen würde, uns an einem Tag ohne meine Hilfe dorthin zu bringen. Er paddelte den ganzen Tag und hielt nur einmal an, um ein Gewitter abzuwarten.

Am späten Nachmittag erkundigten wir uns bei einigen Leuten, die ebenfalls mit einem Kanu unterwegs waren, wie weit es noch bis Santo Antonio sei, und erhielten die Auskunft, dass es noch etwa fünf Paddelstunden seien. Wir fanden einen langen trockenen Strand mit einem spektakulären Blick auf den Sonnenuntergang. Dort hielten wir an und schliefen im Boot.

Ohne etwas zu kochen, fuhren wir im Morgengrauen los. Für unterwegs hatte Miguel noch geräucherten Piranha, und ich würde aufgrund meiner Diät nur den Tee aus Koriander, Safran und *Asahí*-Wurzeln trinken. Zu Essen hatte ich noch die in *Aguapanela* getränkte *Fariña*. Ich hatte immer noch starke Gelenkschmerzen, aber mein Urin war ein wenig klarer geworden.

Als wir an einem Strand vorbeikamen, sahen wir einige seltene Vögel, die wir noch nie gesehen hatten. Sie waren schwarz mit weißen Flecken um die Augen und Füße. Der Schnabel war leuchtend orange. Sie schienen sich von unserer Anwesenheit überhaupt nicht einschüchtern zu lassen; wir konnten sie aus der Nähe beobachten. Sie standen auf dem Sand neben anderen kleinen Vögeln, die damit beschäftigt waren, Sardinen zu fischen.

Wir verließen den Nebenfluss und befanden uns wieder auf dem Hauptstrom des Flusses. Stromaufwärts in der Ferne konnten wir auf der linken Seite eine Stadt erkennen. Uns kam der Gedanke, dass es sich um Santo Antonio Do Iça handeln könnte und dass wir es durch die Abkürzung auf dem Nebenfluss verpasst hatten. Miguel wollte wieder stromaufwärts fahren. Ich bestand darauf, dass es sehr, sehr schwierig wäre, eine so lange Strecke gegen die Strömung zu paddeln – die Stadt war etwa drei Kilometer entfernt. Der Versuch, sie paddelnd zu erreichen, erschien mir verrückt. »Außerdem«, sagte ich, »wenn das Santo Antonio ist, dann bedeutet das, dass wir bereits auf dem Amazonas unterwegs sind.« Da ich wusste, dass die Ufer des Amazonas in Brasilien sehr bevölkert sind,

26 Nach 1.500 Kilometern

fügte ich hinzu, dass es das Vernünftigste wäre, weiter flussabwärts zu fahren, bis wir die nächste Stadt erreichten, und dort auf ein Schiff zu warten, das uns zurückbringt.

Aber Miguel war unnachgiebig. Er bestand ziemlich wütend darauf, dass er mit den Kanus bis zu dieser Stadt flussaufwärts kommen würde, da er derjenige sei, der paddelte. »Was für eine verrückte Entscheidung!« dachte ich.

Doch dann entschied das Schicksal noch einmal für uns. Genau in diesem Moment näherte sich eine Barkasse. Wir warteten auf sie und gaben Zeichen, damit sie näher kam. Laut rufend fragten wir nach dem Weg nach Santo Antonio, und die Bootsführer zeigten mit ihren Händen nach links, flussabwärts. Natürlich hatten wir den Amazonas noch nicht erreicht.

Der Putumayo und der Amazonas, diese beiden majestätischen Flüsse, waren jedoch kurz davor, sich zu treffen. Der Fluss wurde immer breiter und breiter. Das Wasser war jetzt unruhig und es gab furchterregende Wellen. Eine große Barkasse voller Menschen näherte sich schnell. Einige der Passagiere sangen und trommelten. Wir konnten sehen, wie sich ihre Lippen bewegten und ihre Hände sich rhythmisch hoben und senkten, aber der Lärm des Motors übertönte den Klang der Musik. Die Barkasse erzeugte beim Vorbeifahren so mächtige Wellen, dass sich unsere Kanus heftig hin und her drehten und schüttelten. Eine gigantische Welle, etwa zwei Meter hoch, krachte über den Bug unseres Kanus. Miguel paddelte vom Heck aus, da ich krank war, und so befand ich mich zufällig am Bug. Das Wasser durchnässte mich völlig und lief auf den Boden des Kanus. Das passierte noch zwei- oder dreimal, Welle für Welle. Aus Angst, mitten im Fluss zu kentern, paddelten wir mit aller Kraft gegen die Wellen an, die uns immer wieder entgegenkamen.

Ganz allmählich beruhigte sich das Wasser, und wir auch. Santo Antonio Do Iça lag ein Stück flussabwärts von der Mündung des Putumayo, das heißt direkt am Amazonas. Da waren wir also endlich, auf dem großen *Río Mar*, dem »Flussmeer«, wie er manchmal genannt wird, nach genau fünf Monaten Reise entlang des Flusses Putumayo. Wir waren 1.500 Kilometer vom kleinen Fluss Yaricaya in Peru bis zum großen Fluss Amazonas in Brasilien gepaddelt.

Im großen Hafen von Santo Antonio angekommen, mussten wir zunächst nach einem Platz suchen, wo wir anlegen und unsere Kanus festbinden konnten. Boote aller Größen lagen da vor Anker. Wir fanden einen Platz zwischen zwei großen Schiffen.

Dort ging es uns gut bis tief in die Nacht hinein, als unser Schlaf jäh durch einen tobenden Sturm unterbrochen wurde. Die Wellen des »Flussmeeres« kamen mit einer derartigen Gewalt, die wir bisher nicht kannten. Die großen Schiffe stießen gegen unsere kleinen Kanus. Wir wussten, dass wir uns bewegen mussten, um nicht von diesen beiden Riesen zerquetscht zu werden. Wir mussten in den Sturm hinausfahren und unsere Boote auf die andere Seite eines der großen Schiffe bringen.

Trotz des anfänglichen Schreckens, der durch den Sturm verursacht wurde, schliefen wir den Rest der Nacht gut. Der Wind schaukelte das Boot bis spät in die Nacht und hielt die Moskitos fern. Am nächsten Morgen war alles ruhig – jene außergewöhnliche Ruhe, die auf einen Sturm folgt.

In Santo Antonio erzählte man uns von einem guten Krankenhaus, das von kanadischen Baptisten finanziert wurde. Alle Leistungen waren kostenlos, die

26 Nach 1.500 Kilometern

Laborausstattung modern und neu. Der Urintest ergab eine Infektion der Niere. Man sagte mir, dass es keinen Beweis für eine Hepatitis gäbe, dass es möglicherweise Anfänge dieser Krankheit gegeben habe und ich mit der Diät die Symptome gelindert habe. Es konnte aber noch sein, dass sich die Hepatitis später entwickeln würde. Ich verließ das Krankenhaus mit Flaschen voll Medikamenten und Vitaminen, kostenlos. Ich beschloss, das Medikament für die Niere nicht einzunehmen, solange ich die Möglichkeit hatte, Kräutertees zu machen.

An diesem Tag bat ich um die Erlaubnis, auf einem der Nachbarboote Wasser zu kochen. Santo Antonio erwies sich als eine ziemlich unwirtliche Stadt. Hinzu kam, dass wir nirgends kochen konnten. Ich musste eine sehr strenge Diät einhalten, um gesund zu werden. Das Essen im Restaurant war schlecht zubereitet, sehr fettig und zu salzig.

An diesem Abend schrieb ich in mein Tagebuch: »Was wir uns am meisten wünschen, ist ein Schiff, das uns nach Leticia in Kolumbien mitnimmt.«

27 Abschied von einer Epoche

»Und das Ende all unserer Erkundungen wird sein, dort anzukommen, wo wir gestartet waren, und den Ort zum ersten Mal kennenzulernen.«
T. S. Eliot

9. September

Ich hatte einen Traum, der mir eine Botschaft hinterließ, an die ich mich beim Aufwachen erinnerte. Eine Stimme, die meine eigene zu sein schien, sagte zu mir: »Wir alle suchen nach Wissen, aber es ist gar nicht nötig, danach zu suchen. Denn wir haben das Wissen bereits, nur haben wir es vergessen. Wir müssen in uns selbst hineingehen, um es neu zu empfangen. Es gibt keinen idealen Ort, an dem wir sein können, ganz gleich, wie weit wir reisen. Der Ort ist in uns selbst, wo immer wir auch sein mögen.«

Die spontane Erkenntnis, dass wir nichts zu suchen brauchten, war für mich eine tiefgreifende Erfahrung.

Die letzten Worte, die ich am Tag zuvor in mein Tagebuch geschrieben hatte, waren: »Was wir uns am meisten wünschen, ist ein Schiff, das uns nach Leticia in Kolumbien mitnimmt.« Und schon am nächsten Tag geschah ein Wunder.

Es war jenes Schicksalswunder, das sich so oft und mit einer solchen Pünktlichkeit ereignet, dass wir es nur dem unfehlbaren Willen unserer Schutzengel zuschreiben können. Mit unsichtbaren, aber klaren Fäden leiten uns die Schutzengel, damit ihr Plan mit unseren Wünschen übereinstimmt und synchron ist.

27 Abschied von einer Epoche

Miguel war früh aufgestanden und hatte sich bei einem brasilianischen Schiff, das gerade angedockt hatte, erkundigt. Er kam zurück und sagte, dass wir die Kanus auf das Schiff bringen sollten. Der Kapitän des Schiffes hatte sich bereit erklärt, uns und unsere Kanus mitzunehmen. Und so wurde unser Wunsch, mit einem Schiff nach Leticia zu fahren, erfüllt. Nun würden wir mit einem brasilianischen Schiff – einem *Recreo*[1] – nach Tabatinga unterwegs sein, dem brasilianischen Hafen, der an Leticia, Kolumbien, angrenzt!

Bevor die Kanus mit dem Kran auf das Schiff gehievt wurden, mussten wir alle unsere Habseligkeiten ausladen. Miguel stand in dem großen Kanu und reichte mir durch die Schiffsluke Töpfe, Kleidung, Bettwäsche, Malutensilien, Baumwollstoffe und Angelruten. Als der Moment kam, die Kanus hineinzuheben, rief der Kapitän: »*Hay que quitar el techo.* Ihr müsst das Dach abnehmen.« Ich sah Miguel an und wusste, dass er dasselbe dachte, wie ich. »Das schöne Dach abnehmen, das uns die ganze Reise über geschützt hat?« Miguel war sprachlos vor Enttäuschung. Ich fragte den Kapitän, ob es nicht möglich sei, das Kanu zu nehmen, ohne das Dach zu entfernen. »Nee.«, lautete die unwiderrufliche Antwort.

Ohne Zeit für Sentimentalitäten zu verschwenden, nahm Miguel seine Machete und hackte auf die Stangen ein, die die Palmblätter hielten. Nach und nach stürzte unser schönes Dach in den Amazonas, um – wer weiß wohin – weiter zu fließen. Getragen von der Strömung, die schließlich, viele Meilen weiter, ihren Weg zum Meer finden würde. Was für ein Abschied von einer Epoche!

---

[1] *Recreo*: eine Bezeichnung für brasilianische Passagierschiffe auf dem Amazonas.

28 Epilog

Hier war das Tagebuch zu Ende. Doch die Reise ging weiter und erfüllte schließlich auf magische Weise ihren Zweck: Sie verband uns wieder mit der Erde.

Der Kapitän erklärte sich bereit, unser kleines Kielboot als Teil der Bezahlung für unsere Überfahrt zu akzeptieren. Während sich das Schiff den Amazonas hinauf in Richtung des brasilianischen Hafens Tabatinga bewegte, konnten wir uns entspannen und ausruhen. Bei unserer Ankunft packten wir unsere Sachen wieder in unseren Einbaum und paddelten ein paar Kilometer gegen den Strom nach Leticia, der Hauptstadt des Departements Amazonas in Kolumbien.

Innerhalb weniger Wochen hatte sich mein Gesundheitszustand mithilfe eines indianischen Heilers verbessert, und schon bald reisten wir wieder, diesmal in ein kleines Dschungeldorf namens La Pedrera am Fluss Caqueta. Zum Neujahrsfest kamen meine drei Kinder – Liliana, Clare und Diego – zu uns. Wir kehrten nach Leticia zurück, wo sich Clare und Diego am örtlichen Gymnasium einschreiben ließen. Liliana ging zurück nach Bogotá, beschloss aber einige Monate danach, ebenfalls nach Leticia zu ziehen.

Zwei Jahre später erwarben wir gemeinsam mit einigen neu gewonnenen Freunden neunundzwanzig Hektar Land, elf Kilometer außerhalb der Stadt Leticia. Wir nannten die Farm *Cerca Viva*. Miguel und ich waren die ersten, die auf dem Land ein Haus gebaut haben. Es war ein kleiner, runder, hölzerner Bau im *Maloca*-Stil mit einem Palmblattdach. Nelson und Mar-

28 Epilog

ta – ein Biologe und eine Anthropologin – waren die nächsten, die ihre größere *Maloca* bauten.

Jose, ein Computertechniker, und Liliana bauten dann ein solideres Haus mit Betonsockel und einem Dach aus Hartholz. Als nächsten bauten Luis Eduardo, ein Wirtschaftswissenschaftler, und seine Partnerin Mirna, eine Uitota-Indianerin. Oscar und Clara – beide Biologen – waren die letzten, die ihr Haus bauten: eine große, dreistöckige *Maloca*. Seitdem sind hier acht Kinder geboren worden.

Vor Kurzem haben wir das Land als Reservat registriert – das erste private Reservat im kolumbianischen Amazonasgebiet. Es ist zwar klein und hat nur vierundzwanzig Hektar Wald, aber es hat eine Vorbildfunktion für andere, größere Landbesitzer, von denen viele bereits nachgezogen haben. Unser kleines Sandkorn hat dazu beigetragen, die Menschen hier auf die dringende Notwendigkeit aufmerksam zu machen, den Regenwald zu schützen. Möge dieses Bewusstsein weiter wachsen, um der verheerenden Kommerzialisierung von Land und Wald auf der ganzen Welt entgegenzuwirken.

29 Ein Wort von der Autorin

Als meine Tochter die Rohfassung der ersten Ausgabe dieses Buches las, stimmten ihre Kommentare mit denen des Vaters eines Freundes überein. Beide sagten, sie hätten das Buch genossen. »Aber«, fügten sie hinzu, »du scheinst deine ganze Zeit mit Essen verbracht zu haben.«

Ja, das stimmt, ich muss zugeben, dass die Beschaffung von Lebensmitteln für jeden Tag der Reise so wichtig war, dass sie es verdiente, mehrmals im Tagebuch erwähnt zu werden. Aber so ist es nun einmal. Welches Grundbedürfnis haben wir mehr als Nahrung? Sie zu beschaffen, ist zweifellos eine Tätigkeit, die jeder Mensch ausübt. Doch unser »zivilisiertes« Leben gibt uns zu verstehen, dass Geld zu verdienen – je mehr, desto besser – das Wesentliche ist. Unser tägliches Brot zu verdienen tarnt sich unter den raffiniertesten Tätigkeiten: Berufs- und Geschäftsnamen. Die Tatsache, dass das Hauptziel der Arbeit darin besteht, unsere Grundbedürfnisse zu befriedigen, ist völlig in Vergessenheit geraten. Und, was noch schlimmer ist, je zivilisierter die Menschen sind, desto weniger haben sie mit Nahrung zu tun. Es wird nicht mehr gejagt, gesät oder geerntet; in vielen, superzivilisierten Ländern wird nicht einmal mehr gekocht.

Ich bin überzeugt: Je mehr Energie wir in die Zubereitung unserer Nahrung stecken, desto mehr Energie erhalten wir beim Verzehr.

Das Geld zu verdienen, um unsere Lebensmittel im Supermarkt zu kaufen, ist unser System. Geld ist Nahrung im Abstrakten. In einigen Sprachen gibt es Be-

29 Ein Wort von der Autorin

zeichnungen für Geld mit einer Konnotation von Nahrung. Im Englischen zum Beispiel kann das Wort *bread* oder *dough* Geld bedeuten: »Ich habe das Brot nicht« bedeutet: »Ich habe das Geld nicht.« In Kolumbien kann »Conseguir la yuca« bedeuten, Geld zu bekommen.

Der Mensch lebt nicht vom Brot allein. Aber ohne Brot können wir nicht leben und schon gar nicht ein Kanu fahren.

30 Über die Autorin

Zu wissen, wie der Mensch ist, der sich hinter dem geschriebenen Wort verbirgt, welchen Weg er oder sie eingeschlagen hat und wie sich dieses Wissen in seinem Leben manifestiert, ist etwas, worauf der Leser möglicherweise neugierig ist.

Ich wurde am 8. Januar 1937 in London geboren. Als ich drei Jahre alt war, zog meine Familie in ein kleines Dorf in Hertfordshire, und so verbrachte ich meine Kindheit auf dem Land. Ich besuchte die Dorfschule, deren Direktorin eine sehr engagierte Frau war, die Klavier spielte und uns ermutigte, Freude an Musik und Poesie zu finden. Im Alter von zehn Jahren schrieb ich bereits meine ersten Gedichte.

Ich kann nicht sagen, dass ich die Schule besonders genossen habe. Ich sehnte mich immer danach, das Klassenzimmer zu verlassen, und während die anderen Kinder in den langen Sommerferien über Langeweile klagten, waren mir diese Wochen nie lang genug. Ich liebte es, über die Felder, durch die Wälder und über die Feldwege zu wandern. Jedes Mal entfernte ich mich weiter und weiter von zu Hause, um neue Orte zu entdecken. Bereits im Alter von acht Jahren fuhr ich mit dem Fahrrad in eine weit entfernte Stadt. Als ich vierzehn war, hatte ich fast ganz England und Wales mit dem Fahrrad umrundet und dabei den Snowdon bestiegen. Mit siebzehn Jahren reiste ich auf die gleiche Weise nach Schottland und bestieg den Ben Nevis.

1957 befand ich mich in Rom, wohin ich zusammen mit einem Freund getrampt war. In dieser Stadt lernte ich Alberto kennen, einen kolumbianischen Jurastudenten. Wir reisten gemeinsam nach Deutschland, wo er hoffte, Arbeit zu finden, um seine Doktorarbeit schreiben zu können. Wir kamen in Düsseldorf an, ohne einen einzigen Pfennig (oder eine Mark) in der Tasche, und mussten feststellen, dass man einen festen Wohnsitz haben musste, um Arbeit zu bekommen. Da wir kein Geld hatten, war es uns nicht möglich, eine Wohnung zu finden. Alberto war unheimlich besorgt über all dies, aber seltsamerweise war ich selber nicht im Geringsten beunruhigt. Ich war absolut zuversichtlich, dass alles in Ordnung sein würde. Ich hatte überhaupt keine Ängste. Ich schien zu »wissen«, dass wir beschützt werden würden. Ich konnte nicht anders, als vollkommen zu vertrauen. Und natürlich ging alles gut: Wir bekamen Arbeit in einer Fabrik und freundeten uns bald mit unseren Arbeitskollegen an, die uns großzügig eine Wohnung anboten.

Alberto und ich heirateten im Jahr 1958. Im Dezember 1959 kam ich zum ersten Mal nach Kolumbien und mein Leben wurde recht konventionell. Ich hatte zwei kolumbianische Kinder. Wir hatten ein Haus, ein Stück Land, ein Auto und sogar ein paar Dienstmädchen. Eines Tages besuchte ich einen Freund, und zum ersten Mal – und ich glaube, ich kann mit Fug und Recht behaupten, dass es das einzige Mal in meinem Leben war – empfand ich Neid. Dieser Freund lebte in einem einzigen Zimmer. Sein einziger Besitz war eine Matratze auf dem Boden. Als ich das sah, überkam mich Neid. Da wurde mir klar, dass das, was ich im Leben wirklich schätzte, die Einfachheit war. »Das Siegel der Wahrheit ist die Einfachheit« (eine hermetische Weisheit).

Es ist traurig, wie wir unser Leben mit vielen erfundenen Notwendigkeiten verkomplizieren. Diese Dinge nehmen so viel von unseren Gedanken, unseren Sorgen und unserer Zeit in Anspruch, dass wir die Wahrheiten des Lebens verpassen. Überflüssige Dinge vernebeln unsere Sicht und lenken uns von unserer Aufgabe auf Erden ab. So wie das Fasten dazu beiträgt, unseren Geist zu klären, so hilft auch ein einfaches, auf das Wesentliche beschränktes Leben, den gesamten Sinn unserer Existenz in dieser Dimension zu klären. Ich erinnere mich, gelesen zu haben, dass Carl Jung gegen Ende seines Lebens beschloss, sich ein kleines Nebengebäude aus Stein zu bauen, in dem er die meiste Zeit verbringen würde. Dort kochte er auf offenem Feuer. Ich verstand so gut, wozu er gekommen war, was er erleben wollte. Nach einem Leben in bürgerlichen Verhältnissen, umgeben von überflüssigen Annehmlichkeiten, Ablenkungen und Dingen, musste er sich von all diesen Dingen befreien. Er wählte das einfache Leben, um mit der höheren Kraft kommunizieren zu können, die seinem Leben einen wahren Sinn geben würde.

Alberto und ich trennten uns nach acht Jahren Ehe, und ich stand ohne Haus, Land, Auto und Hausmädchen da; sogar die Kinder wurden mir vorübergehend weggenommen. Ich gab meine Stelle als Englischlehrerin an der Nationalen Universität in Bogotá auf und zog in ein kleines Dorf, viele Kilometer von der Hauptstadt entfernt, um dort zu leben. Ich nahm meine Bücher mit und, ironischerweise, eine Matratze. Damals kam mir ein merkwürdiger Gedanke: Ich stellte mir vor, ich würde in den Spiegel schauen und nichts sehen. Es war sehr beunruhigend, sich damit abfinden zu müssen, nichts zu sein. Aber schon bald spiegelte sich dort mein winziges, zwergenhaftes »Ich«, und von da an begann ich zu wachsen. Einige Monate später kehrte ich als Studentin der Philosophie an die Universität zurück.

Seit dieser Zeit habe ich viele interessante Reisen unternommen. Bei einem meiner seltenen Besuche in England lernte ich Jim kennen, der später der Vater meiner beiden jüngsten Kinder werden sollte. Eine Fahrradtour im Jahr 1977 führte uns von Norfolk in England nach County Clare in Irland. Im darauf folgenden Jahr trabten wir mit einem Pony und einer leichten Kutsche durch die irische Landschaft, und ein weiteres Jahr wanderten wir mit einem Esel, einem Karren und einer Ziege.

Meine jüngsten Kinder sind beide in Irland geboren, haben aber die meiste Zeit ihres Lebens in Kolumbien verbracht und betrachten sich eher als Lateinamerikaner denn als Iren. Ich liebe Irland, denn einige meiner Wurzeln stammen von dort, aber ich habe auch eine tiefe Liebe zu Kolumbien, zu seinen Menschen, seiner Musik, seinem Essen, der Vielfalt an Naturlandschaften und all den indianischen Kulturen.

Im Jahr 1985 kehrte meine älteste Tochter Carolina, die damals mit ihrem englischen Ehemann in London gelebt hatte, nach Kolumbien zurück, um einen Dokumentarfilm zu drehen. Carolina arbeitete drei Monate lang daran; ihr Mann kam später nach. Am 13. November, als die beiden in der Stadt Armero Urlaub machten, brach der Vulkan Ruiz aus. Die Eruption löste einen Erdrutsch aus, der die Stadt mitsamt über zwanzigtausend Menschen begrub. Meine vierundzwanzigjährige Tochter und ihr junger Ehemann kamen bei dieser schrecklichen Katastrophe ums Leben.

Carolinas vorzeitiger Tod war ein unfassbar schmerzhafter Schicksalsschlag. Aus dieser weltlichen Sichtweise ist der Tod so endgültig. Er ist der abschließende

Punkt am Ende des Lebensurteils. Es bleibt nichts anderes übrig, als ihn zu akzeptieren, sich mit ihm zu versöhnen, oder dem Schmerz zu erliegen und ebenfalls zu sterben. Ich wusste, dass ich weiterleben musste. Allmählich entwickelte sich in mir ein starkes Gefühl, dass Carolina, wo auch immer sie war, mir positive Energie schickte. Sie half mir, den Schmerz zu ertragen. Und so bekam das Leben angesichts ihres Todes eine neue Bedeutung. »Lebe jeden Tag, als wäre es dein letzter«, war die Botschaft, die sich in meinem Kopf einprägte. Ich habe verstanden, dass wir nicht das Recht haben, unser Leben voll auszukosten, sondern die Pflicht, dies zu tun. Ich begann, die Schönheit der unberührten Natur wie nie zuvor zu schätzen, und ich verspürte den großen Wunsch, in entlegene Gebiete zu reisen.

Drei Monate nach Carolinas Tod lernte ich Miguel kennen. Wir verbrachten viele Monate mit Wanderungen unter den Aruac- und Kogi-Indianern in der Sierra Nevada von Santa Marta an der Nordküste Kolumbiens. Zum ersten Mal erlebte ich die völlige Isolation von unserer Zivilisation: kein Telefon, kein Radio, kein anderes Transportmittel als unsere Füße. Was mich an einer solchen Reise am meisten beeindruckte, war die fast automatische Steigerung unserer Spiritualität; ein natürliches Vertrauen in die höhere Intelligenz, die uns führte und beschützte. Als wir schließlich von diesem heiligen Berg herunterkamen, waren wir irgendwie verändert. Wir waren völlig überzeugt von etwas, das wir vorher nur vermutet hatten: dass das Leben in unserer sogenannten Zivilisation uns irgendwie von unserer wahren Bestimmung abgelenkt und uns den Kontakt mit dem Göttlichen verlieren lassen hat.

Bei der Rückkehr in die Zivilisation waren unsere

ersten Eindrücke die am Wegesrand verstreuten Plastiktüten, dann der Lärm von Radios und Autos sowie der Anblick von ungesunden, übergewichtigen Menschen. Wie deprimierend! Wir erinnerten uns an die Worte des Máma, des heiligen Führers der Kogis, der uns – die Nicht-Indianer – als die *Hermanos menores* (die kleinen Brüder), *Gente sin cabeza* (die Menschen ohne Kopf), *Gente sin criterio* (die Menschen ohne Kriterien) bezeichnete, weil wir systematisch die Erde zerstören und jeden Respekt vor der Mutter verloren haben.

Menschen fragen mich, warum ich diese Reise zum Amazonas unternommen habe. »War es aus Liebe?«, fragen einige. Und meine Antwort darauf lautet eindeutig: »Ja, ich habe es aus Liebe getan.« Tatsächlich ertappe ich mich in letzter Zeit immer öfter dabei, dass wenn ich etwas unternehme, dann nur aus Liebe. Andere fragen, ob ich es getan habe, um zu lernen, und auch darauf muss ich mit »Ja« antworten. Sehen Sie, meine Intuition hatte mir gesagt, dass die Reise nicht ohne Gefahren und Entbehrungen verlaufen würde, und darauf antwortete meine Seele herausfordernd: »Das wird dich lehren!« Und meine Seele hatte Recht. So war es tatsächlich. Die meisten Leute fragen mich aber, ob ich es wegen des Abenteuers getan habe, und wieder einmal kann meine Antwort nur lauten: »Ja, natürlich habe ich es wegen des Abenteuers getan.« Trotz meines Alters hat mich die Abenteuerlust nie verlassen, und die Aussicht auf das Abenteuer, das diese Reise bot, war zu verlockend, um ihr zu widerstehen.

Der letzte und keineswegs geringste Grund für diese Reise war ihr Aufruf an die unbezähmbare Zigeunerin in mir, mit ihrer ewigen Reiselust. Sie war die ganze Zeit über in ihrem Element!

Ursprünglich hatte ich nicht daran gedacht, dass aus unserer Reise ein Buch entstehen könnte. Dennoch führte ich während der gesamten Reise ein Tagebuch. Ich hatte schon immer das Bedürfnis, durch Schreiben zu kommunizieren. Schon als Kind trieb mich dieses Bedürfnis an: Ich schrieb jeden Tag und verfasste lange Briefe. Irgendwann in meinem Leben hatte ich aufgrund einer allzu rationalen Entscheidung diesen Teil von mir verdrängt, aber dann, zu Beginn unserer Reise, wurde das Tagebuchschreiben Teil der Reise selbst.

Während ich die Tagesereignisse niederschrieb, offenbarte sich meine eigene persönliche Reise. Auf diese Weise wurde das Schreiben für mich genauso wichtig wie das Einsteigen in das Kanu, das Aufnehmen des Paddels in die Hand, das Schlängeln entlang der *Brazuelos*[1], die Suche nach einem Übernachtungsplatz, das Anzünden des Lagerfeuers...

Ich wollte nie ein Buch veröffentlichen. Ich hielt es für unnötig, für die Welt zu schreiben. Jene Welt, von der ich mich bereits damals entfremdet fühlte, ist die Welt der Städte, der Scheinnotwendigkeiten, des wahnsinnigen »Viel-um-Nichts- Tuns«. Es ist die Welt, in der man sich mit allem beschäftigt, nur nicht mit dem Wesentlichen; wo das Wort »Erde« genau das geworden ist: ein Wort, wie »Wal«, »Adler«, »Dinosaurier«, »Indianer«.

Nun geht die Reise weiter. Das Buch selbst hat mich in eine komplizierte, unbekannte Welt geführt, von der ich dachte, dass ich niemals Teil davon sein würde: Es hat mich in die Welt der Technologie gestoßen. Ur-

---

[1] *Brazuelos*: Nebenflüsse, Abkürzungen durch den Dschungel, um die langen Windungen des Hauptflusses zu vermeiden.

sprünglich hatte ich erwogen, mein Tagebuch als Manuskript zu veröffentlichen, das heißt in handschriftlicher Form. Was für eine romantische und unwirkliche Idee! «Nein, Señora. Sie müssen es auf einem Computer schreiben«, sagte mein lieber Schwiegersohn, ein überzeugter Computerfachmann. »Aber ich weiß nicht einmal, wie man eine Schreibmaschine bedient«, stöhnte ich. Jedoch fing ich endlich an, den Computer zu benutzen, und dann gab es natürlich kein Zurück mehr!

Als das Buch fertig war, bestand meine nächste Aufgabe darin, einen Verlag zu finden. Ich hatte es auf Spanisch geschrieben und kannte einen Verlag in Ecuador, der sich auf Schriftstücke über den Amazonas spezialisierte. Und so reiste ich in Begleitung meiner Tochter Clare von meinem Haus in Leticia nach Quito. Es war schön, mit ihr zu reisen. Wir waren einige Jahre voneinander getrennt gewesen, da sie zunächst in Kuba und dann in London Filmwissenschaften studiert hatte. Der Verlag akzeptierte das Buch sofort, und innerhalb von zwei Monaten nach der Vertragsunterzeichnung wurde mein Buch auf Spanisch veröffentlicht.

Dass ich das Buch ursprünglich auf Spanisch geschrieben hatte, war logisch: Die Reise hatte ich ebenso auf Spanisch erlebt, und das war die Sprache, in der ich am meisten zu kommunizieren gewohnt war. Dann schlugen meine Familie und Freunde aus England und Irland eine englische Version vor. Das bedeutete eine weitere Reise: zurück in meine Muttersprache. Bei der Übersetzung aus dem Spanischen wurde mir klar, dass mein Englisch nun nicht mehr Englisch war, sondern eher das, was man als »Spanglish« bezeichnen würde. Also machte ich mich wieder einmal auf die Reise: zu meinen Ursprüngen, nach England und dann weiter nach Irland, dem Geburtsland von Clare und Diego, wo ich so gute Freunde hatte: Freunde, die ich seit über zwölf Jahren nicht mehr gesehen hatte.

Ich brauchte fast vier Jahre, um eine akzeptable englische Fassung des Buches zu schreiben. Die Arbeit brachte mich wieder in engen Kontakt mit einigen alten und geliebten Freunden, und ermöglichte mir, neue Freundschaften zu schließen.

Danach brachte mich das Buch in Kontakt mit der Verlagswelt von BIG. Was für ein Unterschied zu dem gemütlichen Verlag in Ecuador! Hier werden Muster nach einer bestimmten Vorlage erwartet, sie lassen dich monatelang warten, und natürlich kannst du ohne einen Agenten nichts machen. »Du musst vorsichtig sein«, warnen die Leute. Ich muss zugeben, das war alles ein bisschen beängstigend. Aber ich habe verstanden, dass es ein unvermeidlicher Teil der Reise ist. Ich musste die Herausforderung annehmen, sie zu Ende zu bringen, egal wie unfreundlich und einschüchternd das alles erschien.

Ich nehme an, dass meine Ängste für diejenigen, die an die Machenschaften der großen Verlagswelt gewöhnt sind, unverständlich erscheinen können. Mit Sicherheit würden die meisten Menschen eine Reise mit dem Einbaum in die entlegensten Regionen Amazoniens für viel beängstigender halten. Ich muss jedoch gestehen, dass meine Ängste vor der Verlagswelt bei Weitem größer waren als alle, die ich empfand, als ich die Herausforderung der Reise ins Herz des Amazonas annahm.

Valerie Meikle, Oktober 2003

31 Ein Nachwort des Übersetzers

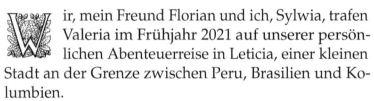ir, mein Freund Florian und ich, Sylwia, trafen Valeria im Frühjahr 2021 auf unserer persönlichen Abenteuerreise in Leticia, einer kleinen Stadt an der Grenze zwischen Peru, Brasilien und Kolumbien.

Etwas außerhalb der Stadt, am »Kilometer 11« der Hauptstraße liegt ein kleines Naturreservat namens *Cerca Viva*. Unser neugewonnener guter Freund und Spanischlehrer Yaroka, bei dem ich einige Unterrichtsstunden nahm, erzählte uns von diesem Reservat und lud uns dortin ein. Unsere Entdeckerherzen konnten dieses großzügige Angebot nicht ablehnen. So fuhren wir mit dem lokalen Bus die Strecke bis zum elften Kilometer der Hauptstraße, die aus Leticia in den Dschungel führt. Die Rückfahrt gestaltete sich etwas problematischer: Kein Bus fuhr an uns vorbei, sodass wir mehrere Stunden in der Hitze wanderten, natürlich mit unserem Gepäck auf dem Rücken. Aber das ist eine ganz andere Geschichte.

Wir erinnern uns heute noch sehr gut an den Moment, als wir Valerie – im Spanischen Valeria – zum ersten Mal trafen. Wir betraten das Grundstück von *Cerca Viva* und befanden uns plötzlich in einer anderen Welt: einer Welt der farbenprächtigen und duftenden Pflanzen und zwitschernder Vögel. Als Erstes fragten wir in einem der Häuser nach dem richtigen Weg. Die Hütte von Valeria lag etwas weiter hinten und war wunderschön: rund, groß, komplett aus dunklem Holz, mit einem Strohdach. Im Eingangsbereich hing einladend eine Hängematte. Hinten im ersten Stock konnten wir ein Balkon sehen, der zum Dschungel zeigte. Auch dort hing eine Hängematte. Neben Valerias Hütte befand sich eine kleinere weitere, die von Yaroka, gebaut in demselben Stil.

Wir riefen Valerias Namen und dachten schon, sie wäre nicht da. Aber einige Minuten später hörten wir eine Stimme aus der oberen Etage, und da war sie. Ein Gespräch fing an, was wir über die nächsten Wochen weiter führten. Ab der ersten Minute verstanden wir uns sehr gut. Valeria zeigte sich als eine aufgeschlossene, lebensfrohe Person, die gut erzählen konnte. Ihre Geschichten waren mal witzig, mal traurig, aber immer einzigartig. Im Herzen spürte ich genau, dass wir die Welt auf der gleichen Wellenlänge empfingen. Ich wollte gar nicht gehen, aber Florian hatte Hunger...

So fing etwas an, was wir als Freundschaft bezeichnen würden. Wir mieteten ein kleines Holzhaus in der Nähe und verbrachten einige Tage mit Valeria und Yaroka. Tagsüber war es extrem heiß und schwül. Wir konzentrierten uns darauf, die daneben lebende Indianer-Gemeinschaft kennenzulernen und Essen zu besorgen. Da wir nun nicht mehr in der Stadt waren, war es nicht selbstverständlich, immer eine Mahlzeit zu bekommen oder kochen zu können. Wir fingen an, zu lernen, mit der Ungewissheit umgehen zu können. Gleichzeitig wurden Mahlzeiten plötzlich zu einem der wichtigsten Themen – eine Erfahrung, die sich im Buch widerspiegelt.

Die Abende gehörten aber uns: Valeria, Yaroka und wir feierten fast jeden Abend, in Begleitung von den vorher besorgten Wein, Tabak und anderen Attributen des Dschungellebens. Yaroka spielte Gitarre und Valeria die Cuatro (die einer Ukulele ähnelt). Wir sangen und erzählten uns Geschichten aus unseren Leben.

31 Ein Nachwort des Übersetzers

Wir nannten es »unsere Zigeuner-Abende«; wir waren schließlich alle Weltenbummler. Meistens trafen wir uns in Valerias oder Yarokas Hütte und verbrachten mehrere gesellige Stunden, zum Beispiel auf dem Balkon, mit Ausblick auf den Dschungel, in Begleitung von riesigen, durch das Haus wandernden, haarigen Spinnen, die gerne in Strohdächern wohnten und den außerordentlich großen Insekten wie die metallischgrauen gepanzerten fliegenden Kakerlaken. Nach der Feier gingen wir mitten in der Nacht zu unserem Haus zurück, den mit Holzbrettern ausgelegten Pfaden entlang, in Gummistiefeln und mit Stirnlampen durch die absolute Dunkelheit des Reservats, oft im strömenden Regen. Der ein paar Meter weiter beginnende ungestörte Dschungel brachte unglaubliche Geräusche zu uns, im Dunklen leuchteten immer wieder Katzenaugen in der Ferne. Glücklicherweise befand sich kein *Tigre* – Jaguar – in der Nähe, oder wenn doch, dann hatte er wohl keinen Appetit auf uns. An den Stämmen der Bananenbäume lauerten ganze Familien von Taranteln, die nachts voller Neugier aus ihren in der Erde gebuddelten Löchern herauskamen. Das Gefühl, dort in der Nacht alleine zu sein, begleitet durch die unheimlichsten Geräusche des Dschungels, werden wir nie vergessen.

An einem unserer Zigeunerabende fiel die Frage, was wir mit unserem Leben heute tun würden, wenn wir eine freie Wahl hätten und alle Hindernisse aus dem Weg räumen könnten. Ich brauchte nicht lange zu überlegen. Ich würde in *Cerca Viva* bleiben und den Ort – die zwei übrig gebliebenen Hütten – für neugierige, aber rücksichtsvolle Touristen zugänglicher machen, mit allem organisatorischen Kram drum herum. Diese Antwort gab uns zu denken. Zu diesem Zeitpunkt hatten Florian und ich keines von Valerias Büchern in der Hand gehabt. Es war nicht einfach, sie zu bekommen. Wir warteten sehnsüchtig auf Valerias Postlieferung, die per Flugzeug nach Leticia kommen sollte. Allen Aussichten nach würden wir das Buch nicht rechtzeitig vor unserer Abreise aus Amazonien bekommen können. Aber eines Tages waren die Bücher tatsächlich doch da und wir hatten das Buch über die Reise ans Herz von Amazonas innerhalb von zwei Tagen verschlungen. Das Buch und die darin beschriebene Welt war unwiderstehlich.

Eines Tages wanderten wir kilometerlang auf der Suche nach etwas zu essen. Es war ein Feiertag und die wenigen Läden in privaten Häusern sowie kleine Stände mit Essen waren geschlossen. Es war drückend heiß, man konnte Gewitterwolken aufziehen sehen. Wir befanden uns weit weg von unserem Zuhause und es war kein Essen in Sicht. Dann sagte Florian plötzlich zu mir: »Wenn du so sehr für Valeria und ihre Geschichte brennst, warum übersetzt du sie nicht ins Deutsche und wir veröffentlichen das Buch bei uns zu Hause?« Für mich war es, als hätte Florian endlich meine Gedanken ausgesprochen, die sich in meinem eigenen Kopf noch nicht herauskristallisiert hatten, obwohl sie gefühlt seit einer Ewigkeit dort lauerten. Die Idee schien so selbstverständlich zu sein, als ob das der wahre Grund unserer Reise nach Amazonien gewesen wäre.

Unsere Idee Valeria vorzustellen, machte uns ein wenig nervös. Wir konnten ihre Reaktion auf unseren Vorschlag nur schwer einschätzen. »Gehen wir nun zu weit?«, fragten wir uns. »Kann das irgendwie unsere Freundschaft zerstören?« Aber Valeria freute sich über unsere Idee und auch wir selber waren voller Über-

31 Ein Nachwort des Übersetzers

zeugung, dass wir es schaffen würden. Nach unserem langen Aufenthalt in Kolumbien und in Amazonien fühlten wir uns gut »ausgebildet«, um sich dieser Herausforderung zu stellen. Wir hatten schließlich einige Erfahrungen, von denen Valeria in ihrem Buch erzählt, selbst erlebt. Viele Obst- und Gemüsesorten sowie traditionelle Gerichte kannten wir bereits, auch konnten wir zusehen, wie man sie zubereitet. Uns überfiel das seltsame Gefühl, die richtigen Menschen am richtigen Ort zu sein. Auf diese Weise, mit dem Verlassen von Amazonien, fing unser nächstes Abenteuer als Erzähler dieser Geschichte an.

Wir hoffen, die Geschichte von Valeria, ihre Erkenntnisse und Ansichten, die von ihrem außergewöhnlichen Leben geprägt sind, werden Euch, die Leser, genauso begeistern, wie sie uns fasziniert haben.

Wir wünschen viel Freude bei der Lektüre!

32 Brief von Häuptling Seattle

Der Präsident aus Washington lässt verlauten, dass er unser Land kaufen will. Aber wie kann man den Himmel kaufen oder verkaufen? Oder das Land? Der Gedanke ist uns fremd. Wenn uns die Frische der Luft und das Glitzern des Wassers nicht gehören können, wie kann man sie dann kaufen?

Jeder Teil dieser Erde ist meinem Volk heilig. Jede leuchtende Tannennadel, jeder Sandstrand, jeder Nebel in den dunklen Wäldern, jede Wiese, jedes summende Insekt. Alles ist heilig in der Erinnerung und Erfahrung meines Volkes.

Wir kennen den Saft, der durch die Bäume fließt, wie wir das Blut kennen, welches durch unsere Adern fließt. Wir sind ein Teil der Erde und sie ist ein Teil von uns. Die duftenden Blumen sind unsere Schwestern. Der Bär, der Hirsch, der große Adler – sie sind unsere Brüder. Die felsigen Höhen, der Tau auf der Wiese, die Körperwärme des Ponys und der Mensch gehören alle zur selben Familie.

Das glänzende Wasser, das in den Bächen und Flüssen fließt, ist nicht nur Wasser, sondern das Blut unserer Vorfahren. Wenn wir euch unser Land verkaufen, müsst ihr daran denken, dass es heilig ist. Jede geisterhafte Spiegelung im klaren Wasser der Seen erzählt von Ereignissen und Erinnerungen aus dem Leben meines Volkes. Das Murmeln des Wassers ist die Stimme des Vaters meines Vaters.

Die Flüsse sind unsere Brüder. Sie stillen unseren Durst. Sie tragen unsere Kanus und ernähren unsere Kinder. Deshalb müsst ihr den Flüssen die Freundlichkeit entgegenbringen, die ihr jedem anderen Bruder entgegenbringen würdet.

Wenn wir euch unser Land verkaufen, denkt daran, dass die Luft für uns kostbar ist, dass die Luft ihren Geist mit

32 Brief von Häuptling Seattle

allem Leben teilt, das sie erfüllt. Der Wind, der unserem Großvater seinen ersten Atemzug gab, empfängt auch seinen letzten Seufzer. Der gleiche Wind gibt unseren Kindern den Geist des Lebens. Wenn wir euch also unser Land verkaufen, müsst ihr es schützen und als heilig anerkennen, als einen Ort, zu dem der Mensch hingehen kann, um den Wind zu kosten, der von den Wiesenblumen versüßt wurde.

Werdet ihr euren Kindern beibringen, was wir unseren Kindern beigebracht haben? Dass die Erde unsere Mutter ist? Was der Erde widerfährt, widerfährt allen Söhnen der Erde.

Uns ist bewusst: Die Erde gehört nicht dem Menschen, sondern der Mensch gehört der Erde. Alle Dinge sind miteinander verbunden wie das Blut, das uns alle verbindet. Der Mensch hat das Netz des Lebens nicht gewebt; er ist lediglich ein Faden darin. Was immer er dem Netz antut, tut er sich selbst an.

Eines ist sicher: Unser Gott ist auch euer Gott. Für Ihn ist die Erde wertvoll, und der Erde zu schaden, bedeutet, ihren Schöpfer zu verachten.

Eure Zukunft ist für uns ein Rätsel. Was wird geschehen, wenn alle Büffel geschlachtet sind? Die wilden Pferde gezähmt werden? Was wird geschehen, wenn die geheimsten Winkel des Waldes schwer vom Geruch vieler Menschen sind und wenn der Blick auf die reifen Hügel von sprechenden Drähten verdeckt wird? Wo wird das Dickicht sein? Verschwunden! Wo wird der Adler sein? Weg! Und was bedeutet der Abschied vom schnellen Pony und der Jagd? Das Ende des Lebens und der Beginn des Überlebens.

Wenn der letzte Rote Mann mit seiner Wildnis verschwunden ist und die Erinnerung an ihn nichts mehr als der Schatten einer Wolke ist, die über die Prärie zieht, gibt es dann noch all die Küsten und Wälder? Wird dann noch irgendetwas vom Geist meines Volkes übrig sein?

Wir lieben diese Erde, wie ein Neugeborenes den Herzschlag seiner Mutter liebt. Wenn wir euch also unser Land verkaufen, dann liebt es so, wie wir es geliebt haben. Kümmert euch darum, wie wir uns darum gekümmert haben. Behaltet das Land so in Erinnerung, wie es ist, wenn ihr es erhaltet. Bewahrt das Land für alle Kinder und liebt es, so wie Gott uns alle liebt.

So wie wir ein Teil des Landes sind, seid auch ihr ein Teil des Landes. Diese Erde ist kostbar für uns. Genauso kostbar ist sie auch für euch. Eines wissen wir: Es gibt nur einen Gott. Niemand, ob Roter Mann oder Weißer Mann, kann getrennt existieren. Wir sind schließlich Brüder.

33 Roger Casement und *Uña de gato*

ROGER CASEMENT

Sir Roger Casement (1864-1916) diente der britischen Krone als gewissenhafter Konsul in Afrika (1895-1904) und Südamerika (1906-1913), bis er 1913 aus dem Außenministerium zurücktrat und sich dem Kampf um die irische Freiheit widmete. Im Jahr 1916 wurde er des Hochverrats gegen die Krone angeklagt und am 3. August gehängt.

Anbei Auszüge aus einem Artikel von Angus Mitchell, der Teile der Einleitung zu seinem Buch »Die Amazonasreise von Roger Casement« (Anaconda Editions und Lilliput Press, 1997) beinhaltet:

»Das erste von Roger Casements antibritischen Essays über das britische Imperium wurde 1911 geschrieben. Sein Wissen aus erster Hand über die imperialen Systeme in Afrika und Südamerika veranlasste ihn, seine Ansichten über die zivilisatorische Mission des Imperiums ernsthaft zu revidieren. Er entdeckte dort ein verderbliches System, das auch in Irland am Werk war.«

»Nach meinen Studien über die späten Jahre des Kautschukbooms am Amazonas bin ich davon überzeugt, dass Casement ein einzigartiger Zeuge des apokalyptischsten Moments in der Geschichte des Amazonasregenwaldes war. Er löste quasi einen Justizfall aus, indem er einen weit verbreiteten Mord aufdeckte, der bisher noch nicht richtig anerkannt wurde und bis heute andauert.«

»Er war ein Begründer der Menschenrechte des 20. Jahrhunderts und trug wesentlich zur Diskussion über den afrikanischen Nationalismus bei. Aspekte seiner radikalen Stellung zu vielen Menschenrechtsfragen sind heute die Politik von Organisationen wie Survival International, Amnesty International und Anti-Slavery International. Nicht verwunderlich, dass Irland in seinem Lichte zu einem der Hauptakteure auf der Bühne der globalen Menschenrechte geworden ist und Irlands Armee, die humanitäre Hilfe leistet, den Respekt aller Nationen genießt.«

UÑA DE GATO

Diese Pflanze ist ein anerkanntes Heilmittel für eine Vielzahl von Krankheiten. Sie wächst in den Dschungelregionen Perus, Ecuadors, Kolumbiens und Brasiliens und wird dort häufig verwendet. In letzter Zeit hat sie ohne triftigen Grund eine sehr schlechte Propaganda erhalten, vor allem im Radio in Leticia, eine Propaganda, die behauptet, dass die Verwendung dieser Pflanze schädlich sei: »Sie führt zu Sterilität und Blindheit.«

Und doch gibt es eine wachsende Nachfrage nach dieser wunderbaren Heilpflanze in Zentren wie Bogotá und vor allem im Ausland, wo sie immer mehr geschätzt wird und wo ihr Preis immer weiter steigt. Offensichtlich könnte jene Propaganda im Amazonasgebiet, wo die Pflanze geerntet wird, nur eine Strategie sein, um den Markt zu monopolisieren und die *Uña de gato* anschließend zu sehr hohen Preisen in den Städten vor Ort sowie im Ausland zu verkaufen.

Ich füge eine Kopie einer Analyse bei, die mir von einem englischen Arzt mit Wohnsitz in Südirland zugesandt wurde.

33 Roger Casement und Uña de gato

29, Pembroke Park,
Donnybrook,
Dublin 4

10. Januar 1995

Liebe Valerie,

ich danke Dir für Deinen Brief und für die Probe der *Uña de gato*, die bei mir sicher angekommen ist.

Die *Uña de gato* ist für jeden geeignet – ein kleines Baby sollte sie nicht brauchen, aber bei älteren Kindern liefert sie gute Ergebnisse. Sie liefert besonders gute Werte für das Lymphsystem, die Milz, das Lungengewebe, den Dünndarm und den Darm, die Leber und die Bauchspeicheldrüse, die Nieren, die Blase, die Gebärmutter und die Eierstöcke, die Prostata und die Hoden, die Nebennieren, die Schilddrüse und die Nebenschilddrüse.

Gute, wenn auch nicht ganz so ausgeprägte Ergebnisse wie bei den anderen Organen, liefert die Pflanze am roten und weißen Knochenmark, den Bronchien, Herz und Kreislauf, der Hypophyse, Gehirn- und Nervengewebe, Muskeln und Skelett. Es gibt keine nachteiligen Messwerte zu irgendetwas.

(Brief von Dr. E. C. Ogden mit Bezug auf die *Uña de gato*)

34 Glossar

Abilla: tropische Pflanze, die zur Reinigung und Heilung von Geschwüren und anderen Infektionen der Haut verwendet wird.
Abuelo, Abuela: wortwörtlich: Großvater, Großmutter. So werden die ältesten in der Gemeinde bezeichnet.
Achiote: eine orange-rote Beere, die in der Küche und als Körperbemalung verwendet wird.
Aguapanela: ein Getränk, das durch Aufkochen von Rohrzuckerblöcken in Wasser zubereitet wird.
Aguardiente: wörtlich: »Feuerwasser«, ein alkoholisches Getränk.
Aruac: Indianerstamm, der in der Sierra Nevada von Santa Marta, Kolumbien, lebt.
Asahí: Beere der gleichnamigen Palme.
Basuco: Bezeichnung für eine hochgradig süchtig machende Droge, ein Nebenprodukt von Kokain (»Crack«).
Boasacha: eine Heilpflanze.
Bocachico: Name eines Fisches, der ein kleines Maul hat und sich nur von Schlamm ernährt.
Bocón: Name eines Fisches, der ein großes Maul hat.
Boruga: ein kleines Wildtier, dessen Fleisch sehr geschätzt wird.
Botellon: eine Fischart.
Brazuelo: ein Nebenfluss; eine Abkürzung, um die langen Windungen und Kurven des Flusses zu vermeiden.
Bufeo: Großer Delfin, oft rosa gefärbt.
Cacharreros: ein Boot, das alle Arten von Waren zum Verkauf oder Tausch transportiert, ein mobiler Laden.
Caimarona-Traube: eine tropische Frucht, die in Trauben an großen Bäumen wächst.

34 Glossar

Caimo oder **Caimito**: eine tropische Frucht.
Cananguchal: Ort im Dschungel, an dem viele Canangucho-Palmen wachsen; normalerweise sumpfig.
Canangucho: tropische Palmnuss.
Casabe: eine Art Pfannkuchen, der aus dem geriebenen Wurzelgemüse Yuca hergestellt wird.
Caserío: eine kleine Siedlung, die nicht groß genug ist, um als Dorf bezeichnet zu werden; ein Weiler.
Cedro: Zeder.
Ceiba: ein tropischer Dschungelbaum, der für die südamerikanischen Indianer heilig ist.
Chacapa: ein Palmblattfächer, der beim Yagé-Ritual verwendet wird. In Ketschua-Sprache: »Waira sacha«, bedeutet »Brise des Dschungels«.
Chagra: der Ort, an dem Lebensmittel (Yuca, Mais, Bohnen usw.) angebaut werden.
Chakira: kleine, bunte Perlen.
Chambira: eine aus einem tropischen Palmenblatt gewonnene Faser, die für die Herstellung von Mochilas und Hängematten verwendet wird.
Chicha: ein alkoholhaltiges Getränk, gewonnen aus verschiedenen durch Speichel fermentierten Pflanzen.
Chiro: eine kleine Art von Kochbanane.
Chonta: eine Palme aus dem Dschungel, deren Stamm für die Herstellung von Böden und Wänden verwendet wird. Sie ist sehr hart und widerstandsfähig und wird mit Zeit schwarz und glänzend.
Chontaduro: eine nahrhafte Palmnuss.
Chuchuhuasa: die Rinde eines Baumes. Gerieben und in Wasser oder Aguardiente eingeweicht. ist sie ein medizinisches Getränk, das besonders zur Behandlung von Rheuma geeignet ist.
Chucula: ein Getränk aus gekochten, reifen Kochbananen, die mit Wasser vermischt werden. In anderen

Teilen Kolumbiens wird es manchmal auch mit einer Mischung aus Körnern und Trinkschokolade zubereitet.
Chuma: ein umgangssprachliches Wort für Trunkenheit.
Chumbe: ein gewebter Hüftgürtel.
Cocal: Ort, an dem Koka angebaut wird.
Cocha: ein kleiner See.
Cocoroco: ein umgangssprachliches Wort für Kokain.
Colonos: Menschen aus anderen Teilen Kolumbiens, die sich im Indianergebiet niedergelassen haben, Siedler.
Copoasú: eine Frucht aus dem Amazonasgebiet.
Corregidor: lokaler Beamte, der für die Gemeinde zuständig ist.
Corvina: eine Fischart, die in Flüssen und im Meer vorkommt.
Cruzeiro: Brasilianische Währung.
Cuatro: ein viersaitiges Instrument ähnlich einer Ukulele, typisch für die Orinoko-Ebenen (Los Llanos) in Kolumbien und Venezuela.
Cuchareta: ein Fisch mit einem löffelartigen Maul.
Curaca: indianischer Heiler.
Curandero: ein traditioneller Heiler.
Cusma: eine lange Tunika, normalerweise aus Baumwolle.
»De todas maneras la morcilla es negra«: ein kolumbianisches Sprichwort, das so viel bedeutet wie:»Wie auch immer man es betrachtet, die schwarze Wurst ist schwarz.«
Dormilón: eine Fischart.
Enmaniguado: ein Adjektiv, das eine Person beschreibt, die vom Dschungel so sehr angezogen wird, dass sie von ihm verzaubert wird.

34 Glossar

Fariña: grobkörniges Mehl aus Maniok. Aus Fariña bereitet man Casabe zu.

Die Gewalt: Bezeichnung für die Jahre der gewaltsamen Kämpfe und des Blutvergießens in Kolumbien, die 1948 mit der Ermordung eines Volksführers namens Eliecer Gaitan begannen.

Granadilla: eine Heilpflanze und Frucht.

Guadua: eine Bambusart, die im Bauwesen verwendet wird.

Guarapo: vergorenes Getränk, das normalerweise aus Zuckerrohrsaft hergestellt wird.

Häuptling Seattles Prophezeiung: der Brief, den der rothäutige Indianerhäuptling Seattle 1854 an den Präsidenten der Vereinigten Staaten, Sir Franklin Pierce, schickte. Die visionären und weisen Vorhersagen des Indianers sagen die fortschreitende Zerstörung der Natur durch einen »zivilisierten«, aber weniger feinfühligen Menschen voraus, der ignorant mit den Schätzen der Natur umgeht. Bereits damals sprach Häuptling Seattle von der Luft- und Lärmverschmutzung, der Zerstörung von Tieren und Bäumen, der Unterbrechung der ökologischen Kette und ihren unheilvollen Folgen (siehe den Brief des Häuptlings am Ende des Buches).

Hechicero: ein Mann mit magischen Kräften, der zaubern und Flüche aussprechen kann.

Higuerillo: ölhaltige Frucht, die als Abführmittel verwendet wird.

Hipa: eine umgangssprachliche Bezeichnung für eine haarige Raupe, die bei Hautkontakt einen Stachel erzeugt.

Huito: eine tropische Frucht. Der grüne Saft wird von den Indianern als Körperbemalung verwendet.

I Ging: »Buch der Wandlungen«, ein altes chinesisches Orakelbuch.

Incora: eine offizielle Institution, die sich mit der Aufteilung von Land beschäftigt.
Infierno: Hölle.
Inga: ein Indianerstamm, der die Gebiete des oberen Putumayo bewohnt
Juansoco: eine Dschungelfrucht mit einem kaubaren Kern, die manchmal für die Herstellung von Kaugummi verwendet wird.
Kazike (Cacique): Indianerhäuptling.
Kogi: Indianerstamm, der in der Sierra Nevada de Santa Marta, Kolumbien, lebt.
Kokama: Indianerstamm, der in den Dschungelgebieten von Kolumbien, Ecuador und Peru lebt.
Lisa: eine Fischart mit glitschigen Schuppen.
Maloca: große, gemeinschaftliche Indianerhütte.
Mamá: Hohepriester der Indianer, die in der Sierra Nevada de Santa Marta leben.
Mambeo: das rituelle Kauen von Kokablättern.
Manilla: Armreif, oft gewebt oder als Makramee gearbeitet.
Martín pescador: Eisvogel.
Masato: ein fermentiertes Getränk.
Mata-sano: abwertende Bezeichnung für einen Arzt, was wörtlich übersetzt »Mörder der Gesunden« bedeutet.
Materia prima: Rohmaterial.
Mestizen: Nachfahren von Europäern und der indigenen Bevölkerung vor allem Lateinamerikas.
Mil peso: eine Palmnuss mit milchigem Fruchtfleisch.
Minga: Zusammenkunft von Mitgliedern einer Gemeinschaft, um die Arbeit auf dem Land eines Nachbarn zu teilen.
Mochila: Tasche, oft aus Chambira gewebt.
Mocho: ein einarmiger Mann.

Mojara: eine Fischart, die in den Flüssen des Amazonas und im Meer vorkommt.
Mojojoi: eine cremefarbene Made, die in den Stämmen von Palmen lebt und von den Bewohnern des Amazonasgebietes gegessen wird.
Morcilla: Blutwurst.
Negro: schwarz
Orejon: ein Indianerstamm, der im Amazonas-Regenwald lebt.
Paisano: Person, die in der gleichen Region wie eine andere geboren wurde.
Palo de arco: ein medizinischer Baum, dessen Rinde gerieben, in Wasser gekocht und als Tee getrunken wird.
Palometa: Bläuel, ein von den Indianern sehr geschätzter Fisch.
Pashaca: eine Heilpflanze.
Patrón: Chef
Pescadora: Fischerin.
Picalon: ein Fisch mit scharfen Flossen.
Pielroja: Markenname einer kolumbianischen Zigarette.
Pinta: Ausdruck, der in der Yagé-Sitzung verwendet wird und »Bild« oder »Vision« bedeutet.
Pirarucú: riesiger Fisch mit sehr großen Schuppen, aus denen oft Kunsthandwerk hergestellt wird: Vorhänge, Halsketten und Ohrringe.
Pito: ein Insekt, dessen Biss die Chagas-Krankheit auslösen kann.
Popear: das Boot vom Heck aus steuern.
Quilla: Kielboot.
Racionales: Name, den die Colonos sich selbst geben, um sich von den Indianern zu unterscheiden.
Recreo: Bezeichnung für die brasilianischen Passagierboote auf dem Amazonas.

Remo: Paddel.
Remo caspi: ein Holz, das vor allem für die Herstellung von Remos, Paddeln, verwendet wird.
Roger Casement: siehe Beschreibung am Ende des Buches.
Sábalo: ein schuppiger Fisch, der wegen seines Geschmacks sehr geschätzt wird.
Sangre de drago: Medizin, die aus der Rinde eines Baumes gewonnen wird.
Secoya: Indianerstamm, der im peruanischen und ecuadorianischen Amazonasgebiet lebt.
Simí: ein schleimiger Fisch ohne Schuppen.
Singo: eine Fischart.
Siona: Indianerstamm, der in Kolumbien und Ecuador lebt.
Sisopanga: eine Heilpflanze.
Spanglish: eine Mischung aus Spanisch und Englisch.
Subienda: Ausdruck für die Zeit, in der die Fische zum Laichen flussaufwärts ziehen.
Suegro: Schwiegervater.
Taita: ein Wort in Ketschua, das im Amazonasgebiet als respektvolle Anrede für einen weisen alten Mann verwendet wird.
Tapa rabo: wörtlich »Hinternabdeckung«
Tolimense: eine Person aus dem Departement Tolima in Kolumbien.
Tucunaré: eine Fischart.
Uitoto: Bewohner des Amazonas-Dschungels, Indianerstamm. Die Uitoto-Indianer (im Spanischen: *Huitoto*) wurden bei der Ausbeutung von Kautschuk versklavt.
Uña de gato: Heilpflanze (siehe Beschreibung am Ende des Buches).
Uvos: eine Heilpflanze.

34 Glossar

Yagé /jahei/ oder **Ayahuasca**: in Ketschua »Weinstock der Toten«. Eine magische Rebe, die im Regenwald des Amazonas wächst und in Heilungsritualen verwendet wird.

Yagua: Indianerstamm, von dem viele entlang des gleichnamigen Flusses leben.

Yaré: eine sehr starke Rebe zur Herstellung von Körben und als Ersatz für Nägel beim Bau von Häusern.

Yarumo: ein hoher Baum mit schlankem Stamm.

Yokó: Heilpflanze; gerieben und mit Wasser vermischt dient sie den Indianern aus Amazonien als Aufputschmittel. Sie hat einen hohen Koffeingehalt.

Yuca: Maniok; ein Wurzelgemüse, das in den tropischen Regionen Südamerikas angebaut wird.

Inhaltsverzeichnis

1 Unter den Secoya-Indianern 7
2 Die Reise beginnt 19
3 Don Rafael und seine *Injerta* 26
4 »Fortschritt« – eine Krankheit 31
5 *Yagé* – die heilende Rebe 35
6 *De todas manera la morcilla...* 52
7 Bella Vista, eine Secoya-Gemeinde 61
8 Gerardo »der Einarmige« 70
9 Nichts wird so heiß gegessen... 85
10 Der Heilige Geist 92
11 Eine Freundin fürs Leben 96
12 Maria Nieves und German 111
13 Das Krankenhaus von Espíritu 115
14 Heilungsmethoden gegen Hexerei 132
15 Heilung aus dem Dschungel 153
16 Ein Wundermittel! 162

Inhaltsverzeichnis

17 Anibal Morales »El Paisa«	171
18 *Canangucho* ernten	176
19 Wer wenig braucht	190
20 Symbol des Amazonas	195
21 Katzenaugen	207
22 Ankunft in Tarapacá	217
23 Wir betreten Brasilien	223
24 Vicente »der Mörder« und der Affe	228
25 Die letzten Tage	234
26 Nach 1.500 Kilometern	241
27 Abschied von einer Epoche	247
28 Epilog	249
29 Ein Wort von der Autorin	251
30 Über die Autorin	253
31 Ein Nachwort des Übersetzers	262
32 Brief von Häuptling Seattle	267
33 Roger Casement und *Uña de gato*	270
34 Glossar	273